邓莉丽 著

# 锦奁曾叠

## 古代妆具之美

中华书局

图书在版编目(CIP)数据

锦奁曾叠:古代妆具之美/邓莉丽著. —北京:中华书局,
2023. 12
ISBN 978-7-101-16450-3

Ⅰ.锦…  Ⅱ.邓…  Ⅲ.古代生活用具-研究-中国
Ⅳ.K875.24

中国国家版本馆 CIP 数据核字(2023)第 220326 号

| | | |
|---|---|---|
| 书　　名 | 锦奁曾叠——古代妆具之美 | |
| 著　　者 | 邓莉丽 | |
| 责任编辑 | 李若彬 | |
| 责任印制 | 陈丽娜 | |
| 出版发行 | 中华书局 | |
| | (北京市丰台区太平桥西里 38 号　100073) | |
| | http://www.zhbc.com.cn | |
| | E-mail:zhbc@zhbc.com.cn | |
| 印　　刷 | 天津图文方嘉印刷有限公司 | |
| 版　　次 | 2023 年 12 月第 1 版 | |
| | 2023 年 12 月第 1 次印刷 | |
| 规　　格 | 开本/710×1000 毫米　1/16 | |
| | 印张 33¾　字数 347 千字 | |
| 印　　数 | 1-6000 册 | |
| 国际书号 | ISBN 978-7-101-16450-3 | |
| 定　　价 | 128.00 元 | |

# 目 录

# 序

　　妆奁是古人盛放梳妆用品的器具，据说早在春秋时期就已经产生并流行开来，历经唐宋元明清，一直延续到民国时期。有专家曾经研究过妆奁的发展，比较一致的看法是妆奁样式的变化同古人的坐姿改变有很大的关系。隋唐以前，人们席地而坐，汉唐小巧的漆奁是适合席地而坐时使用的。宋代高坐具广泛运用，垂足而坐的生活方式被确立下来，室内家具和陈设的尺度关系也随之改变，座椅式、折叠式妆奁应运而生。明清时期，家具制造业得到了巨大发展，大型梳妆台开始进入人们的视野；同时，文人开始介入家具的设计，出现了简洁舒展的明式家具，以及许多无比精美的妆奁，特别是用贵重木材如紫檀、黄花梨等制作的妆奁。

　　所谓"妆奁"，即是古代女子梳妆用的镜匣。早在北周时庾信的《镜赋》中就有记载："暂设妆奁，还抽镜屉。"唐代韩愈的《大行皇太后挽歌词》三首之三也有"只有朝陵日，妆奁一暂开"的句子。刘禹锡的《泰娘歌》中对妆奁有所描绘："妆奁虫网厚如茧，博山炉侧倾寒灰。"而宋代徐照的《清平乐》则显现了词的韵味："贪教玉笼鹦鹉，杨花飞满妆奁。"明代高明《琵琶记·两贤相遘》说："宝剑卖与烈士，红粉赠与佳人。夫人妆奁衣服在此。"被称为百科全书的《红楼梦》，曹雪芹在第二十一回和第四十二回中更是写道："宝玉不答，因镜台两边俱是妆奁等物，顺手拿起来赏玩。""（黛玉）忙开了李纨的妆奁，拿出扺子来，对镜扺了两抿。"可见"妆奁"不仅用于宫廷和贵族之家，在寻常百姓家亦是不可或缺之物，只不过或奢侈，或简朴而已。

　　妆奁的款式设计形式多样，但多为折叠式梳妆匣，外形精巧，便于携带，上盖打开，可支起镜子，匣内置多个存放梳妆用具的小屉。在我的书房里就收藏有一只做工精美、四角包白铜装饰件的清代紫檀木妆奁，我还收藏有大小不一的瓷质和银质粉盒，甚至还有几方玲珑可爱的石质和瓷质黛砚。传统妇女梳妆用的镜匣，一层层的抽屉可以逐次打开，一窥匣中天地。那大小不一的横格和暗藏的小机关，可以盛放妇女化妆用的各种器具。匣子顶部那面可以支起来的镜子，让美人的两颊粉黛映入眼帘。"小山重叠金明灭，鬓云欲度香腮雪。懒起画蛾眉，弄妆梳洗迟。　照花前后镜，花面交相映。新帖绣罗襦，双双金鹧鸪。"晚唐词人温庭筠这一首香粉气十足的《菩萨蛮》，似乎又将中国古代女子梳妆的情态和过程描绘得淋漓尽致。

　　邓莉丽与我有师生之谊，她多年来专注于古代女子梳妆的匣中天地，积累了丰富的文献和图像资料。她的不懈研究，为广大读者打开了一扇别样的东方美学之门。本书从"妆具与古人生活"入手，着重论述了古代妇女的起居与审美，并以妆奁发展的历史为线索，梳理了古代女子梳妆镜匣的流变历史，重点突出了对镜架、粉盒、梳篦等妆具的研究，以及相关的其他杂项用具，如黛砚、粉扑、香囊等。

　　古代妇女常用的粉盒，形制多样，精工细作，可以说集金银器艺术和瓷器艺术之大成，也是各大博物馆展陈序列的重要组成部分。几十年前，我第一次在苏州文庙的地摊上看见仅有方寸的小小黛砚，都不知道这样小的"砚台"是用来干什么的。向古玩行家请教，才得知此砚并非用来写字，而是妇女化妆用的黛砚。

今天的人们生活在物质财富极大丰富的时代，人民群众追求美好生活的热望与日俱增。"看夕阳，看秋河，看花，听雨，闻香，喝不求解渴的酒，吃不求饱的点心，都是生活上必要的。"这种看似闲散、不带功利性的收益，却是人们精神生活的某种呈现，为生活中每一个看似平凡的片段，灌注美的趣味、理想与情怀。任何生活中的不如意和眼前的苟且，终会变为心中的"诗和远方"。

李泽厚先生曾经在《华夏美学》一书中说："美，在汉语词里总是那么动听，那么令人喜欢，姑娘们愿意人们说她美，中国的艺术家们、作家们也欣然接受对作品的这种赞美，更不用说美的自然环境、住所、服饰等。"刘悦笛在他的《中国人的生活美学》一书中也说，自己"意在重新提倡中国人的'生活美学'传统——即重寻这种天地之间的'大美'：人美化天，天美化人，生生美意，美美与共"。邓莉丽的这本书所阐述的或许正是抽象的"中华生活美学"的具象化，无论是古朴神秘的先秦粉盒，还是富丽典雅的晋唐妆奁，抑或是异彩纷呈的明清镜匣，它们都写尽了东方审美的时代风流，仿佛是中国古代的博物志，折射出人们对美好生活的向往，彰显了东方美学的审美意趣。

"画眉深浅入时无？"在邓莉丽所著《锦奁曾叠——古代妆具之美》即将出版之际，写些前缀文字，是为序。

2023 年 10 月 9 日于姑苏城东儒丁堂

# 第一章

# 妆具与古人生活

古代梳妆用具作为古人日用生活器具的一个重要组成部分，其设计发展与古人生活的方方面面有着密切的关联。不同历史时期的妆具在类别、组合方式，以及选材、工艺、器型及装饰上各不相同，造成这些差异的因素是多方面的，如起居方式的转变、造物审美的更迭，以及妆容与妆品的革新等。妆具所具备的社会功能，如作为社会交往的媒介物、馈赠或赏赐的礼品以及女子陪嫁的妆资等，也进一步促进了其设计的典范化与精致化。

## 第一节　起居与审美

我国古代的起居方式可以分为两种，一为席地而坐，二为垂足而坐。这两种起居方式的发展又可分为三个阶段，第一阶段为唐代之前，这一阶段是席地而坐的时期；第二阶段为唐到北宋之际，此时为席地而坐转向垂足而坐的过渡时期；第三阶段为宋至明清，这一时期，垂足而坐已成为人们的生活习惯。起居方式对妆具设计的影响主要体现于镜台高度的设计上。席地而坐时梳妆者多踞坐、跪坐于地，镜台亦放置于地面，如《女史箴图》（图1-1-1）、

图1-1-1　《女史箴图》（局部）

三国朱然墓出土漆盘①（图1-1-2）中所绘梳妆者，其前方的立柱形镜架便放置于地面。那么，镜台所置铜镜的高度需跟踞坐者的坐高相近，一般身高160厘米呈踞坐之姿者的坐高约为85厘米，从汉代及魏晋镜架出土实物看，部分镜架的高度正是按此设计的。如河北涿州东汉墓出土的彩绘陶镜架②（图1-1-3），通高114厘米，通过软件测量，弧形镜托上陶镜钮部至器底的高度为85厘米左右，正好与踞坐者坐高相近。又如山东沂南汉代画像砖所绘侍者手中所持的镜架③（图1-1-4），其高度约为侍者身高的一半，若侍者身高为170厘米，那么镜架的高度则为85厘米左右。

汉、魏晋以及唐宋，除了立柱形镜架，还有三角支架、交床

图1-1-2　朱然墓出土的漆盘所绘对镜仕女

图 1-1-3　河北涿州东汉墓出土彩绘陶镜架　　图 1-1-4　山东沂南汉代画像砖绘持镜架的侍者

式镜架。这几种镜架所置铜镜与地面的角度是不一样的，立柱式镜台之上的铜镜镜面垂直于地面，所以镜面高度需与人脸高度相近，才能照容。三角支架上的铜镜，镜背可斜靠于两条支腿上，镜面与地面呈一定的斜角；交床式镜架上的铜镜，亦与地面呈一定的斜角，其倾斜度较前者更大。梳妆者在面对这类镜架上的铜镜梳妆时，可以稍稍呈俯视的状态照容，那么铜镜的高度应略低于席地而坐的高度。事实上也是如此，如江苏南京仙鹤观东晋墓出土的三角可收支架④（图 1-1-5），支腿打开后的高度，应在60—70 厘米之间。又河南偃师杏园唐墓⑤（图 1-1-6）、河北宣化辽张文藻壁画墓⑥出土的交床式镜架，通高分别为 48、46 厘米，

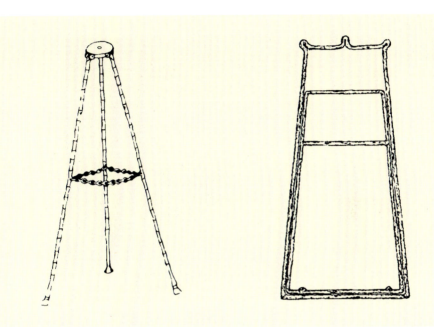

图 1-1-5　江苏南京仙鹤观东晋墓出土的三角支架　　图 1-1-6　河南偃师杏园唐墓出土的铁镜架

　　打开后高度会略低，这样的高度设计都是适合席地而坐者照容的。

　　席地而坐转向垂足而坐的生活习惯不是一蹴而就的，人们需要一个过渡到接受的时间。唐至宋，尤其是唐末至北宋时期，榻、床、椅、凳等是都可以作为坐具使用的。此时，梳妆者多坐于榻上梳妆，镜架亦放置于榻上。五代王处直壁画墓所绘男女墓主所用之妆具均置于榻上[7]（图 1-1-7、图 1-1-8）。陆游《老学庵笔记》卷四云："徐敦立言：'往时士大夫家妇女坐椅子、兀子，则人皆讥笑其无法度。'梳洗床、火炉床，家家有之，今犹有高镜台，盖施床则与人面适平也。或云禁中尚用之，特外间不复用耳。"可知北宋时高镜台多是放在床榻上的，这种床榻又称作"梳

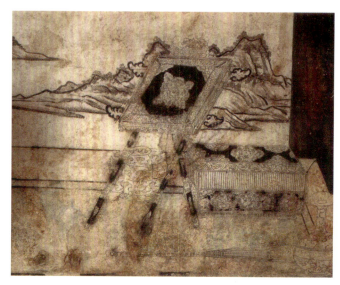

图 1-1-7　五代王处直墓东耳室壁画所绘镜台

图 1-1-8　五代王处直墓西耳室壁画所绘镜台

洗床"。高镜台亦可放置于地面，只是梳妆者不是采用席地而坐的
方式，而是站着梳妆。如河南禹县白沙北宋赵大翁墓[⑧]（图1-1-
9）、河南荥阳槐西村北宋墓壁画所绘《梳妆图》[⑨]（图1-1-10）中的
梳妆方式，镜台上的铜镜用镜钮之绦带系结于搭脑中间的凸起装
饰物上，铜镜为垂直悬挂，梳妆女子正弓身立于其前妆扮，这种
镜台尺寸亦较高，梳妆者可通过调节绦带的长短来找到合适的照
容位置。陆游《老学庵笔记》成书于宋孝宗淳熙末年到宋光宗绍
熙初年，所记内容多是作者本人亲历、亲见之事，说明至迟在北
宋至南宋初期，人们尚未形成垂足而坐的梳妆习惯。

　　所谓"高镜台"，应是与放置于桌案之上的镜台相比，高度
较高。宋至明清，人们已经习惯垂足而坐，镜台一般放置于桌面

图1-1-9　河南禹县白沙北宋赵大翁墓壁画
所绘《梳妆图》

图1-1-10　河南荥阳槐西村北宋墓
壁画所绘《梳妆图》

上，供梳妆者照容，其高度明显变低，并出现了形制小巧的简易镜架，如南宋黄昇墓出土的镜架（图 3-3-39）及定陵所出镜架（图 3-3-44）。亦有直接于铜镜后背安置支腿的置镜方式，铜镜斜置于镜架，梳妆者无论坐或站，均可以找到合适的照容角度。实际使用时，梳妆者也可以根据需要灵活摆放镜台，如明《千秋绝艳图》中的《薛姬临镜写真图》（图 1-1-11），薛姬正坐于书案前，一边对镜照容，一边执笔画自画像，小巧的宝座式镜台放于斜前方的方形高几上，镜台的周围并无其他化妆用品，可以看出，这只镜台是为了临镜写真才移置于此处。

　　清代晚期，玻璃镜开始普及。玻璃镜可以做成较大尺寸的，且不需要防止氧化，可长期固定于镜台之上，加之此时桌、椅、橱等各类家具工艺的发展，兼具照容、收纳功能，直接放置于地

图 1-1-11 《薛姬临镜写真图》

面的大型梳妆台成为室内十分常见的家具。由上可以看出人们的
起居方式（席地而坐—垂足而坐），以及镜台摆放位置的变化（地
面—地面及床榻—桌面—地面），对镜台大小及高度的设计产生了
重要的影响。

　　其次，起居方式的改变亦对妆奁、镜台的样式设计产生了一
定的影响。不可否认，妆奁、镜台是室内家具及陈设的一个组成
部分，其中杌、凳、椅子便是新出现的适应垂足而坐的家具。目
前学术界多认为交床（胡床）为最早的外来传入的坐具[10]，传入时
期约在东汉末年，南北朝时在宫廷中已十分盛行。交床的四足是
交叉斜置、可收支的，其与四足直立的床榻相比，最大的优势在
于轻巧、可收叠，方便携带，能随意安放。宋代在交床的基础上
又出现了交椅，交椅有不带扶手的，亦有带扶手的，前者如内蒙
古敖汉旗羊山辽墓壁画中所绘
的交椅，椅背为弧形[11]（图1-1-
12），上有弓形搭脑，中间有一根
弓形横梁，腿为交床式。又河北
武邑发现的三座宋代仿木结构砖
室墓的二号墓和三号墓东壁砖雕
的交椅[12]（图1-1-13），亦只有
斜直状椅背。后者如宋人《蕉阴
击球图》（图1-1-14）中所绘
之椅，有半弧形椅圈，既可靠背
又可扶手，这样有椅圈的又可称
作"栲栳交椅""栲栳圈椅"。

图1-1-12　内蒙古敖汉旗羊山辽墓壁
画中所绘的交椅

图 1-1-13　河北武邑宋代仿木结构砖室墓二号墓砖雕之交椅

　　河南偃师杏园唐墓出土的铁镜架、辽张世藻壁画墓出土的木镜架均为可折叠收纳的交床式，而四川泸县奇峰镇南宋一号墓石刻侍女手中所捧的镜台⑬（图 1-1-15），以及元张士诚母墓所出的镜台⑭（图 1-1-16），四足亦呈前后交叉状，不过因为有了高高的椅背及弓形搭脑，造型更接近交椅。此时除了交椅，亦有四足呈直立状的椅子，如江苏江阴北宋孙四娘子墓出土的椅子⑮（图 1-1-17），以及江苏溧阳竹簀北宋李彬夫妇墓出土的陶肩舆⑯（图 1-1-18），前者只有椅背没有扶手，后者椅背与扶手兼有。河南新密北宋壁画墓（图 3-3-24）、白沙宋墓（图 3-3-26）以及宋画《绣栊晓镜图》（图 1-1-19）、《盥手观花图》（图 3-3-28）、《调鹦图》（图 3-3-29）中所绘镜台均为四足直立的座椅式。

　　明清时期流行的宝座式镜台（图 1-1-20）则是当时帝王御座的"迷你"版本。宝座其实是在传统的床榻及椅子的基础上发

图 1-1-14　宋《蕉阴击球图》

图 1-1-15　四川泸县奇峰镇南
宋一号墓石刻侍女

图 1-1-16　元张士诚母墓出土的银镜台

图 1-1-17　江苏江阴北宋孙四娘子墓出土的椅子

图 1-1-18　江苏溧阳竹箦北宋李彬夫妇墓出土的陶肩舆

图 1-1-19　《绣栊晓镜图》

展而来的，具有体型宽大、镂雕纹饰、镶石嵌宝、材质昂贵的特点，如上海博物馆藏清紫檀木雕云蝠纹宝座（图 1-1-21）以及剔红九龙纹宝座（图 1-1-22），靠背、围栏、椅腿均有精雕细刻的纹样装饰。由上可以看出，古代镜台的设计思路在一定程度上是跟着家具走的，而家具的变革又与人们的起居方式息息相关。

器物是我们探寻古人的思想观念、审美主张与倾向的最佳载体之一。商周青铜器凝重的造型、繁密的纹饰给人以稳定庄严、狞厉神秘之感，青铜妆奁亦是如此。青铜奁、粉罐、香盒的造型主要有方形、圆形等，其上所装饰的纹样有环带纹、垂鳞纹、蟠螭纹、窃曲纹、云雷纹等，这些都是此时青铜器常见的装饰纹样，纹样形式多由起伏均匀的曲线组成，或对称，或重复，具有一定的几何美与秩序美。此类奁、粉罐、香盒的特别之处在于其伏虎、爬兽、立鸟、裸人之类的立体装饰。山西闻喜县上郭村墓地 M49 出土的"人足虎耳双盖方奁"[⑦]（图 1-1-23），年代为西周末年或春秋早期，此方奁器足为四个屈膝半蹲抬物的裸人，顶设有横向对开盖门，以双虎为盖钮，四壁中部各饰有一爬兽，方奁长 10.0、宽 6.5、高 8.7 厘米。部分铜奁的装饰还显示出奁作为女性闺房、卧房陈设物所具有的独特性及趣味性，如山东莒县出土的"裸人铜方奁"[⑧]（图 1-1-24），四个裸露的奴隶为足，并作抬奁之势，奁四个侧面饰垂鳞纹，奁盖上有一男一女裸人相对跪坐，具有强烈的性意味。

汉代是我国封建社会的上升期，其历时四百余年，是当时世界上最强大的帝国之一，造物审美亦具有深沉雄大、浪漫奔放的风格特征。与前代相比，汉代器物的造型更加多样化，且更加注重

图 1-1-20　上海博物馆藏明宝座式镜台

图 1-1-21　上海博物馆藏清紫檀木雕云蝠纹宝座

图 1-1-22　上海博物馆藏清剔红九龙纹宝座

图 1-1-23　山西闻喜县上郭村墓地出土的人足虎耳双盖方奁

图 1-1-24　山东莒县出土的裸人铜方奁

实用功能，生活日用器的分类越发细致，如饮食器就有盒、盂、碗、盘、豆、勺、耳杯、卮、樽、箸、樏等，樏是一种多格的、可以盛放多种食物的圆形或方形的食盘，可带盖。此时盛行的多子奁与这种分格食盘的设计构思十分相似，形状各异的子奁汇聚于母奁内，更加方便梳妆用品的拿取、使用与收纳。汉代器物装饰纹样最常见的有云气纹、凤鸟纹、龙纹、走兽纹、神话动物、神话人物、社会生活、历史故事等，可以说，汉代的纹饰题材是包罗万象的，既有神话世界又有现实生活。李泽厚在《美的历程》中认为，汉代的文学及装饰艺术具有浪漫主义的特征，这种美学风貌在漆奁装饰上也得到充分的反映。云气纹是汉代最为典型的纹样之一，多以纤细流畅、蜿蜒连续的线条构成，在视觉上呈现出回旋流转、不断发展的趋势，以彩绘、锥刻工艺表现，富有飘逸美与动态美，并给人延续不断、永不止息的感觉。汉代漆奁也常见云气纹装饰，如著名的马王堆一号汉墓出土的双层九子奁（图 1-1-25），盖顶、周边与上下层的外壁、口沿内，以及盖内和上层中间隔板上下两面的中心部分均以金、白、红三色油彩绘云气纹。

　　魏晋南北朝虽然长期处于封建割据状态，且经常爆发战争，但在大小王朝交替兴灭的过程中，诸多新的文化因素互相影响、渗透，使得这一时期的文化、思想、艺术依然取得了一定的成就。如人物画的创新发展，"以形写神""气韵生动""秀骨清像"是当时顾恺之、陆探微等人物画家的作品所呈现的美学特点。江西南昌火车站东晋墓出土的车马人物纹漆奁[19]（图 1-1-26），所绘人物线条紧劲连绵、自然流畅，体现出此时"高古游丝描"的用线特点。

图 1-1-25　马王堆一号汉墓出土的双层九子奁

图 1-1-26　江西南昌火车站东晋墓出土的车马人物纹漆奁

　　历史发展进入隋唐时期，隋代时间较短，只有三十余年，唐代历时近三百年，是我国封建社会的繁荣时期，此时对外交流频繁，文化具有自由开放、兼容并蓄的特点，佛教在此时经过统治者的提倡，亦得到大力的发展。唐代的各项手工技艺，如漆器、金银器、陶瓷、染织、铜镜、木工等，生产规模及水平均远远超过前代，由于思想意识的解放、多种文化的交流与融合以及国力的强盛，其造物审美具有清新活泼、富丽丰满、博大宏放的特征。从器物纹饰上看，自然界的各种花卉植物、禽鸟虫鱼已经成为最主要的装饰题材来源，此前不多见的域外纹饰及佛教题材纹饰在此时也得到广泛应用。器物装饰构成以满装为多见，亦有点装、局部装等。以唐代金银材质的梳妆用具为例，其造型与装饰便很好地诠释了唐代造物的审美特点。如金银粉盒除了常见的圆形、椭圆形等几何形，亦出现了前代所没有的花瓣形、蝶形、云朵形等仿生器型，规整圆润中见巧思与变化。小巧的金银粉盒多满饰卷草、蝴蝶、花卉、鸳鸯、凤凰、大雁等纹样，动物纹样一般作为主体纹样，植物纹则为辅助纹样，如"黑石号"沉船上出水的扇形鹦鹉双雁纹银盒[20]（图1-1-27），器盖、器身及器底均以錾刻工艺满饰纹样。从仅有的出土的几件唐代银平脱妆奁看，器表也是满饰细密繁复的缠枝、花卉以及双凤纹，河南洛阳北郊唐颖川陈氏墓出土的长方形银平脱双凤缠枝纹漆盒[21]（图1-1-28），器盖正面与背面、器壁外面及内面以及器内底，便以银平脱工艺满饰纤细繁密的对凤、鹦鹉、虎牛鼠兔以及缠枝花卉纹。

　　宋代是上承五代、下启元代的历史时期，也是中国历史上商品经济、文化教育、科学创新高度繁荣的时代。宋代政治上一

图 1-1-27　"黑石号"沉船出水的唐扇形鹦鹉双雁纹银盒

图 1-1-28　河南洛阳北郊唐颍川陈氏墓漆盒盖面局部纹饰

直处于内忧外患的状态，对外战争的屡屡失败，王安石、范仲淹变法的先后失败等，使得宋代整个思想领域变得封闭、内倾。因此，与唐代器物设计中多见波斯、萨珊、粟特等外来文化元素不同，宋代器物无论在造型还是纹饰设计上呈现出明显的本土化特征。宋代造物受理学思想、文人士大夫审美取向的影响，追求简易致用、质朴无华、自然典雅的审美趣味。此时院体绘画的高度发展也为器物的器型及纹饰设计提供了一定的粉本来源。这一时期的器物设计，多以简洁优雅的造型取胜，折枝花卉、藤蔓、果实、禽鸟草虫等纹样遵循依器而饰的原则，或素面，或点装，或局部装，较少见满装者。

　　如宋代的多曲花瓣形漆奁及银奁，多曲花瓣形是宋代妆奁的新器型，其形制构思来源于大自然的各类花卉，有菱花形、葵花形、莲瓣形等，花瓣数有八瓣、六瓣等，花瓣分曲处起伏平缓，间隔均匀，奁的通高一般大于口径，整体造型于温婉优雅中透出端庄与理性。奁有素面的，亦有有纹饰的，纹饰布局有满装者，亦有局部装。满装者所饰纹样多为剔犀云纹，如福建福州北郊茶园村南宋墓出土的六边葵花形漆奁[22]（图1-1-29），盖面及奁外壁均雕刻如意云纹，纹饰以单个的如意云纹连续排列而成，虽为满装，却不繁缛。局部装可见江苏武进村前南宋墓出土的仕女消夏图六出莲瓣漆奁[23]（图1-1-30），以及安徽花石咀宋墓出土的八瓣菱花形银奁[24]（图2-4-5），前者采用戗金工艺，奁盖饰仕女消夏图，腹壁外饰折枝花纹，后者采用錾刻工艺，奁盖饰双凤纹，中层奁外壁饰折枝花纹，纹样布局疏朗，线条纤柔细腻。两者纹样虽都是阴刻，但纹样线条高度几乎与器表齐平，雅致含蓄，耐人

图 1-1-29 福建福州北郊茶园村南宋墓出土的六边葵花形漆奁

图 1-1-30 江苏武进村前南宋墓出土的仕女消夏图六出莲瓣漆奁

寻味。

　　元代是蒙古族建立的帝国，其器物设计继承了一部分宋代的审美风格，也体现出一定的蒙古族的审美特点，如喜好粗犷豪放的器型、错彩镂金的装饰效果等。元代的妆奁尺寸通常比宋代要大，如上海任氏家族墓出土的八瓣菱花形漆奁，四层一盖，通高 38.1、径 27.2 厘米，而宋代的漆奁一般为三层一盖，通高一般不超过 30 厘米。又江苏苏州张士诚母墓出土的银奁㉕纹饰处均鎏金（图 1-1-31），而宋代的银奁纹饰处以鎏金工艺装饰的则十分少见。

　　明朝是汉族建立的王朝，朱元璋出身农家，这一点与汉高祖刘邦相似，锐意复古是明朝治国政策的特征之一。明代初期推崇

图 1-1-31　江苏苏州张士诚母墓出土的银奁

思想的"正统"，宋代的程朱理学作为正统思想而被沿用，这一时期的造物具有雍容典雅、端庄敦厚的审美特征。明中叶以后，受倡导人性自由的王阳明心学思想、资本主义萌芽，以及市民阶层的进一步壮大等因素的影响，造物审美呈现出多元化、个性化的倾向，就造型来看，既可端庄秀雅，亦可简约豪放，纹饰则写实性与程式化、图案化风格皆有，各类纹饰题材中，人物故事纹、情景小品类纹比例大为增加，而器物的装饰风格也是既有繁缛富丽者，亦有古朴简约者。如明代的镜台与镜架，既有结构单一、素面装饰、可折叠的简易镜架，亦有结构复杂、部件众多、雕镂刻画的宝座式、屏风式镜台（图1-1-32）与官皮箱㉖（图1-1-33），还有各类小型梳妆匣、套奁、铜镜支架等。纹样装饰上，既有民俗寓意的花卉杂宝、牡丹凤凰、喜鹊登梅、鸳鸯双栖等，亦有庭院仕女、瀛洲学士、戏曲故事等人物小景纹。纹样图式安排上较少满装，多根据器型，对视觉关注的主要部位进行装饰，布局疏密有致，重点突出。

　　针对不同的使用人群，明代的造物设计已经明显地分化为两层，即上层（为宫廷和士大夫服务）和下层民间（为普通民众服务）两大支流，这一点到清代表现得更为明显。就清代的梳妆用具设计风格看，已形成典型的"民样"与"宫样"两大类。大体而言，前者在造物美学上呈现出经世致用、自然朴实的特点，后者则呈现出富丽奇巧、庄重恢宏的特点。前者在选材、工艺上并无特殊要求，而是视消费者能力及财力而定，后者在选材及工艺上则是极尽奢华与繁缛精巧之致。造型上来看，两者并无明显的区别，如宝座式镜台、折叠式镜台、屏风式镜台、多节粉盒等

图1-1-32　故宫博物院藏明黄花梨木雕凤纹五屏风式镜台

图 1-1-33　香港苏富比 2017 春拍中的明代戏曲人物故事图官皮箱

在民间及宫廷中均较为流行。纹样选择上，民间多为喜上眉梢、麒麟送子、凤穿牡丹、五子登科等人们喜闻乐见的民俗题材，宫廷则多为龙凤呈祥、卷草花卉、莲花八宝、五福捧寿、山水人物等，当然，两者纹样题材的选择并非泾渭分明，一些蕴含有吉祥如意、延寿添福的纹样，如五福捧寿、喜上眉梢、三多花卉等，在两者中均有使用。

## 第二节　妆容与妆品

　　各个历史时期关于发式、妆容的审美风尚也是不相同的，这种妆容审美的不同对妆具设计的影响主要体现于妆具种类、材质的更新上，如修眉之镊的出现。眉毛一直是面部化妆的重点，汉代眉妆就有"八字眉""蛾眉""远山眉""长眉""阔眉"等，唐代仕女尤其重视眉妆，此时有著名的"十眉图"，《妆楼记·十眉图》载："明皇幸蜀，令画工作十眉图，横云、斜月，皆其名。"唐代之前，镊子在墓葬中较少发现，马王堆一号汉墓出土的五子奁中有一件，此镊由镊柄和镊片组成，镊片可拆卸，从功能上看，此镊镊片缺乏弹性，镊片之间缝隙较大（图 1-2-1）。唐代的镊子造型则与现代相似，如 1991 年陕西长安县（即今西安市长安区）风雷仪表厂出土的唐代铜镊（图 1-2-2），一端为镊，另一端

图 1-2-1　马王堆一号汉墓出土的角质镊

图 1-2-2　1991年陕西长安县风雷仪表厂出土的唐代铜镊

为耳挖，镊柄与镊片为一体，镊片开合弹性较大，能准确夹取多余的眉毛并将其拔除。铜、铁镊子也是唐墓中的常见之物，可知其在唐代的普及与当时人们对眉妆造型的需求有着一定的关系。

　　又如唐宋盛行插梳之风，金、银、玉材质的梳子也在此时大量增加，这类梳子往往对梳背精心制作，雕纹刻镂，突出其华美富丽的装饰效果。如江苏扬州出土的唐代金梳（图1-2-3）、陕西何家村出土的唐代金梳背（图1-2-4），前者梳背采用镂刻工艺饰蔓草飞天纹，后者采用炸珠、焊接等工艺饰卷草纹。宋代的例子则可见江西彭泽北宋易氏夫人墓出土的银梳（图5-1-49），梳背以錾刻工艺饰花卉双狮戏球纹。宋代以后，插梳之风日渐式微，金、银、玉类的梳子遂不再流行，且梳背的装饰也多为素面。再如清代出现的点唇棒，亦是由于此时唇妆的特殊需求而产生的。清代的唇妆除了传统的樱桃小口式，又出现了一种比较特别的妆式，即将上嘴唇涂满，而下嘴唇只在中间点上一点，这种唇式尤其流行于宫廷女子中，点唇棒便十分适合此种唇妆的上妆，下唇只需用唇棒沾染胭脂或唇膏，用圆头一点便可成型。

图 1-2-3　江苏扬州出土的唐代金梳

图 1-2-4　陕西何家村出土的唐代金梳背

　　妆品质地、性状的变化对妆具的设计也产生着影响。首先可以看瓶、壶、罐类的妆品盛放器，这类器物在唐代之前很少见。秦汉盛放妆品的圆形、椭圆形子奁多为直腹直口的器型。周代盛放妆品的多为铜贯耳小罐、提链小罐，如河南三门峡虢国墓出土的"梁姬罐"[27]（图 1-2-5），此罐据李零先生分析为盛脂粉的小铜罐，作为可提持、携带之物，从其口部的大小、器腹的广度及深度看，是不适宜盛放液体类物品的。这点应与当时护肤、洗发、润发等妆品的质地多为粉类、凝脂类及膏类相关。

　　古人一般称化妆品为粉黛脂泽，《韩非子·显学》："故善毛嫱、西施之美，无益吾面；用脂泽粉黛，则倍其初。""粉""黛""脂"的性状很好解释，均非液体，而"泽"一般是指润发之物。唐颜师古注汉史游《急就篇》中"膏泽"条曰："膏泽者，杂聚取众芳以膏煎之，乃用涂发，使润泽也。"可知"泽"可为膏状，类似现在的发蜡。而唐代时润发之物则又有"郁金油"等，唐冯贽《云仙杂记》中载："周光禄诸妓，掠鬓用郁金油，傅面用龙消粉。"唐代的敛口"油合"存放的便为这种油类妆品，如《中国陶瓷全集5：隋唐》收录的唐代油盒（图 1-2-6），圆形，广腹小口，盖顶有圆形钮，下有矮圈足。

　　到了宋代，头油、面油的使用就更为常见，宋本《碎金》"梳洗"一项里记载化妆用品的种类有燕脂、坯粉、蚌粉、韶粉、面油、漆油之类[28]。《事林广记》中记载宋代护发之物有"蔷薇油""木犀油""洁鬓威仙油""惜发神梳散"等，这些护发用品大部分都为油状，因此宋代有专门盛放梳头油的小罐"油缸"，这种"油缸"多为小型的荷叶盖罐，盖下连接有挖油的小勺。如浙江湖

图 1-2-5  周代"梁姬罐"

图 1-2-6  唐代油盒

州三天门宋墓出土的荷叶盖
罐㉙（图 1-2-7），盖面錾刻叶
脉纹，叶蒂状盖钮穿入盖内，
连接小勺，盖下焊有银圈，与
罐口套合。说到"蔷薇油"，
就不得不说"蔷薇水"。五代
时从西域引进的"蔷薇水"不
仅有香体、香衣、沐发之用，
还可用于礼佛、调和妆粉等，
盛放在精美的琉璃瓶中的蔷薇

图 1-2-7　浙江湖州三天门宋墓出土的银
荷叶盖罐结构图

水一经引入就受到了王公贵族的追捧，由此也促进了本土琉璃容
器的生产。

　　再如研磨眉黛之黛砚。唐代之前，画眉多用石黛，使用时
需将其在黛砚上研成粉末，再兑水使用，黛砚也是秦汉墓葬常见
的出土之物。唐代时画眉之黛的品种开始增多，除了传统的石黛
外，还有铜黛、螺子黛等。铜黛是一种铜锈状的化学物质，螺子
黛从西域传入，在当时为稀有的外来之物，多提供给宫里的贵妇
们使用。《隋遗录》载："螺子黛出波斯国，每颗直十金。""螺子
黛"究竟如何制成，今不得而知，多数学者认为其以靛青、石灰
水等经化学处理而成，使用时应可以直接加水调和，省掉了研磨
的环节。到了宋代，又有了本土制作的画眉材料"画眉集香圆"，
根据《事林广记》记载，这种画眉材料是先将注有麻油的灯盏半
浸在水里，然后点燃灯芯，再用一个小碗倒扣在灯盏上，这样，
灯芯燃烧形成的油烟便凝聚在倒扣的碗内壁上，随时将这些油烟

扫下，收集到一定的量，再提前三天，将龙脑、麝香泡在麻油里面，使麻油浸得香气，然后把收集到的灯烟与此香油调和均匀，形成黑色的油膏，再将油膏搓成圆球状，便得到"画眉集香圆"。这种油膏状的画眉材料应不需要研磨便可使用，使用时可将其放入小碟中，兑入少量的水化开后，便可用笔蘸取描画。

扬之水《奢华之色——宋元明金银器研究》卷一中认为，宋代妆具之齐整者，为妆盒一件，其内放置粉盒、胭脂盒、油缸、水盂、妆盘、刷、抿、梳篦及铜镜。此处的妆盘作调和脂黛之用，为小碟形，亦可称"妆碟"。从出土实物看，宋代的黛砚亦很少见，但是银妆碟、瓷妆碟却较为常见，这种现象应与当时画眉材料无需研磨相关。以灯油烟、麻油制成的眉黛，明代依旧在使用，明孟称舜《娇红记·分烬》中写到申生向娇红讨要制成软膏状的画眉妆品，便属"画眉集香圆"一类，娇红用手指挖出一半黛膏，分装于另器，指尖因此沾染了黛污，然后将其擦拭于申生的衣服之上[30]。由这段剧情可以发现，这种膏状的画眉材料，应是也可以制成团块状放于小盒内，使用时可用棒、匕之类的工具将其挖出一点，放于小碟内，用湿过水的笔尖蘸取描绘。《明刻历代百美图》中所绘吴绛仙正临镜描眉，面前的桌子上放着小碟、梳子、发刷、粉盒、提盒等物，小碟之中应就是兑水化开后的眉黛（图1-2-8）。虽然有了方便好用的人工眉黛，但是天然的石黛一直没有被摒弃，黛砚也是明清时候常见之物，《明刻历代百美图》中正在对镜描眉的莹娘，镜子旁边放着的便为一方小黛砚[31]（图1-2-9）。直至民国初年，西方杆状眉笔输入，黛砚方退出历史舞台。

图 1-2-8　《明刻历代百美图》之吴绛仙　　图 1-2-9　《明刻历代百美图》之莹娘

# 第三节　聘礼与嫁妆

"奁"除了特指盛放梳妆用具的匣子，另一层含义便是指女子的嫁妆，与其组合的词语有"奁产""房奁""奁具""奁资"等。《梦粱录》卷二十"嫁娶"条载："具列房奁、首饰、金银、珠翠、宝器、动用、帐幔等物，及随嫁田土、屋业、山园等。"宋刘应李撰《新编事文类聚翰墨全书》乙集卷九关于婚嫁的内容中，女方嫁妆条题为"女家奁具状"。宋理宗时，一位姓郑的太师给女儿的奁产是："奁租五百亩、奁具一十万贯、缔姻五千贯。"[32]女子的妆奁通常在嫁娶时为母家准备，有时也可作为男方的聘礼。作聘礼或嫁妆之用的梳妆用具，不仅是夫妻双方婚姻缔结的象征，也是长久陪伴婚后女性的日用之物，因此，其需具备材质贵重、工艺精巧、美观耐用的特质。

梳妆用具自先秦时期便是嫁妆的重要组成部分，彼时的"奁具"又称作媵器，周代出土于女性墓的用于盛放脂粉、首饰的铜盒与铜罐便多为媵器。山东肥城孙楼小王庄出土有一批陈侯为其女陪嫁用的媵器[33]，共十三件，包括壶二、鼎二、鬲二、簠二、盘一、匜一、穿带小壶一、勺二。其中的穿带小壶饰窃曲纹和鳞纹，盖作盘蛇，尺寸不详，此穿带小壶或为脂粉盒。而这些出自女性墓的青铜妆洗用具，其中有一部分应是墓主的陪嫁之物，并在其死后作为陪葬品随葬。由器物的铭文及墓主族群关系推测，也可以证明其陪嫁物的性质，如陈耘在《三门峡虢季夫人墓出土青铜罐》一文中认为出自虢国墓的虢季夫人"梁姬罐"，便是梁国女子嫁为虢季夫人时，她的母家长辈（或母亲）梁姬将自己珍爱的装饰盒当作赠品，让虢季夫人带到虢国，夫人去世后也将此罐作为陪葬品。

汉代社会稳定，经济较前代有了巨大的发展，市民群体扩大，嫁娶盛行侈靡之风。《盐铁论·国疾》载："葬死殚家，遣女满车；富者欲过，贫者欲及。"[34]说的便是汉代的厚嫁厚葬之风。汉武帝"罢黜百家，独尊儒术"使得儒家的道德观念和价值体系逐渐渗透到社会生活的各个层面，"君为臣纲，父为子纲，夫为妻纲"等思想更促使妇女的社会地位下降。封建社会的妇女大都不从事或较少参加社会工作，因而没有独立的经济来源，婚后的物质生活主要依靠夫家的经济支持。因嫁妆由新娘从母家带来，婚后妇女通常享有嫁妆的归属权与支配权，嫁妆的物质价值的多寡不仅是女方家境财富的显示，也在一定程度上决定着新娘婚后在夫家的地位。漆奁、漆箱等漆器作为当时贵重之物，自然也是嫁妆的重要组成部分。汉乐府诗《孔雀东南飞》中庐江府小吏焦仲卿妻刘氏的嫁妆有："箱簾（奁）六七十，绿碧青丝绳，物物各自异，种种在其中。"刘氏仅仅是小吏之妻，尚且有六七十件漆箱及漆奁，反映的不仅是汉代的厚嫁之风，也反映了嫁妆中箱奁数量之多。

战汉时期一些漆奁的装饰纹样也暗示了其作为婚嫁之物的功能，如湖北荆门包山二号墓出土的上下盖式布胎漆奁[35]（图 1-3-1），其上彩绘的人物车马图较为特别。这幅图已有多名学者考证其描绘的内容为周代婚礼"纳采、问名、纳吉、纳征、请期、亲迎"的过程，如张闻捷 2009 年在《江汉考古》发表了《包山二号墓漆画为婚礼图考》，认为该图描绘的是当时士一级的婚礼场景，漆画

图 1-3-1　湖北荆门包山二号墓出土漆奁

中由树木分隔为四个独立场景，反映了周代婚礼的这六项程序。再如徐渊在《包山二号楚墓妆奁漆绘"昏礼亲迎仪节图"考》一文中，认为此图反映的是婚礼六项程序中最后一个程序"亲迎"。这些观点虽然不尽相同，但都说明了漆奁纹样与其功能之间的关系，即在盛妆器之外，还具有婚嫁物品的功能，如作聘礼或嫁妆，漆奁的纹样题材即为迎合婚嫁主题而设计。

　　唐代的婚嫁之物中，梳妆用具依旧是必不可少的一个组成部分。《旧唐书》卷一百四十二载唐王元逵迎娶寿安公主时，为表忠诚，不仅准备了丰厚的聘礼，还将嫁妆一并备好："开成二年，诏以寿安公主出降，加驸马都尉。元逵遣段氏姑诣阙纳聘礼。段氏进食二千盘，并御衣战马、公主妆奁及私白身女口等，其从如云，朝野荣之。"㊱唐德宗时县主陪嫁的理发、束发物品有"栉、纚、笄、总"等㊲。栉、笄均为理发、束发之具，纚为束发之布，后引申为束发之冠。《仪礼·士冠礼》："缁纚，广终幅。"郑玄注："纚一幅长六尺，足以韬发而结之矣。"《中国大百科全书·纺织》："古称丝织的冠为纚，冠上涂以生漆的为漆纚冠，后俗称乌纱帽。""总"为束发之具，《礼记·内则》："子事父母，鸡初鸣，咸盥漱，栉縰笄总。"郑玄注："总，束发也。"

　　辽代陈国公主与驸马合葬墓所出葬具，公主随葬品明显比驸马随葬品数量要多，类别上也更为丰富，尤其是公主墓的银奁、银粉盒、金玉粉盒都是驸马墓所没有的陪葬品。契丹公主出嫁时，皇帝及皇后就得准备好给她送终时陪葬的器物，《辽史》卷五十二"公主下嫁仪"规定："选公主诸父一人为婚主……自纳币至礼成，大略如纳后仪……拟送终之具，至覆尸仪物咸在。"陈国公主是辽景帝的孙女，耶律隆庆亲王之女，一切礼遇皆与帝女相同，因此，公主随葬品或也是其生前陪嫁之物。再由器物上所饰纹样来看，如八曲连弧金盒佩、圆形玉盒佩上所饰鸳鸯纹、双鹤纹及龙凤纹等，均反映了契丹民族对于夫妻成双、婚姻和睦的美好愿望，这类器物应也是为了公主的婚礼而特别制作的。

　　铜镜作为梳妆必备物，新婚者多以其作为聘礼或嫁妆。唐代王建《镜听词》云：“重重摩挲嫁时镜，夫婿远行凭镜听。”再如长孙佐辅《对镜吟》：“忆昔逢君新纳聘，青铜铸出千年镜。”这些诗句中的铜镜都为“嫁时镜”。关于汉代铜镜为婚嫁之物的文献记载虽不多，但汉代铜镜常见铭文“见日之光，长毋相忘”“宜子孙，君子宜之，长乐未央”等，吻合了人们对于爱情长久、子嗣延绵的婚姻期许。江西南昌出土的一面东汉铜镜铭文则有“二姓合好，女贞男圣，子孙充实，姐妹百人，造此信物”等字<sup></sup>，说明了此镜为结婚时的信物。双凤镜是唐宋流行的铜镜，而这种铜镜也是婚嫁之镜，唐代诗人王建《老妇叹镜》曰：“嫁时明镜老犹在，黄金镂画双凤背。”《册府元龟》载，西突厥多次遣使节与唐王朝和亲：“延陀真珠毗伽可汗遣其叔父沙钵罗泥熟俟斤来请婚，献马三千匹，貂皮三万八千，马脑镜一。”<sup></sup>马脑镜即玛瑙镜（图1-3-2）。这些均说明了铜镜作为婚嫁之物的性质。

　　铜镜需配置镜匣及镜台，《梦粱录》“嫁娶”条载，婚礼当日由行郎执花瓶、花烛、香球、沙罗洗漱、妆合、照台、裙箱、衣匣、百结、青凉伞、交椅等物，前往女家，迎娶新人。照台即为镜台，宋代称呼镜子为“照子”，武进村前南宋墓出土的一枚菱花

图 1-3-2    日本正仓院藏唐代玛瑙镜

镜，便有十字铭文"湖州真石家念五郎照子"。从宋代妆具的材质看，漆木金银类较多，与瓷质妆具相较，这类妆具的价值更高，更适合作为婚嫁物品。福建南宋黄昇墓出土有一套完备的梳妆用具，包括漆奁、铜镜、镜架、漆粉盒、梳篦、刷、抿等。黄昇为南宋一个非科举出身的荫职卑官的妻子，婚后一年亡故，死时只有十七岁，墓中陪葬的这套梳妆用具极有可能是其婚嫁时的聘礼或者嫁妆。

关于明清嫁妆，记载的文献资料比较丰富。从这些文献记载可以发现，梳妆用具作为妆奁的组成部分已经是约定俗成的社会现象。明清时不管是富裕人家还是贫寒人家，准备的嫁妆中都会有梳妆用具。清代《陈确集》"奁单"中列出的梳妆用具有："梳卓一张……梳匣一个，镜箱一只，铜镜二面，面盆一个。"⑩《金瓶梅》第三十七回"冯妈妈说嫁韩爱姐 西门庆包占王六儿"中说到西门庆给韩爱姐准备嫁妆："西门庆又替他买了半副嫁妆，描金箱笼、鉴妆、镜架、盒罐、铜锡盆、净桶、火架等件。"《三刻拍案惊奇》第十一回讲述贫农支佩德娶妻时，女方的妆奁有"两只黑漆箱、马桶、脚桶、梳桌、兀凳"⑪。《醒世姻缘传》第六十六回："你长大出嫁的时节，我与你打簪环，做铺盖，买梳头匣子，我当自家闺女一般，接三换九。"《阳原县志》载清代贫家女的嫁妆："仅妆匣、脸盆各一，衣服随身，白铜首饰数事而已。"⑫中产之家的嫁妆便要丰富许多，除了配送首饰衣物外，还有"镜台、箱箧、被褥之类"⑬。清代咸丰至同治年间的一份嫁妆清单中所列的梳妆用具有"无缘宝镜、文梎妆台、彩瓷油盒、彩瓷脂缸、绣花镜套、团圆宝镜、红木镜架、云铜手镜、彩瓷刷缸、大红镜衬、大红镜袱"⑭等，可见嫁妆里囊括的梳妆用具种类不仅基本齐全，且每一类不仅限一件物品，如镜就有云铜手镜（执镜）、无缘宝镜、团圆宝镜等。

平常百姓出嫁尚有如许齐全的梳妆用具，皇室公主出嫁时梳妆用具准备得就更为丰富了。《清朝野史大观·和孝公主》抄自《啸亭杂录》，其中载乾隆六十五岁时所得之女和孝公主的嫁妆中生活用具有：金镶玉草箸二双、商银痰盆二件、银粉妆盒一对、银执壶一对、银茶壶一对、银盆二件、银壶一把、银盒二件、银盒一对、商银小碟一对、镀金盒一对、银杯盘十份、银壶四把、银匙四把、玉杯八件。梳妆用品有象牙木梳十匣、黄杨木梳二十匣、篦子十二匣、大抿二十匣、剔刷一匣、刷牙刮舌十二匣。另又赐各类梳妆用具有铜镜四面、玛瑙把镜四件、珐琅把镜四件、紫檀支镜十件、小抿二十匣、篦子八匣、刷牙刮舌八匣、剔篦二十匣、剔刷十九匣、绣缎镜套料三十六片、缂丝镜套料二片等[45]。

　　梳妆用具中形制较大者，如奁匣、梳妆盒、镜台之类多作为婚嫁物品，形制较小者如脂粉盒、镜、梳篦等，除了可作婚嫁物品外，又是男女之间常见的用于传情达意或离别时的赠送物。唐代脂粉盒尤其是金、银、玉脂粉盒上的纹样，也多见鸳鸯、双鸾等纹，这类纹样的寓意也符合其作为男女间传情、定情、忆情之物的功能。新加坡亚洲文明博物馆藏唐代的一件小银盒（图 1-3-3），四曲花瓣形，底盖中心均稍微隆起，盖中心有立于花丛中的鸳鸯

图 1-3-3　新加坡亚洲文明博物馆藏唐代银盒

一对，其上有鸾鸟一对在空中飞翔，前者衔折枝，银盒图案似取
"鸳鸯比翼，永结同心"之意。相似的纹样于偃师杏园袁氏墓出土
的圆形银粉盒[46]、郑洵夫妇墓出土的贝壳形银粉盒[47]上均有表现。赠
予恋人的脂粉盒想必也不能是空的，里面必然盛放有口脂、胭脂、
香粉、兰膏等物。唐代韩偓《玉合》："罗囊绣两凤凰，玉合雕双
鸂鶒。中有兰膏渍红豆，每回拈著长相忆。长相忆，经几春？人怅
望，香氤氲。开缄不见新书迹，带粉犹残旧泪痕。"雕有双鸂鶒的
玉兰膏盒不仅是女子的日常使用之物，也是其寄托对恋人相思、相
忆情感的载体，这枚盛有兰膏的玉盒或许正是恋人所送之物。

　　《太平广记》"柳氏传"中载柳氏与韩君平分别时："以轻素结
玉盒，实以香膏，自车中授之。曰：'当遂永诀，愿置诚念。'乃
回车，以手挥之。"此玉香膏盒想必便与陕西西安曲江唐代宫城遗
址出土的青玉粉盒（图 1-3-4）形制相似，玉盒一侧雕有镂空的
鸳鸯形柄，可以穿系手巾、绶带等物。

　　梳篦、铜镜、香囊等物是世人熟知的定情、传情之物。宋吕
胜己《鹧鸪天》中写道："日日楼心与画眉，松分蝉翅黛云低。象
牙白齿双梳子，驼骨红纹小棹篦。"欧阳修《南歌子》通过描写
新娘子的举止神态来表现一对青年夫妇的新婚生活，其中写道：
"凤髻金泥带，龙纹玉掌梳。走来窗下笑相扶，爱道画眉深浅入时
无？"这两首词均说到了梳篦的传情功能。汉代夫妻合葬墓中常
见男女棺内各有半枚铜镜，可知汉代时铜镜已经成为夫妻爱情的
信物[48]。唐孟棨《本事诗·情感第一》中说到南朝陈国将要灭亡，
驸马徐德言预料与妻乐昌公主将遭乱离，于是打破一面铜镜，与
妻各执一半，作为今后见面的信物，后两人通过半镜相合重圆，

图 1-3-4　陕西西安曲江唐代宫城遗址出土的青玉粉盒

得到了团聚。粉盒、香囊、铜镜及梳篦等梳妆用具作为感情的信物，使其在自身的使用价值以外又附加了特定的象征功能及文化意义。

## 第四节　朝贡与赏赐

朝廷物质赏赐是古代帝王控驭臣民、维护国家统治的重要政治手段之一。古代朝贡有两种方式，一是下属对上级、地方对中央的供奉，二是外国对中国的进献。朝贡之物一般都为地方特产，可以是植物、食物、动物、手工制品等。《尚书·禹贡》孔疏："贡者，从下献上之称，谓以所出之谷，市其土地所生异物，献其所有，谓之厥贡。"朝贡尤其是外国对中国的朝贡，是中国历代政权与周边民族政治、经济及文化交往的一种主要形式。中国是礼仪之邦，素来重视礼尚往来，收到外国使者朝贡的方物，作为礼仪及政治需要，中方往往也回馈对方丰厚的礼品。梳妆用具作为日常生活用品的一个重要组成部分，在古代也常用作赏赐、朝贡及馈赠之物。

古代帝王赏赐的物品种类繁多，有金银、田地、服饰、器物、食品、奴婢等等，在各类日用器物赏赐中，就包括梳妆用具。有关妆具、妆品作为赏赐之物的文献记载最多的为唐代。唐代每逢腊日，帝王便会赏赐面药、口脂等护肤品予大臣、大臣女眷以及边境将士等。这些珍贵的护肤品往往装在金、银、玉盒中赠送，有些小盒外面还另有雕奁、宝奁。收到这些恩赐的宝物，大臣们往往会撰写谢表，《全唐文》卷四百四十四韩翃谢表曰："并赐臣母申国太夫人口脂一合、面脂一合、澡豆一贴，并赐臣温香一合，兼赐将士口脂等。"刘禹锡《为淮南杜相公谢赐历日面脂口脂表》云："腊日面脂、口脂、红雪、紫雪，并金花银盒二，金棱盒二。……雕奁既开，珍药斯见，膏凝雪莹，舍液胜芳，顿光蒲柳之容，永去疢疵之患。"㊵文中面脂、口脂、红雪、紫雪四种妆品便是装在四个金银盒中。除了谢表，唐诗中也有关于帝王赏赐妆品的描述，如王建《宫词》："黄金合里盛红雪，重结香罗四出花。——傍边书敕字，中官送与大臣家。"杜甫《腊日》："口脂面药随恩泽，翠管银罂下九霄。"除了装在金银玉盒中的护肤品，梳篦、镊子、铜镜之类的梳妆用具亦可作为赏赐之物。唐代获帝王赏赐物品最多、种类最全的为唐玄宗时期的安禄山，每逢节日或入宫觐见，皇帝总要赏赐些奇珍异宝予他，奖励他镇守边疆有功。《安禄山事迹》中记录的就有："天长节……兼赐禄山宝钿镜一面，并金平脱匣、宝枕、承露囊、金花碗等。""（天宝）十载……太真赐金平脱装一具，内漆半花镜一，玉合子二，玳瑁刮舌篦、耳篦各一，铜镊子各一，犀角梳篦刷子一……"[50]其中有宝钿镜、金平脱匣、平脱妆盒、铜镜、玉盒、耳篦、铜镊、梳篦、刷等物。宋代朝廷每逢腊日依旧有赐口脂面药之举，陈元靓《岁时广记》卷三十九引《皇朝岁时记》载："腊日，国朝旧不赐口脂面药，熙宁初，始赐二府以大白金奁、二小陶罂，口脂甲煎各一，并奁赐之。""甲煎"为一种口脂，唐陈藏器曰："甲煎，以诸药及美果花烧灰和腊治成，可作口脂。"[51]为了盛放腊日赏赐的口脂，官府还特别制造银盒。《武林旧事》卷三"岁晚节物"条记载："腊日赐宰执、亲王、三衙从官、内侍省官并外阃、前宰执等腊药，系和剂局造进及御药院特旨制造银合。"

妆具尤其是金银类妆具也是官员进奉给皇帝的珍贵礼物，以期获得重用或提拔，同时皇帝为了满足自身的物质需求，亦会下令各地进献贡品。如唐敬宗时下令浙西观察史李德裕进献脂粉妆具，《新唐书·李德裕传》："敬宗立，侈用无度，诏浙西上脂盝妆具。"皇帝生日、各种节日亦是官员进献的好时机。如宋真宗以十二月二日为承天节，诸王及官员依次在长春殿给皇帝上寿，进献"金酒器、银香合、马"等寿日礼物[52]。"千秋镜"是唐代铜镜中的一个特殊品种，因设千秋节这一政治举措而产生。八月五日为唐玄宗生日，开元十七年（729），左丞相张说、右丞相宋璟上表请以这天为千秋节，当日，群臣进献千秋镜，皇帝亦会赐千秋镜。张说表云："著之甲令，布于天下……群臣以是日献甘露、醇酎，上万岁寿酒，王公戚里进金镜、绶带。"当时的扬州是千秋镜的重要产地，扬州生产的千秋镜在当时又称作"江心镜"或"水心镜"，《太平广记》"器玩三·李守泰"条载："唐天宝三载五月十五日，扬州进水心镜一面，纵横九寸，青莹耀日，背有盘龙长三尺四寸五分，势如生动，玄宗览而异之。"李肇《唐国史补》下："扬州旧贡江心镜，五月五日扬子江中所铸也。"⑤ 进献铜镜时通常会配镜匣，所谓"镜成将献蓬莱宫，钿函金匣锁几重"，唐韦应物《感镜》诗也写道："铸镜广陵市，菱花匣中发。"

漆木质奁盒、镜盒、粉盒是唐宋妆具的一个重要组成部分。漆器作为当时价值较高的手工艺品，也是常见的贡品种类，如当时盛产漆器的襄州便是著名的漆器进贡地，《新唐书·地理志》载"襄州……土贡……漆器库路真二品，十乘花文，五乘碎石文"，《宋史·地理志》也载襄阳岁贡漆器。元代马端临《文献通考·土贡考》亦载："襄阳郡贡五盛碎石文库路真二具、十盛花库路真二具。"这些进贡的漆器里面应就有与妆具相关之物。

大唐国力强盛，采取开放包容的民族政策，加之丝绸之路的开通，中原与西域之间的贡赐贸易十分活跃。《旧唐书·西戎传》称当时"万国来朝"，"职贡不绝"，《册府元龟·外臣部》朝贡四及朝贡五载龟兹、于阗、康国、米国、吐火罗、西突厥、回鹘等朝贡的土产与手工制品有：珍珠、琥珀、水晶杯、金银器、琉璃瓶、青黛、铁镜、蔷薇水等。皇室亦会回赠丝绸面料、铜镜、书籍、纸张等物予外国使者⑤。唐代中日交流频繁，日本共向大唐派出十九次遣唐使，遣唐使会向大唐献上国书和贡品，大唐也会回馈使节团各种答信物。此时中日官方交流的物品繁多，基本以名贵的手工艺品为主，漆器、铜镜作为中日手工业的优秀代表也在交流物品之中。日本输入中国的物品有琥珀、玛瑙、金、银、漆、纺织品、纸张、镜鉴等。中国输入日本的物品有花鸟背八角镜、金银钿庄唐大刀、彩绘漆盘、印染丝织品等。

　　宋代由于采取保守封闭的外交政策，传统朝贡体系在唐代达到顶峰之后，在宋代逐渐衰落，不过此时依旧存在一定的朝贡政治活动，朝贡品中不乏琉璃器等物。《宋史·高昌传》载北宋乾德三年（965），"西州回鹘可汗遣僧法渊献佛牙、琉璃器、琥珀盏"。宋代的中日文化交流中，两国僧人做出了重要的贡献。《宋史·列传第二百五十》记载当时的日本僧人奝然进献给宋代皇帝的宝物中有金银莳绘筥、螺钿花形平函、螺钿梳函等物。

　　明代的朝贡国大都为周围的小国，郑和下西洋促使明代建立了遍及南海和印度洋的朝贡体系，安南（今越南北方）、高丽、朝鲜是最主要的朝贡国。《明会典》记载各国进贡的手工艺品中，与梳妆用具相关的有：描金粉匣、螺钿梳函、金银粉匣、蔷薇水、蔷薇露、琉璃瓶等。其中螺钿漆器作为朝鲜手工艺品的杰出代表，在清代依然位列年贡品之中，中国第一历史档案馆藏《内阁礼科史书》第214、266号载乾隆时期朝鲜年贡的物品中就有"螺钿梳函一事"，元旦礼物中也有"螺钿梳函一事"。明清时政府也会派遣官员携带礼品出使各邻国，如1404年明使赵居任携往日本的是："纻丝五匹，纱五匹，绢四十匹，红雕漆器五十八件，盘十四个，香叠二副，桌器二桌，每桌十六件共三十二件，葵花样鉴妆一副，盘一个，碗五个等物。"⑤这里的

"葵花样鉴妆一副"应为葵花形妆奁并各类妆盒、妆盘等。西方玻璃镜于明代晚期传入中国，与此相关的梳妆镜、梳妆台也成为进献给大清皇帝的西洋奇器。《钦定大清会典事例》卷五〇三载荷兰国王进贡的物品有皇后方物、玻璃镜、玳瑁匣、玻璃匣、乌木饰人物匣、蔷薇露等，又使臣进贡方物有镜一面、人物镜四面等。《熙朝定案》记载康熙皇帝1689年二月南巡抵达杭州时，便接受了传教士殷铎泽供奉的一个多彩玻璃球，另一位传教士也给康熙皇帝供奉了一件小型望远镜、一面梳妆镜和两个玻璃花瓶[56]。

明清特种工艺市场繁荣，百花齐放，螺钿镶嵌漆器、珐琅彩、粉彩瓷、百宝嵌、银烧蓝、象牙雕等特种工艺均有地方性代表产品，如扬州的螺钿镶嵌与百宝嵌、景德镇的粉彩瓷、福州的漆木器、广州的象牙雕等，这些珍奇、华贵的特种手工艺产品十分符合皇室成员的审美喜好，以特种工艺制成的妆奁、粉盒、梳匣、梳篦等物也成为地方年贡物品的重要组成部分，以满足皇室的日常生活、陈设把玩所需。如故宫博物院所藏的象牙雕花镜奁（图1-4-1），便是专门从广州采办来的宫中后妃的梳妆用具[57]。清代军机处的上谕档中记载，道光元年（1821）六月二十一日福州军年贡中有黄杨竹式木梳十匣及描金宫篦十匣[58]。乾隆十一年（1746）九月初三日，苏州巡抚安宁贡进：仿洋漆炕书架成对，仿洋漆琴桌成对，仿洋漆菱花盒成对，朱漆菱花盒两对，九广花八丝缎成匹，三色锦缎十匹，黄杨木梳五十副，什锦篦五百张，象牙彩漆牙刷、大抿子各五百枝[59]。

清代的朝贡之日往往也会选在皇宫中最隆重的三个节日，即

图 1-4-1　清代牙雕镜奁

万寿节、冬至及元旦之日，王公大臣及各地官员会想尽办法搜集奇珍及方物进贡。如王原祁等纂《万寿盛典初集》卷五五《庆祝五·贡献一》载，康熙六十大寿，恒亲王长女进万寿香囊，淳郡王四女进玛瑙寿桃香盒，九贝子长女进祥云小玉盒等物，宗室亲王们进贡的物品中还有金香盒、玛瑙水盛器、玉水盛等物。

梳妆用具作为赏赐、进贡、馈赠的物品，不仅发挥了其特有的社会功能，同时亦促进了其生产与制作，对其样式风格的形成也产生了一定的影响。通常作为赏赐、进贡或馈赠之物，需具有格外贵重的价值，或商品价值，或实用价值，或赏玩价值，这一点也促使部分妆具在设计中更加注重选材的精良贵重、工艺的细致巧妙以及装饰的别致新颖。

### 注释

① 丁邦钧：《安徽马鞍山东吴朱然墓发掘简报》，《文物》，1986 年第 03 期。

② 史殿海：《涿州凌云集团新厂东汉墓群发掘简报》，《文物春秋》，2007 年第 03 期。

③ 蒋英炬主编：《中国画像石全集》第 1 卷《山东汉画像石》，山东美术出版社、河南美术出版社，2000 年，图 222。

④ 王志高等：《江苏南京仙鹤观东晋墓》，《文物》，2001 年第 03 期。

⑤ 中国社会科学院考古研究所：《偃师杏园唐墓》，科学出版社，2001 年，第 220 页。

⑥ 郑绍宗：《河北宣化辽张文藻壁画墓发掘简报》，《文物》，1996 年第 09 期。

⑦ 河北省文物研究所、保定市文物管理处：《五代王处直墓》，文物出版社，1998 年，第 24—28 页。

⑧ 宿白：《白沙宋墓》，文物出版社，2002 年，第 41 页，图 6。

⑨ 郑州市文物考古研究院、荥阳市文物保护管理所：《荥阳槐西壁画墓发掘简报》，《中原文物》，2008 年第 05 期。

⑩ 闫艳：《浅探"胡床""绳床"的形制与外来文明——兼及"交床""交椅"》，《内蒙古师范大学学报》，2013 年第 05 期。

⑪ 敖汉博物馆：《敖汉旗羊山 1—3 号辽墓清理简报》，《内蒙古文物考古》，1999 年第 01 期。

⑫ 河北省文物研究所：《河北武邑龙店宋墓发掘简报》，载《河北省考古文集》，东方出版社，1998 年，第 323—329 页。

⑬ 四川省文物考古研究所等：《泸县宋墓》，文物出版社，2004 年，彩版二四。

⑭ 郭远谓：《苏州吴张士诚母曹氏墓清理简报》，《考古》，1965 年第 06 期。

⑮ 苏州博物馆、江阴县文化馆：《江阴北宋"瑞昌县君"孙四娘子墓》，《文物》，1982 年第 12 期。

⑯ 镇江市博物馆、溧阳县文化馆：《江苏溧阳竹簀北宋李彬夫妇墓》，《文物》，1980 年第 05 期。

⑰ 朱华：《闻喜上郭村古墓群试掘》、张崇宁等：《闻喜县上郭村 1989 年发掘简报》，《三晋考古》第一辑，第 95—122 页、第 139—153 页。

⑱ 山东省博物馆：《山东省博物馆藏品选》，山东画报社，图版 52。

⑲ 赵德林等：《南昌火车站东晋墓葬群发掘简报》，《文物》，2001 年第 02 期。

⑳ 上海博物馆：《宝历风物："黑石号"沉船出水珍品》，上海书画出版社，2020 年，第 283 页。

㉑ 廖子中：《洛阳北郊唐颍川陈氏墓发掘简报》，《文物》，1999 年第 02 期。

㉒ 福州市文物管理局：《福州文物集粹》，福建人民出版社，1999 年，图版第 30 页。

㉓ 陈晶等：《江苏武进村前南宋墓清理纪要》，《考古》，1986 年第 03 期。

㉔ 邵建白：《安徽六安县花石咀古墓清理简报》，《考古》，1986 年第 10 期。

㉕ 前揭《苏州吴张士诚母曹氏墓清理简报》。

㉖ 苏轩：《香港苏富比 2017 春拍精彩纷呈》，《文物天地》，2017 年第 03 期。

㉗ 河南省文物考古研究所、三门峡市文物工作队：《三门峡虢国墓》，文物出版社，1999 年，第 251 页。

㉘ ［宋］张云翼：《碎金》，南宋刻本，《天理大学图书馆善本丛书·汉籍之部》第六卷，天理大学出版社影印本，1981 年，第 29 页。

㉙ 陈兴吾：《浙江湖州三天门宋墓》，《东南文化》，2000 年第 09 期。

㉚ 孟晖：《美人图》，中信出版集团，2021 年，第 49 页。

㉛ 钟年仁编：《明刻历代百美图》，天津人民美术出版社，2003 年，第 65 页。

㉜ ［明］叶盛：《水东日记》卷八，中华书局，1997 年，第 87 页。

㉝ 齐文涛：《概述近年来山东出土的商周青铜器》，《文物》，1972 年第 05 期。

㉞［汉］桓宽:《盐铁论》，上海人民出版社，1974年，第64页。
㉟湖北省荆沙铁路考古队:《包山楚墓》，文物出版社，1991年，第144页。
㊱［后晋］刘昫等:《旧唐书》，中华书局，1975年，第3888页。
㊲前揭《旧唐书》，第4046页。
㊳江西省博物馆:《江西南昌东汉、东吴墓》，《考古》，1978年第03期。
㊴［宋］王钦若等:《册府元龟》，凤凰出版社，2006年，第11325页。
㊵［清］陈确:《陈确集》，中华书局，2009年，第515页。
㊶［明］梦觉道人、西湖浪子:《三刻拍案惊奇》，北京大学出版社，1987年，第161页。
㊷《阳原县志》卷一〇，《礼俗》，民国二十四年铅印本。
㊸徐珂:《清稗类钞》，中华书局，1984年，第1992页。
㊹陈玉堂:《一份清代嫁妆实录》，《上海档案》，2002年第05期。
㊺无园:《和孝公主的妆奁》，《紫禁城》，1983年第05期。
㊻前揭《偃师杏园唐墓》，第61页。
㊼前揭《偃师杏园唐墓》，第130页。
㊽索德浩:《破镜考》，《成都考古研究》第一辑。
㊾［清］董诰等:《全唐文》，中华书局，1983年，第6082—6083页。
㊿［唐］姚汝能:《安禄山事迹》，上海古籍出版社，1983年，第11页。
(51)［清］许梿、黎经诰:《六朝文絜笺注》，上海古籍出版社，1982年，第44页。
(52)［元］脱脱等:《宋史》，中华书局，1985年，第2672页。
(53)［唐］李肇:《唐国史补》，古典文学出版社，1957年，第64页。
(54)程旭:《朝贡·贸易·战争·礼物——何家村唐代金银器再解读》，《文博》，2011年第01期。
(55)祝国红、王芳:《古代中日贸易述论》，山东人民出版社，2014年，第146页。
(56)［美］E. B. 库尔提斯撰，米辰峰译:《清朝的玻璃制造与耶稣会士在蚕池口的作坊》，《故宫博物院院刊》，2003年第01期。

(57) 故宫博物院：《故宫雕刻珍萃》，紫禁城出版社，2004 年，第 11 页。
(58) 付超：《清代宫廷生活中的梳具》，《收藏家》，2013 年第 12 期。
(59) 中国第一历史档案馆：《内务府造办处·贡档》0049。

第二章

妆奁春秋

《说文解字》：「籢，镜籢也。从竹，斂声。」这里的「籢」是竹制的用来盛放铜镜的容器。「奁」即「籢」的俗字。古代铜镜若长期暴露于空气之中，表面容易氧化，所以平日不用时需用丝织物包裹好，并放置于镜奁中，而镜奁中所盛装的物品往往不仅有铜镜，还有粉盒、梳篦等其他梳妆用具，故镜奁亦可称作妆奁。本章所讨论的「奁」专指容量较大，可以收纳多种梳妆物品的盒、匣一类，具体用词可为「奁匣」「奁盒」「妆奁」或「奁」等。

## 第一节　古朴神秘的先秦妆奁

### 一、铜奁

商周的妆奁以铜奁较为常见，从器型上可分为两类。第一类为带足方盒，此类铜奁发现数量最多，主要发现于山西、甘肃、河南、山东等地，且铜奁时代相近，集中于西周晚期至春秋早期。此类铜盒装饰繁缛，有足且带盖门，门设于盒顶或盒体侧面，器表及器足饰有裸人、伏虎、爬兽、立鸟及车轮等造型。据李零先生分析，此类铜盒为首饰盒，用来盛装宝石、串饰、玉饰等饰品。

这一类铜盒应还可作脂粉盒之用。2020年山西省考古研究院在山西垣曲北白鹅村四号墓挖掘出的长方体盒[①]（图2-1-1），盒身两侧设有牛首衔环，下有伏虎形四足，盖有桥形钮。此盒虽然在造型上与同时期的同类铜盒相比，并没有特别出彩之处，但重要的是铜盒出土时里面盛满了带有颜色的残留物，另还有一件铜勺，推测应与铜盒配套使用，用来挖取盒内的化妆脂粉。山西闻喜县上郭村墓地M7出土的小铜奁，或称"刖人守囿铜挽车"[②]（图2-1-2），周身装饰了二十多个动物的形象。车厢四角是四只熊罴，最上方蹲坐一只小猴，四周立有四只小鸟，小猴可以把器盖一分为二地打开，小鸟可以360度旋转。车厢四周刻画着凤鸟、伏虎等形象，底部有六只轮子，其中的四只小轮子分别被两只小老虎伏于身下。有一侧门，由裸体刖人把守。甘肃礼县圆顶山M1出土的方奁[③]（图2-1-3），年代为春秋早期，此奁器足为四个车轮，顶部盖门为纵向对开，以二熊为盖钮，器口四隅立四

图 2-1-1　山西垣曲北白鹅墓地出土铜盒

图 2-1-2　山西闻喜县上郭村墓地 M7 出土小铜奁

图 2-1-3　甘肃礼县圆顶山 M1 出土方奁

鸟，器壁四隅饰四爬兽，长 11.0、宽 7.5、高 8.8 厘米。

　　第二类为简易长方盒或圆盒。长方盒出土的实物有甘肃礼县圆顶山 M1 女性墓出土的铜盒④（图 2-1-4），此盒盖面可向一侧打开，盒长 7.8、宽 5.2、高 2.7 厘米。另三门峡虢国墓 M2012 虢季夫人墓出土的铜方盒⑤，出土时盒内装有绿松石、料珠和煤精等组成的串饰一组，此盒用薄铜片制成，出土时已破碎，无法修复，长 13.0、宽 10.5 厘米，高度不详。又山西曲沃县赵村晋侯墓地 M63 出土的铜方盒⑥，出土时已锈成粉末，盒内盛满玉人、熊、牛、龟等玉质小件器物。圆盒有陕西宝鸡竹园沟西周墓地 M20 出土的铜盒⑦，圆口直腹，周壁以铜圈围成，盒底及盖为木质，盒内放有铜梳、发笄、小铜刀、铜凿、小铜勺、铜浅盘等小件器物，盒高 10.9、口径 23.0 厘米。河南辉县琉璃阁战国墓地 M1 出土的圆盒⑧（图 2-1-5），据郭宝钧先生推测为铜奁，时代为春秋晚期，

图 2-1-4　甘肃礼县圆顶山 M1 女性墓出土铜盒

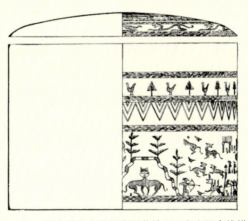

图 2-1-5　河南辉县琉璃阁战国墓地 M1 出土圆盒线描图

此奁用薄铜片制成，器表刻有乐舞狩猎纹。河南淇县宋庄东周墓地 M4 出土的铜盒[9]，圆筒形，器壁较薄，出土时残损严重，仅存盖顶与器底，盒身与盖外壁刻划鸟纹与鱼纹，根据复原高度，盒直径 16.0、盖高 3.8、盒身高 3.5 厘米，此盒出土时放置于匦内，推测此盒亦作奁盒之用。

二、漆奁

形制

战国是我国漆器发展的第一个高峰期，漆器不仅能够防腐防潮，而且轻便牢固，逐渐取代了原本青铜器在日用生活领域的地位，伴随着漆器的发展，漆奁的使用也开始变得常见。湖北枣阳九连墩一号楚墓出土的便携式漆木奁[10]（图 2-1-6）是战国时期妆奁的代表，奁为长方形，长 27.8、宽 9.3、厚 3.7 厘米，奁体由两块相同大小的厚木板铰结而成，器内相应部位按照盛放物品的外形琢成凹槽，一半内壁放置脂粉盒与梳篦，另一半放置铜削刀和铜镜，中间各安置一个铜活环连接的木质"Y"形活动支架，作放置铜镜之用。出土报告虽未说明"Y"形支架上部是否有卡槽，但笔者推测，如可以放置铜镜，支架上部应设有卡槽。"Y"形支架应还有另一用途，将两个支架同时打开，翻过来立起，就可以形成一个小几，一物多用，可见古人的智慧所在。此梳妆盒的主人是一位 35—40 岁的"大夫"级别的男性，先秦时期男性对于容貌的重视不亚于女性，尤其对于贵族男子来说，更加注重对容貌的修饰。《诗经·卫风·淇奥》赞美当时的美男子形象为："瞻彼淇奥，绿竹青青。有匪君子，充耳琇莹，会弁如星。瑟兮僩兮，赫兮咺兮。有匪君子，终不可谖兮。"文雅脱俗而又器宇轩昂的美男

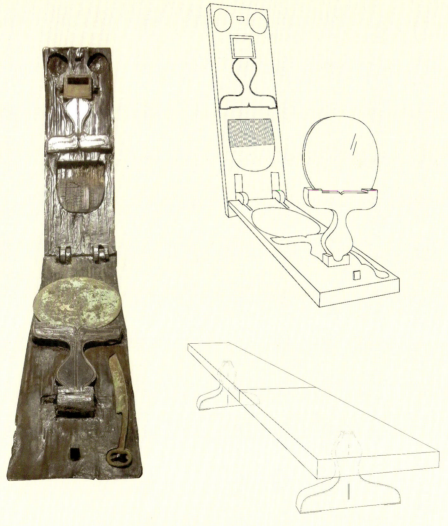

图 2-1-6　湖北枣阳九连墩一号楚墓出土的便携式漆木奁及铜镜放置图、倒置小几图

子，让人一见难忘。

此时又以圆形漆奁最为多见，按照奁盖与身结合的方式，可将其分为两种：一为天地盖式，一为上下盖式。前者又可分作两类，第一类器身较扁，器高几乎只有盒径的三分之一，器盖与器身天地盖式相套合，器盖一般为弧形顶，少数平顶。湖南长沙楚墓 M1 出土的漆奁[11]（图 2-1-7），器表彩绘纹饰，阶梯形盖，平底，高 8.0、直径 23.4 厘米。安徽舒城秦家桥三号楚墓出土的漆奁[12]（图 2-1-8），盖为弧形，略鼓，器表黑底描绘朱纹，器内髹红漆，通高 9.8、口径 25.6 厘米。第二类与第一类相比，器身较高，器高约为盒径的二分之一或更多，器盖有盝形、平顶、弧形等，身与盖结合方式也多为天地盖式。湖北江陵九店 M712 出土的漆奁[13]（图 2-1-9）为平底，盝形盖，盖高 6.2、盖径 13.4、器身高 7.6、径 12.8、通高 8.9 厘米。湖北荆门左冢楚墓出土的漆奁[14]（图 2-1-10），通体髹黑漆，直腹、平底、平顶盖，该奁尺寸较大，腹径 30、高 14.8 厘米。上下盖式的漆奁较为少见，包山二号墓出土的人物车马纹布胎漆奁是一例（图 1-3-1），奁盖高度与奁身高度接近，盖与身子母口扣合，奁内置方形、圆形铜镜以及花椒、骨笄、蛤蜊壳等物，通高 10.8、直径 27.9 厘米。

### 成型与装饰工艺

战国漆奁的胎骨主要为木胎及布脱胎。木胎又分斫木胎、镟木胎及卷木胎，斫木胎是对木块施以削、凿、剜等工艺，获得预期的器物造型。镟木胎是利用类似陶轮的旋转机械，再配合工具加工出器型，此种方法多制作较厚重的圆形容器，制作出来的器物具有器型匀称、木纹顺直的特点。卷木胎以楺制工艺制成，

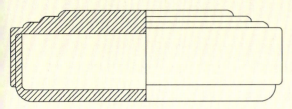

图 2-1-7　湖南长沙楚墓 M1 出土漆奁线描图

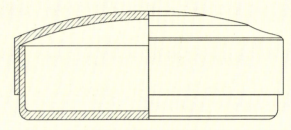

图 2-1-8　安徽舒城秦家桥三号楚墓出土漆奁线描图

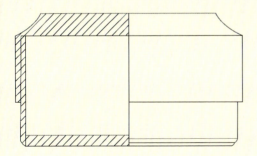

图 2-1-9　湖北江陵九店 M712 出土漆奁线描图

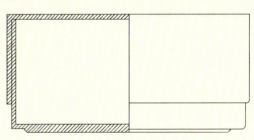

图 2-1-10　湖北荆门左冢楚墓出土漆奁线描图

多用于筒形容器的器壁。漆奁器壁为卷木胎，器底多为厚木板，底、壁结合处用木钉及生漆连接。布脱胎是用泥或者木做成内胎，然后在其上反复裹布髹漆，一层漆一层布裱糊若干层，干实后去掉内胎。布脱胎制作出来的漆器不仅轻巧牢固，在塑型上也较普通木胎要自由许多，便于塑造一些不规则的形态，不过布脱胎与木胎相比出现较晚，约于战国中晚期出现。

战国漆奁纹饰的装饰工艺主要为彩绘，将红、黄、绿等矿物质颜料与透明漆、植物油料调和研磨，便会获得彩色漆。战国漆奁彩绘的色彩已经十分丰富，如包山二号墓出土的彩绘人物车马纹漆奁便使用了红绿、熟褐、棕黄、白色等多种颜色。上海博物馆"千文万华——中国历代漆器艺术展"展出的一件战国圆形漆奁，黑漆为地，以黄、红、绿、赭色漆于器盖，器外壁绘云纹、鸟头云纹（图 2-1-11）。此时还有一种特别的彩绘方式，即描金银，可用胶调金、银粉，也可用干性植物油调金、银粉，制作成金泥与银泥后，再用毛笔蘸金、银泥在漆地上描绘纹饰。湖北江陵马山一号楚墓出土的漆耳杯、包山二号楚墓漆棺内棺上的花纹均用了描金银工艺。不过多数的漆奁，依旧是朱地黑纹、黑地朱纹或褐色地朱纹（图 2-1-12）等，亦有素髹漆奁（图 2-1-13）。

### 纹样

战国漆奁装饰纹样以动物纹最为常见，如凤纹、凤鸟纹、蟠凤纹、龙纹、鼠纹等（图 2-1-14）。纹样表现风格上，写实与抽象均有，以凤鸟纹为例，四川青川郝家坪四十一号墓出土的凤纹漆奁奁盖[15]所饰为一只昂首挺胸、引吭高歌的凤鸟（图 2-1-14 凤鸟纹 2），形象较为写实，凤鸟展开的双翅以卷云的形式表现，具

图 2-1-11 战国彩绘圆形漆奁

图 2-1-12 1978 年湖北云梦睡虎地四十九号墓出土的彩绘云凤纹漆奁（战国或秦）

图 2-1-13 1975 年湖北云梦睡虎地三号墓出土的素髹漆奁（战国或秦）

凤纹    凤鸟纹1    凤鸟纹2    蟠凤纹

变形凤鸟纹1    变形凤鸟纹2    四龙纹    鼠纹

变形兽面纹与变形凤纹

图2-1-14　战国漆奁动物纹

有一定的装饰性。简化过的凤鸟纹，重点刻画鸟首的形态，鸟身则以"S"形、漩涡线等曲线形式表现。

　　除此还有云纹（图2-1-15）、几何纹（图2-1-16）等，这类纹饰大都表现抽象，如云纹多以漩涡状线条表现，再如二方连续

云纹

卷云纹 1

卷云纹 2

卷云纹 3

卷云纹 4

图 2-1-15　战国漆奁云纹

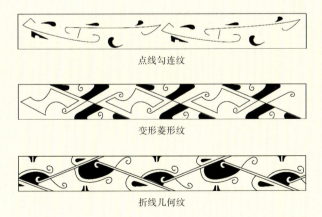

点线勾连纹

变形菱形纹

折线几何纹

图 2-1-16　战国漆奁几何纹

的几何纹主要以"X"形骨骼线的连环结构为主，亦有波折线形骨骼，圆、半圆、直勾线、斜线等装饰元素穿插其中，形成富有节奏起伏及运动感的连续纹样。适合纹样的构图则有中轴对称、旋转对称等，前者如包山二号墓漆奁盖中间的凤鸟纹构图（图2-1-14变形凤鸟纹1），不仅左右对称，而且上下对称，为中轴对称式。后者则主要采用三分式旋转对称结构，如图2-1-14中的凤鸟纹1、蟠凤纹、变形凤鸟纹2均为旋转对称结构。

包山二号墓出土的人物车马纹漆奁，奁盖外壁所绘人物车马出行图（图2-1-17），是不可多得的战国时期人物绘画案例。图中的人物衣服表现整体，省略衣纹，仅画轮廓，尤其是奔跑中的侍者的衣服、头发均向后飘动，表现飞驰之急速，并加强对人前臂、小腿动势的表达，夸张又不脱离实际。画面上共有二十六个人、四辆车、十匹马、一头猪、两条狗、九只雁、五棵柳树，有主人乘驾三匹马的高车，后面有侍者追随，天边有大雁飞过，

图2-1-17　包山二号墓出土漆奁所绘人物车马出行图

还有体态端庄的女性，周围有侍者相伴，柳枝随风飘扬，颇为壮观。这五棵柳树是场景的自然点缀，也是对场景实况的叙述，又似每个小画面的隔断。

三、竹奁

竹奁又可称作竹笥，是战汉时期常见的存储器。竹笥是用竹条编织而成的容器，盖身相套合，其功能并不固定，可用来盛放衣物、食物以及梳妆杂物等。湖北江陵马山一号楚墓为战国中晚期楚墓[⑯]，这里出土的一件圆竹笥，内装有铜镜、梳篦等生活用品。圆竹笥圆形扁体，直腹，盖底套合，盖顶周边转折处、口沿的内外层均用宽竹片相夹，细篾锁口，盖与底套合的通高5.4、径23.2厘米（图2-1-18）。江陵九店楚墓有十七座墓出土的二十六件竹笥内盛有物品[⑰]，其中有十件竹笥内均盛有木梳、木篦、铜镜等梳妆用品。墓中发现一例彩漆竹笥，双层，方形，盖身壁的沿口都用两块竹片相夹，盖壁的上端、身壁的下端各有竹片边框一

图2-1-18　湖北江陵马山一号楚墓出土圆竹笥

周，竹片以细篾绞锁，盖表层篾宽 1.0、厚 0.2 毫米，身壁篾宽
1.5—2.0、厚 0.5—1.0 毫米，通高 6.8 厘米，竹笥内部存放木梳一
件。江陵九店楚墓出土了三件竹盒[18]，圆形，盖、身相扣合，表面
为彩漆篾，里层由素篾精工编织而成，其中一件竹盒内装铜镜、
木梳、篦、笄各一及竹签牌两枚。

## 第二节　独树一帜的秦汉妆奁

### 一、漆奁

#### 秦代漆奁形制

就目前考古资料来看，秦代的漆奁大多为圆奁，也有部分椭
圆形奁。奁盖与奁身的组合方式基本为天地盖式，器盖套至器身
近底的位置。秦代圆形漆奁按照尺寸又可分为小、中、大三种。
小型圆奁的直径一般在 10—20 厘米之间，如湖北云梦睡虎地十一
号墓出土标本 M11:69[19]（图 2-2-1），器盖阶梯式微微隆起，盖下
沿接近器底，盖径 18.1、底径 16.7、通高 8.1 厘米，出土时器内
装铜镜、木梳各一件。中型圆奁直径一般在 20—30 厘米之间，如
湖北云梦睡虎地十一号墓出土标本 M11:3[20]（图 2-2-2），内髹红
漆，素面，盖外与盖底有烙印文字和针刻文字，盖径 24.0、底径
22.0、通高 13.8 厘米。大型圆奁直径通常在 30 厘米以上，湖北云
梦睡虎地二十五号墓出土标本 M25:5[21]（图 2-2-3），亦为天地盖式
奁，直腹，器底边缘微微向中部收，平底，底径 35.5、高 12.0、
盖径 38.3、残高 8.9 厘米。

椭圆形奁即奁的整体造型为椭圆形，这类奁器盖与器身常见

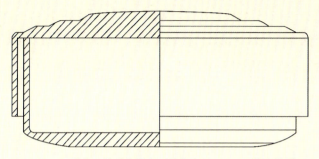

图 2-2-1 湖北云梦睡虎地十一号墓出土 M11:69 漆奁线描图

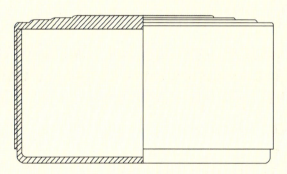

图 2-2-2 湖北云梦睡虎地十一号墓出土 M11:3 漆奁线描图

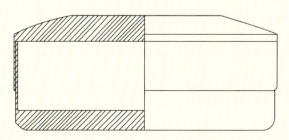

图 2-2-3 湖北云梦睡虎地二十五号墓出土 M25:5 漆奁线描图

的结合方式依旧为天地盖式。如湖北江陵扬家山出土的 M135:49
素面椭圆形奁 [22]，长 25.4、宽 10.8、通高 8.7 厘米。又如 1977 年云
梦睡虎地三十一号墓出土的鸟云纹椭圆形漆奁，高 8.3、长 29.9、
宽 12.4 厘米（图 2-2-4）。

### 汉代漆奁形制

奁在汉代又称作"检"，马王堆一号汉墓出土的竹简中有"九
子曾（层）检（奁）一合""五子检（奁）一合"的记录。汉代
漆奁的形制主要有圆形、椭圆形、长方形以及正方形等，除了扁
矮的单层奁，又出现了高装的双层奁，西汉中期以后还流行子母
奁。圆形奁依旧在汉代漆奁中占据着主流，椭圆形奁和方形奁在
汉代出土的数量不多。总体上来看，汉代漆奁在形制的发展上具
有由单层到多层、由矮到高的特点。汉代漆奁形制具体可分为以
下几类：

A. 圆形

漆奁自战国中期开始，就是以圆形为主，这种特质经过秦
代，一直延续至汉代，汉代圆形奁的形态更是琳琅满目。圆形奁
整体器型的高度较前朝有所增高，容量加大，呈圆筒形，直腹。
根据圆奁的层数可分为两式：

Aa 式：单层圆奁，盖顶一般隆起，直沿，套合至器身中部
以下，器身直腹平底。如长沙马王堆一号墓出土的单层五子漆奁
（图 2-2-5），通高 15.0、口径 34.0 厘米，出土时以"长寿绣"绢
夹袱包裹，器盖微微隆起，套合器身，奁内有五个大小不一的圆
形子奁，并有铜镜、镜擦、镜衣、木梳、木篦、环首刀等物。此
类奁的形制变化具有器身从矮到高、口径由小到大的特点，即通

图 2-2-4　云梦睡虎地三十一号墓出土秦代椭圆形漆奁

图 2-2-5　马王堆一号墓出土单层五子漆奁之母奁

高增高，容量变大。

　　Ab式：双层圆奁，可分为两类样式。第一类为对撞式，整奁分为器盖、上层器身、下层器身三部分，器盖微隆，上层呈"凸"字形，上半部作子口套合于器盖内，下半部套合于下层器身之外。代表者为长沙马王堆一号汉墓出土的九子奁（图2-2-6），此奁出土时以"信期绣"绢夹袱包裹，上层无子奁，放有手套、丝巾、组带、镜衣等物，下层有长方形、圆形、椭圆形、马蹄形的子奁共九个，三部分套合后通高20.8、直径35.0厘米。第二类为内嵌式，奁分盖、托盘、器身三部分，器身口部置一托盘，器盖套至器身近底处，即从外部看似为单层奁。如山东日照海曲西汉墓出土的M106:2双层奁[23]（图2-2-7），托盘内置一枚铜镜，铜镜上放木梳、木篦各一件，下层放五个子奁，分别为马蹄形一件、圆形两件、椭圆形一件、长方形一件。

　　B. 方形

　　方形奁包括正方形和长方形奁，从外部造型上看有单层和双层的区别，从内部构成上看可分为有无子奁两种。这里根据单双层将方形奁分为二式。

　　Ba式：方形单层奁。湖南长沙咸家湖陡壁山一号墓出土的十一子奁[24]（图2-2-8），奁盖为盝顶盖，底部为厚木胎，上有十一个凹槽，内放形状对等的子奁，器表饰云气纹。山东日照海曲西汉墓出土的M106:1方形奁[25]（图2-2-9），器形长方，盖为盝形盖，直壁，平底，器身长30.4、宽11.9、高9.4厘米，器盖长31.4、宽12.6、高9.7厘米，奁内由一块隔断分隔为两个空间，出土时内置梳篦、刷柄和一个小方奁。

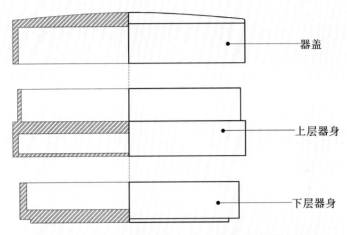

器盖

上层器身

下层器身

图 2-2-6　长沙马王堆一号汉墓出土双层奁形制图

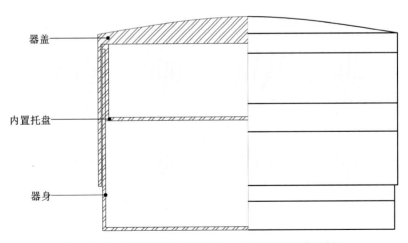

器盖

内置托盘

器身

图 2-2-7　山东日照海曲西汉墓出土 M106:2 双层奁形制图

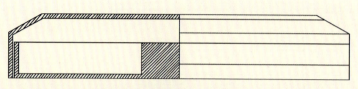

图 2-2-8    湖南长沙咸家湖陡壁山一号墓出土十一子奁形制图

图 2-2-9    山东日照海曲西汉墓出土 M106:1 方形奁

　　Bb 式：方形双层奁。江苏扬州甘泉二号墓出土了一件正方形双层十子漆奁[26]，内髹红漆，外髹黑漆，边长 33.5、通高 10.0 厘米，器型分为盖、上层、下层三个部分，上层放置有一长方形子奁，下层有九个子奁，包括七个长宽不一的长方形子奁、圆子奁一个、马蹄形子奁一个。

　　C. 椭圆形

　　广东广州龙生岗四十三号汉墓出土了一件双层椭圆形奁[27]（图 2-2-10），上层放置了两个马蹄形子奁，其内分别放有白粉和胭脂粉。

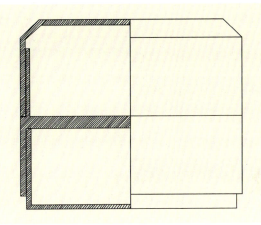

图 2-2-10　广东广州龙生岗四十三号汉墓出土双层椭圆形奁形制图

### 秦汉漆奁工艺

秦汉漆奁的成型工艺与战国漆奁相比并没有太大的变化，不过此时漆奁薄木胎及脱胎胎体增多，为了稳固器型，防止开裂，出现了金银扣漆奁，即在器口、器身及器底镶嵌金属条的工艺。许慎《说文解字》云："釦，金饰器口。"唐李贤注《后汉书》："釦音口，以金银缘器也。"金银扣漆奁不仅器型稳固，金银的加入也为漆器增加了华美富贵的视觉效果，使它们成为此时帝王贵族的青睐之物。汉代漆奁扣器的金属材质主要有金银及铜，铜由于容易氧化，又多做成铜鎏金，外表上看与金扣器十分相似。西汉早期，金银扣漆器少有发现，仅在高等级墓葬中有所见，如湖南长沙望城坡渔阳墓出土的一件双层六子漆奁[28]（图 2-2-11），盖顶正中饰银质柿蒂纹、盖缘、盖壁及上层下沿部有五道银扣，下层奁内放圆形、长方形及椭圆形六件子奁，六件子奁也均饰银

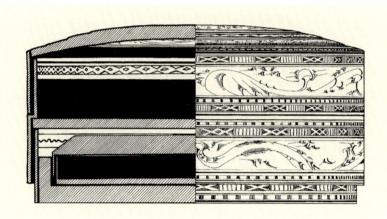

图 2-2-11    湖南长沙望城坡渔阳墓出土双层六子漆奁形制图

扣，此墓为汉代诸侯王墓葬。

金属扣工艺不仅起到稳固器型的作用，更多是身份的彰显与财富的炫耀，西汉中期以后，随着社会奢靡之风的蔓延，金银扣漆奁在中小地主阶层的墓葬中也常有发现。《盐铁论》载："今富者银口黄耳。"可见银饰漆器在汉代富贵人家使用已经十分普遍。如江苏扬州邗江姚庄一〇一号汉墓出土的银扣嵌玛瑙七子奁[29]（图2-2-12），奁盖盖面、盖身、盖缘、器口、器身、器底均饰有银边，七个子奁也有银扣装饰。该墓墓主生前为广陵国中级武官，官秩在六百石到两千石之间。再如山东日照海曲西汉墓 M106 出土的双层五子奁[30]（图 2-2-13），奁盖、奁身均有银扣饰。此墓为西汉中期墓，从出土的铜印章分析，"公孙昌"可能是墓主的名字，但史书无记载，因此墓主的身份也不会太高。

秦代漆奁的装饰工艺主要为彩绘和针刻，器表有烙印或针刻

图 2-2-12　江苏扬州邗江姚庄一〇一号汉墓出土银扣嵌玛瑙七子奁

图 2-2-13　山东日照海曲西汉墓 M106 出土双层五子奁

的文字是秦代漆奁的一个重要特点，楚国及汉代的漆奁上很少饰有文字。秦代漆器上的文字主要以针刻工艺完成，内容包括三个方面，一是生产地地名，如"咸亭""咸市"等代表地方性官府手工业机构的名称；二是工种名称，如素工、上工、䞌工、造工等；三是器物主人的姓名、居住地，以及工匠姓名、私营作坊地点等，如"钱里大女子""冯""安里皇""左里□□"等。秦代漆器上常见的"里"字是当时的行政单位，秦汉时期实行郡县制，"里"是当时最小的行政单位。这些文字反映了秦代漆器制作生产部门包括官方和民间两大组成部分，也体现了当时有序、严谨的生产制度。

汉代漆奁的装饰工艺则有彩绘、锥画、镶贴金银片、金银扣等。西汉中期之前的漆奁的装饰工艺依旧以彩绘和锥画为主。 马王堆利豨墓出土的双层彩绘漆妆奁（图 2-2-14），奁盖面及外壁、奁身外壁均彩绘卷云纹、几何纹，纹样以白色凸线勾边，其内以褐、绿、黄等彩漆。锥画见于长沙马王堆三号汉墓出土的狩猎纹漆奁（图 2-2-15），锥画白描纹样装饰效果较为素净雅致，需近距离仔细观摩方可窥得纹饰之精美。

西汉中期以后，金银箔贴花、镶嵌宝石等新兴的工艺开始流行。金银箔贴花将极薄的金片、银片剪成所需要的形状，如骑马驾车、奏乐表演的人物，或虎、鹿、羊、兔以及各类禽鸟，再在其上细细刻划花纹，如动物的羽毛、人物的衣纹等，然后将其贴于漆面。部分金银箔贴花纹饰的线条较为细密，如事先将其全部剪刻完毕再粘贴于器表，实际操作时有一定难度，也可以先将纹饰的大致图形剪好贴于器表，在漆液未完全干透之时，再刻除多

图 2-2-14　马王堆利豨墓出土的双层彩绘漆妆奁

图 2-2-15　马王堆三号汉墓出土的锥画狩猎纹漆奁及锥画局部

余的部分。各种金银箔贴花纹饰中，以器盖装饰的柿蒂纹最为常见，西汉中期后，伴随着金银扣漆奁的兴盛，为了迎合漆奁的整体装饰风格，奁盖中心纹饰几乎都使用金银片镶嵌柿蒂纹。金银箔贴花漆器以扬州出土的汉代漆器最为精美，扬州邗江区杨庙乡昌颉村西汉墓出土的贴金箔彩绘神兽云气纹五子漆奁[①]（图2-2-16），母奁与子奁均为夹纻胎，外髹黑漆，内髹赭红色漆，母奁盖顶心饰六叶形柿蒂纹，圆形子奁盖顶饰四叶形柿蒂纹，柿蒂中心和柿叶上镶嵌有宝珠，柿叶四周贴金箔并刻成云气纹，盖顶、口沿转角处、盖身、器身均有银扣，每两道银扣之间以金箔贴花工艺饰流云山水、人物禽兽图案。上海博物馆藏西汉六子奁（图2-2-17），母奁及子奁奁盖顶部皆嵌有柿蒂纹银片，奁盖面及外壁以红褐色漆为地，以朱、灰绿色漆彩绘云气纹，并绘猴、鹿、豹、狼等穿梭于云气间，奁盖外壁均匀地贴饰四枚兽形银片。

### 秦汉漆奁纹样

秦汉漆奁纹样题材包罗万象、广泛丰富，是当时社会生活、宗教思想、礼仪民俗等方面的综合反映，具体有动物纹、植物纹、几何纹、自然景象、社会生活及神话传说六个类别。动物纹是秦汉漆奁最常见的装饰纹样，其中又以凤纹、凤鸟纹、龙纹最为多见，除此还有鹿纹等（图2-2-18、图2-2-19）。

秦代的凤鸟纹在战国风格的基础上又有新的变化，如"B"形凤鸟纹，以直线与曲线相结合，强化对鸟首形态的塑造，省略其余部分，以二方连续式构图将单位纹样串联，视觉上更具秩序美和工整美。而汉代漆奁虽也有较为写实的凤鸟纹，但此类凤鸟纹并不占主流，最多见的是凤鸟与云气相结合的鸟云纹，这类鸟云纹虽在秦

图 2-2-16　西汉贴金箔彩绘神兽云气纹五子漆奁

图 2-2-17　上海博物馆藏西汉六子奁

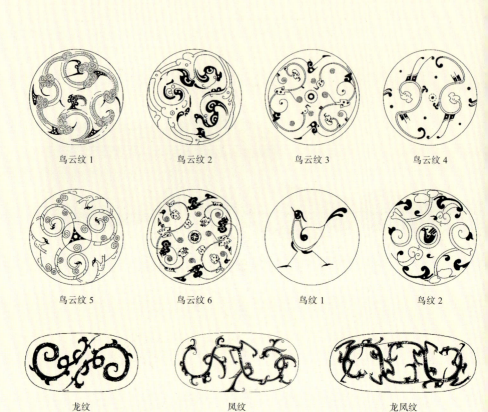

鸟云纹 1　　　　鸟云纹 2　　　　鸟云纹 3　　　　鸟云纹 4

鸟云纹 5　　　　鸟云纹 6　　　　鸟纹 1　　　　鸟纹 2

龙纹　　　　　　凤纹　　　　　　龙凤纹

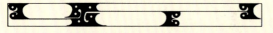 

鸟兽纹　　　　　　　　　　　　　云气纹 1

变形鸟纹 1　　　　　　　　　　　云气纹 2

变形鸟纹 2

图 2-2-18　秦代漆奁动物纹及云气纹

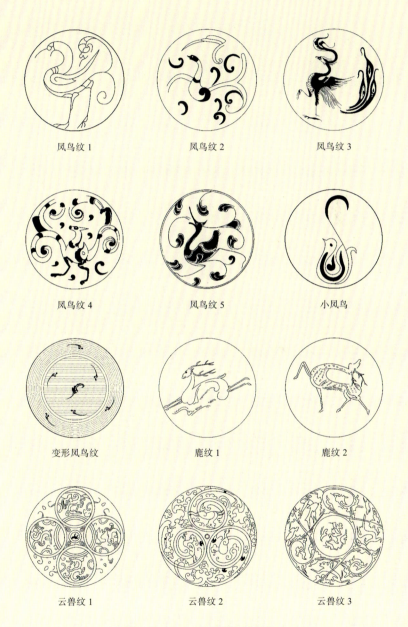

图 2-2-19-1　汉代漆奁动物纹 1

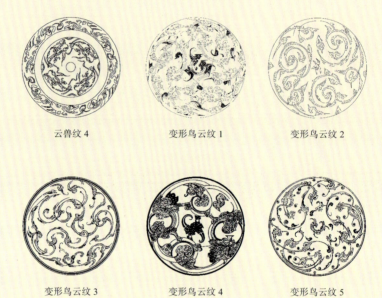

云兽纹 4　　　　变形鸟云纹 1　　　　变形鸟云纹 2

变形鸟云纹 3　　　　变形鸟云纹 4　　　　变形鸟云纹 5

变形鸟云纹 6

变形鸟云纹 7　　　　　　　变形鸟云纹 8

图 2-2-19-2　汉代漆奁动物纹 2

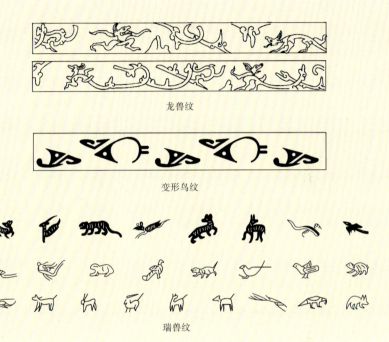

龙兽纹

变形鸟纹

瑞兽纹

图 2-2-19-3 汉代漆奁动物纹 3

代已经出现，但汉代鸟云纹中的凤鸟表现形式上更趋于符号化，大多数鸟云纹仅保留鸟首的形态特征，且鸟首的特征也趋于意向，并强化对云纹的表现。云纹也是此时漆器装饰最重要的纹饰之一，汉代云气纹多以纤细密集的曲线表现云雾缭绕的景象，灵动飘逸，兼具柔和美与动态美。马王堆一号汉墓出土的变形鸟云纹漆奁，盖面的中心纹饰为变形鸟纹，是一个抽象变形后呈卷曲状态的纹饰，鸟纹中间又有空心的圆圈纹加饰，鸟纹周围缠绕着方向不同的"S"形变形云纹，云纹的聚集处内部还点缀了多个漩涡纹，纹饰以细密平行的曲线为主（图 2-2-19-2 变形鸟云纹 3）。

这类云气纹、鸟云纹装饰漆奁奁盖时，多用旋转对称构图，多将圆形奁盖进行三等分，单位纹样旋转 120 度后恰好与下一个纹样重合。椭圆形漆奁奁盖装饰的适合纹样多为 180 度旋转对称，以竖中轴线将纹饰对半分，顺时针或逆时针旋转 180 度后，左右两边的纹样正好重合。奁盖外壁、奁身外壁的云气纹、鸟云纹则多为二方连续纹样。

秦代漆奁饰有植物纹并不多见，汉代漆奁植物纹类别得以拓宽，除常见的树、花、草之类外，增加了柿蒂纹（图 2-2-20）。柿蒂纹是汉代漆奁流行的纹样，其形态来自柿子上部之蒂，多作四瓣花形，也有三瓣、六瓣形。柿蒂纹装饰于漆奁，多用金银镶嵌工艺，亦有彩绘表现，装饰的部位多位于奁盖中心。值得注意的是，漆奁顶部的纹样为云气纹、鸟云纹或凤鸟纹的，几乎不装饰柿蒂纹。西汉中期以后，随着金属扣、金属镶嵌的流行，奁盖中心的装饰几乎被清一色的柿蒂纹所取代。中心装饰柿蒂纹的奁盖，纹样构图都采用同心圆式，于每个环形装饰带内或绘或镶贴几何纹、人物故事、鸟兽、怪兽纹等。除了圆形奁，一些椭圆形、长方形、马蹄形子奁盖顶中心也会装饰柿蒂纹，且为了适合奁的外轮廓，柿蒂纹亦在形态上有所改变。如长方形、椭圆形的奁盖中心的柿蒂纹横向的两个花瓣就会相应变瘦变长，而纵向的花瓣则变短，马蹄形子奁盖的柿蒂纹则变成三叶形。这种在不改变纹样特征的基础上所做的变化，反映了当时工匠不拘泥于固定模式，懂得灵活变化、依器而饰的装饰理念。

漆奁几何纹则多为折线式、散点式骨骼的二方连续纹样，又以

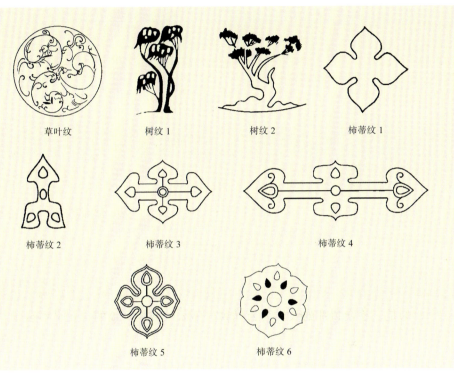

草叶纹　　　　树纹 1　　　　树纹 2　　　　柿蒂纹 1

柿蒂纹 2　　　　柿蒂纹 3　　　　　柿蒂纹 4

柿蒂纹 5　　　　柿蒂纹 6

图 2-2-20　汉代漆奁草叶纹、树纹及柿蒂纹

散点式为多见，其中的装饰元素则有菱形、W 形、X 形、V 形、波浪线、直线等，富有韵律美及动态美（图 2-2-21、图 2-2-22）。

西汉中期，漆器上开始流行人物故事纹，常见的题材有狩猎图、歌舞图、马术表演图等（图 2-2-23、图 2-2-24、图 2-2-25、图 2-2-26）。人物纹多重写实，在写实的基础上又懂得省略与夸张，抓准人物的动态特征。如马王堆三号汉墓出土的锥画狩猎纹奁（图 2-2-15），奁外壁分为上中下三圈纹饰，上下圈为波浪纹

菱形纹

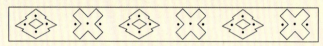

变形菱形纹

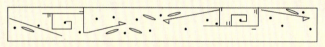

波折纹 1

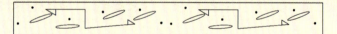

波折纹 2

波折纹 3

波折纹、圆圈纹

图 2-2-21　秦代漆奁几何纹

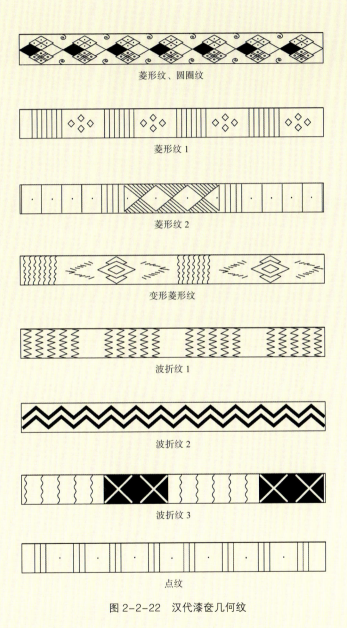

菱形纹、圆圈纹

菱形纹 1

菱形纹 2

变形菱形纹

波折纹 1

波折纹 2

波折纹 3

点纹

图 2-2-22 汉代漆奁几何纹

图 2-2-23　湖南长沙砂子塘一号汉墓出土漆奁饰舞蹈图

图 2-2-24　湖南长沙砂子塘一号汉墓出土漆奁饰人物车马图

图 2-2-25　江苏扬州胡杨十四号西汉墓出土漆奁饰马术图

图 2-2-26　湖北襄阳擂鼓台一号汉墓出土漆奁饰人物图

和菱形纹组合的二方连续纹，中间一圈为狩猎纹，一猎人手持锐器，大步追赶两头狂奔的鹿，猎人步伐矫健，面容坚定，仿佛已预知猎物一定会被自己捉到；还有一猎人一手抓猎犬脖颈，一手仿佛正指令捕猎的方向，猎犬昂首张口欲奔，猎物仓皇而逃，作回首状，仿佛在担心猎人的位置和距离，形象生动逼真。车马出行图、历史故事图是东汉常见的装饰纹样，东汉的墓室壁画、画像石、画像砖均常有历史故事出现，漆器上的装饰也是如此。朝鲜平壤古乐浪郡彩箧冢出土的漆箧所绘孝子图[32]（图 2-2-27），画面人物众多，每个人物后面用朱笔书写其身份，如"楚王""侍者""皇后""美女""渠孝子""孝孙"等，人物形象生动，动态自然，表情丰富，勾勒线条流畅有力，可见当时人物绘画对写实的要求，可谓出神入化，为后代的人物故事画奠定了基础。

二、陶奁

陶奁是汉代奁具的一个特色品种，汉代的陶奁多发现于河南、陕西地区，安徽、广西、山东等地也有零星发现。汉代陶奁尤其是素面陶奁，一般做明器之用，并无实用价值。陶奁分为器身和器盖两部分，器身与器盖的结合方式有天地盖式、上下盖式等，器身一般为圆筒形，平底或有三个鼎式器足，器盖有博山形、半球形、弧形、平顶等。

安徽霍山县西汉墓出土的两件陶奁[33]，形制基本相同，均作粗筒形，平底，盖面微隆，奁身套于奁盖内。陕西高陵县宝诗佳公司汉墓出土的陶奁[34]为博山炉造型，通体施绿釉，通高 31、口径 22、足高 5 厘米。河南省巩义市博物馆收藏的一件汉代黄釉陶奁（图 2-2-28），通体施黄釉，釉色光亮，奁体外壁饰有山峦与瑞

图 2-2-27　朝鲜平壤古乐浪郡彩箧冢出土的彩绘漆箧及孝子图局部

兽，纹样为浅浮雕效果，与博山炉式的奁盖相呼应，底部有三只
兽形矮足。汉代的陶奁还有陕西历史博物馆藏绿釉彩绘陶奁（图
2-2-29）以及博山炉式绿釉陶奁（图 2-2-30）。前者矮圆筒形，
有盖，盖顶隆起，上饰三个等距的蜗牛形钮，下设三熊形足，通
体施赭色釉作底，绘绿色变体云纹及几何纹图案。后者通体绿
釉，博山炉式盖，圆筒形器身，有三个兽状足，双侧有铺首衔
环。又洛阳博物馆藏东汉彩绘云气纹陶奁（图 2-2-31），平底，
穹隆式盖，盖顶中间绘柿蒂纹，其外绘云气纹，奁腹部中间亦彩
绘一周云气纹。

图 2-2-28　河南省巩义市博物馆藏汉代黄釉陶奁

图 2-2-29　陕西历史博物馆藏绿釉彩绘陶奁

图 2-2-30　陕西历史博物馆藏博山炉式绿釉陶奁

图 2-2-31　洛阳博物馆藏东汉彩绘云气纹陶奁

## 第三节　富丽典雅的晋唐妆奁

一、漆奁

魏晋南北朝发现的妆奁实物不是很多，从发现情况看，此时妆奁还是以漆质为主，形制与汉代相似，主要为圆形，有单层及双层。江西南昌火车站东晋墓出土的一件漆奁[35]是此时妆奁实物的代表（图 1-1-26、图 2-3-1），奁底为木质，壁为竹胎，圆形，直壁，直径 25、高 13 厘米，此奁最独特之处在于奁身外壁绘制的车马人物出巡图。奁外壁上下为朱红宽带纹边及云纹、弦纹、圆点纹，中间部分以黑漆为地，描绘车马人物三组，计有二车、二马、十七人，间以勾线纹等。纹样以金黄色勾线，朱红、赭色等平涂，人物面部饱满，形体圆润，马匹健硕有力。这一纹样装饰反映了魏

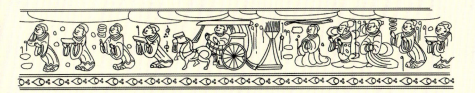

图 2-3-1　江西南昌火车站东晋墓出土的漆奁所绘车马人物图

晋漆器彩绘人物纹的显著发展。与植物纹、动物纹相比,人物纹具有较强的叙事性特点,此时人物纹题材主要有现实生活描绘、神话故事、历史人物等。安徽马鞍山三国朱然墓㊱、江西东晋惠太子墓㊲出土的漆盘均可见彩绘人物纹装饰。魏晋漆器上所绘人物形象概括简练,动态准确,表情生动,具有鲜明的时代特点。漆器彩绘人物纹的发展与此时人物绘画的发展密不可分,顾恺之的《洛神赋图》《女史箴图》便是此时人物画成熟的显著标志。

　　湖北樊城菜越三国墓出土十件漆奁㊳,皆为隆盖面,盖顶有柿蒂形铜饰,器身为圆筒形,平底,盖与身饰三到五道铜箍,盖套住器身。其中一只漆奁内清理出一套化妆用品和用具(图 2-3-2),此漆奁腹有零星红色彩绘纹饰,直径 22.0、高 12.7 厘米,在该奁内清理出的化妆用具有铜镜、两只小漆奁、一只小型漆盖罐,化妆用品则有面脂包和粉底。

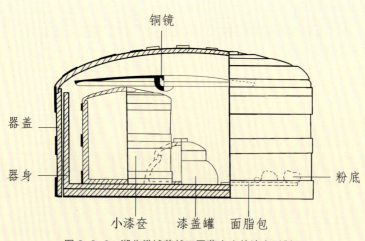

图 2-3-2　湖北樊城菜越三国墓出土的漆奁形制图

以上两件均为单层漆奁，双层奁盒如江西南昌市东吴高荣墓出土的两件奁盒[39]，形制大小相同，为圆筒形，天地盖式，器身上部有一盘形盖，高 15.5、直径 25.0 厘米。盖中心有铜片镶嵌柿蒂纹，由内向外镶嵌铜片两圈，盖顶边角处、盖体下沿及中部也有铜片包镶，每片铜片之间彩绘飞禽走兽纹。顾恺之《女史箴图》（图 1-1-1）中镜台旁边放置的圆奁，似乎也为带托盘的双层奁，画中的奁呈打开状，器身里有几只小盒，器身左有一枚圆形托盘，奁盖为圆拱形顶，盖身较高，并有金属环带装饰，盖顶饰有柿蒂纹。虽然从实物发现看，此时尚未出现多层奁盒，但并不排除此时有多层奁盒的可能性，常州博物馆藏 1975 年常州浦前戚家村出土的南朝捧奁侍女画像砖（图 2-3-3），侍女双手所捧之奁盒上下共有五层。

唐代的奁盒仍然以漆质为主，不过，与前代相比，在装饰工艺及纹样表现上呈现出焕然一新的面貌。考古发现的唐代漆奁很少，且

图 2-3-3 常州博物馆藏捧奁侍女画像砖

大都保留不完整。漆奁多为长方形、正方形及圆形，河南偃师唐
李景由墓出土的一件漆盒[40]（图 2-3-4）是一例。据墓志载，李景
由死于公元 717 年，可知此盒制作时间为初唐。漆盒盒面为正方
形，分器盖、器身两部分，结合部有子母口。漆盒外表用繁缛的
银箔平脱纹样制作，在极薄的银箔上剔刻出缠枝花卉图案，技法
娴熟，纹饰细密。盒内物品分层存放，上层加木屉，屉内装木梳
及金钗饰物。木屉之下装圆形漆粉盒、鎏金银盒、小银碗及小型
鎏金铜镜等。漆盒长、宽均为 21 厘米，盖高 5 厘米，通高 12 厘
米。又洛阳北郊唐颍川陈氏墓出土的长方形银平脱双凤缠枝纹漆
盒[41]，与其同出的有铜镜、铁刀、鱼形饰等物，此盒应也是作奁盒
用。漆盒盖面双凤对舞，两只鹦鹉头相对，盖内双凤对飞，两鹦

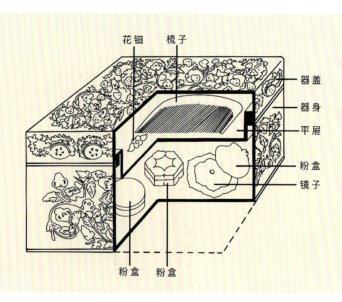

图 2-3-4　河南偃师唐李景由墓出土漆盒结构图

鹉头相背（图 2-3-5），盒内地为缠枝花卉和鹦鹉，双凰在上，四
只鹦鹉在下，盒壁纹饰以十二生肖鸡、猴、羊、马为主，间以缠
枝花卉纹。

金银平脱是将黄金、白银用锤揲、碾压工艺制成薄片，薄
片的厚度在 0.25—0.5 毫米之间，然后将金银片雕刻、裁剪出镂
空的纹样，似剪纸的效果，将其平贴于漆盒之上，再于盒面髹漆
数层，直至可以将金银片掩盖住，干后细细打磨至露出金银片纹
样，如此，金银片与漆面的高度基本持平，且牢牢固定于盒面，
不会脱落。金银平脱漆器因材料昂贵，耗时耗工，并具有华美富
丽的装饰效果，是唐代帝王及贵族喜爱的物品。《旧唐书·敬宗
纪》载："九月……丁未，波斯大商李苏沙进沉香亭子材，拾遗李

图 2-3-5　洛阳北郊唐颍川陈氏墓出土漆盒盖面及盖内纹样

汉谏云：'沉香为亭子，不异瑶台、琼室。'上怒，优容之。……己巳，浙西、淮南各进宣索银装奁三具。"又唐姚汝能《安禄山事迹》载，天宝十年杨贵妃赐予安禄山的生日礼物有金银平脱宝枕、奁盒、盘、碟等。"安史之乱"爆发后，社会经济遭到极大的破坏，国家财政入不敷出，金银平脱漆器作为贵族享用的奢侈品，国家多次颁令禁止生产。唐肃宗至德二年（757）下令："禁珠玉、宝钿、平脱、金泥刺绣。"唐代宗大历七年（772）再次下令："不得造假花果及金平脱、宝钿等物。"盛极于唐及五代的金银平脱漆器开始退出历史舞台，晚唐、五代时金银平脱漆器已十分少见，五代后基本绝迹。

除了华丽的金银平脱漆奁，唐代亦有一些素面漆奁。宁夏吴忠西郊唐墓 M106 出土的一件漆盒<sup>㊷</sup>（图 2-3-6），长方形，盖与盒身有合页相连，内置铜镜一枚、骨簪一件、漆粉盒一件，漆粉盒为圆筒状，内置纯白色粉末。这几件漆盒的发现似可说明这种方形漆奁盒在唐代的流行状况。除了方形，亦有委角四方形奁盒，河南郑州唐墓出土的漆奁<sup>㊸</sup>，四方委角形，外裹棉布，口径 22 厘米。盒内有铜镜一件、瓷粉盒两件、蚌壳一件、铜笄三件、铜夹子一件及白色桃形脂粉三块，此墓时间约在公元 760—800 年间，为中唐时期。

五代漆奁的代表可见江苏新海连市（即今连云港市）五代吴大和五年（933）墓出土的黑漆奁盒<sup>㊹</sup>（图 2-3-7）。该墓墓主为海州刺史赵思虔夫人太原县君王氏，盒平面为八边形，不过盖为盝顶式，器身下腹折收，且有八边形高圈足，圈足外撇。唐代早期的奁盒多为平顶，晚期则多见盝顶，盝顶与平顶相较，不仅增大

图 2-3-6　宁夏吴忠西郊唐墓出土漆盒

图 2-3-7　江苏新海连市五代吴大和五年墓出土黑漆奁盒

了盒内的使用空间，外形也更显高贵典雅。五代王处直壁画墓东耳室及西耳室所绘男女主人日用器具图中亦有奁盒[45]（图1-1-7、图1-1-8），女墓主所用奁盒有长方形（盝顶）、四曲海棠形（有圈足，盝顶）、云头形等，男墓主所用奁盒则有长方形（盝顶）、四曲海棠形（有圈足，盝顶）。五代的这种多棱形、四曲形奁盒的造型开启了宋代多曲花瓣形奁的先风，后者在前者的基础上改进为曲线更加细致柔和的花瓣形，与女性审美更为契合。

二、铜奁、瓷奁及藤奁

除漆质奁盒外，魏晋至唐及五代时还有铜奁、瓷奁及藤奁。铜奁实物以魏晋发现的为多，其造型多作盖盒形。江苏宜兴西晋周姓家族墓出土两件铜奁[46]（图2-3-8），墓五及墓六各一件，两件形制相同，均为圆形带盖，盖顶有钮，盖及器身装饰纹样有弦纹及花瓣纹，一件盖径19.2、高10.5厘米，盒内装铜镜、铁镜和铁匕首各一件，铜镜径11.3、厚1.0厘米。另一件盒径不详，高10.0厘米，内装铜镜一面。南京人台山东晋兴之夫妇墓也出土有相同样式的铜奁一件[47]，与之一同出土的还有铜镜、铜削、铜三叉形器等，这几件盖碗形铜奁均出自士大夫阶层的男性墓，应是当时这类人群中较为流行的用于盛放妆具及文房用具的奁盒。

瓷奁可见湖南郴州竹叶冲唐墓发现的青瓷奁盒[48]（图2-3-9），盒内装有滑石盒两件，粉扑子、铜勺、木篦、蚌壳各一件。奁盒为圆形，器身与器盖形制相似，平顶盖，平底，子母口，直壁，釉呈青黄色，开细小冰裂纹，底露白色胎，通高7.6、腹径16.8厘米。另江苏新海连市五代吴大和五年墓出土的漆奁内有一件瓷奁[49]（图2-3-10），同出有三件瓷粉盒，一件发现于瓷奁内，另外两

图 2-3-8　江苏宜兴西晋周姓家族墓出土铜奁

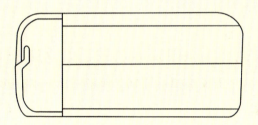

图 2-3-9　湖南郴州竹叶冲唐墓出土青瓷奁盒线描图

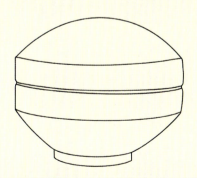

图 2-3-10　江苏新海连市五代吴大和五年墓出土瓷奁线描图

件发现于奁旁，其中一件盒内尚残留有白粉。瓷奁盖为穹隆形，盖沿为直壁，器身为直壁，下腹折收，并有矮圈足，瓷奁通高 21.0、口径 23.3、腹深 12.0、圈足径 11.2 厘米。

唐代也有藤编奁盒。浙江临安晚唐钱宽夫人水邱氏墓出土的瑞兽铭文铜镜⑩，出土时盛放于藤制箱奁内，惜奁体已经朽烂，可辨奁为圆形，以细圆藤条编织而成，内外涂一层很厚的黑漆。

## 第四节　清秀柔美的宋元妆奁

### 一、漆奁及银奁

形制

辽、宋、金与元代是我国妆奁用具发展的深化期，其中辽的妆具受唐代文化影响较为明显，而宋、金、元妆奁的造型、装饰及工艺则十分接近，元代基本是沿袭了宋代的设计样式。这一时期奁盒的材质主要有漆、银及瓷质，辽、金及北宋的妆奁多为单层，南宋及元代的妆奁一般为多层套奁，又以三层一盖最为普遍，造型有圆形、长方形、八边形、多曲花瓣形等。

A. 圆形

辽陈国公主墓出土的一件金花银奁⑪（图 2-4-1），打制焊接成型，整体为圆形，盖与身形制相近，子母口扣合，平顶，有圈足，盖面锤揲、錾刻浅浮雕效果行龙戏珠纹，盖侧沿饰凤纹与折枝牡丹纹，器腹饰海棠纹，圈足底边錾刻一周联珠纹，有花纹处均鎏金，奁口径 25.4、腹径 24.0、底径 20.8、通高 21.0 厘米。出土时奁内置一件银盖罐和三件小银盒，小银盒内装有脂粉。首

图 2-4-1 辽陈国公主墓出土金花银奁

图 2-4-2 首都博物馆藏金代石奁及奁盖纹样

都博物馆藏一件金代石奁盒（图 2-4-2），亦为圆形，奁盒为三撞式，外壁阴刻花卉纹及莲瓣纹，盖面刻折枝牡丹花，花间山石旁，有一驻足回望的孔雀。江苏江阴北宋孙四娘子墓出土的藤奁盒 ⑫，内有漆盒两件、铜镜两面、牛角梳三把及剪刀等物。奁盒为圆形，高 17.0、圆径 21.0 厘米，盖与身子母口盖合，全器用 0.1 厘米粗细的藤条编织而成。藤条以竹篾片为胎心，外有一层薄薄的藤皮，按 0.1—0.15 厘米的间距盘绕，再用藤皮在每八圈中编结一个个菱形花纹作装饰，表面再髹涂红漆。其内所装的两件漆盒，均为素面，一件为六瓣花形，最大径 13.6、通高 5.2 厘米，一件为扁圆形，通高 4.3、径 8.5 厘米。安徽马绍庭夫妇合葬墓出土的两件漆奁 ⑬ 均为圆筒直腹形，单层，男墓出土者高 7.5、直径 17.5 厘米，女墓出土者高 10.0、口径 26.0 厘米。

B. 长方形

方形漆奁可见福建福州茶园山南宋许峻墓出土漆奁一件 ⑭，长方体，髹酱红色漆，雕饰卷云纹，出土报告称此奁有三个小抽屉，第一层内置长方形铜镜一枚，下面两层分置香粉、粉扑、篦、梳等物，长 25.0、宽 18.0、高 22.0 厘米。该墓为许峻与其妻陈氏与赵氏合葬之墓，漆奁出自中室许峻墓，应为许峻生前所用之物。再有金代剔犀香草纹长方奁 ⑮（图 2-4-3），长方体，带盖，子母口，内口置长方形屉盘。木胎里面边缘以燕尾榫卯连接，再以竹钉加固。器体四个立面、器盖及盘底均饰剔犀卷草纹，纹样红黑相映，布白均匀，盒长 24.0、宽 16.0、高 12.5 厘米。

C. 花瓣形

宋元妆奁造型最为常见也最为流行的是多曲花瓣形，这一类妆

图 2-4-3　金代剔犀香草纹长方奁

奁多发现于女性墓，大小不一，大者直径可达 30 厘米以上，小者直径仅约 10 厘米。江苏武进村前南宋墓出土的两件漆奁⁵⁶是宋代漆奁中的代表，其中一件为八棱葵形（图 2-4-4），由盖、盘、中层、底层四部分组成，直壁平顶，每层之间子母口扣合，中层最上面置一浅盘，中间以 S 形曲线将盘分作两格，通高 22.0、径 21.2 厘米。另一件为六出莲瓣形（图 1-1-30），三层一盖，盖为弧壁平顶，有浅圈足，盒口处以银扣工艺镶边，盖面以戗金工艺饰仕女消夏图，器壁同样以戗金工艺饰牡丹、芙蓉、梅花、莲花等折枝花纹，盖内侧朱书"温州新河金念五郎上牢"十字，通高 21.3、直径 19.2 厘米。

宋代花瓣形奁还可见安徽六安花石咀宋墓出土的银奁⁵⁷（图

图 2-4-4　江苏武进村前南宋墓
出土八棱葵形漆奁

图 2-4-5　安徽六安花石咀墓出
土八瓣菱花形刻花银奁

2-4-5），奁为多曲菱形，鼓盖平顶，直腹平底，共有三层。第一
层高 3.0 厘米，第二层高 11.5 厘米，第三层高 6.5 厘米，银奁通
高 24.8、口径 20.6、底径 20.6 厘米。福建福州黄昇墓出土漆奁
为六角葵瓣形[58]（图 2-4-6），夹纻胎，通体髹黑漆，三层一盖，
每层以子母口相扣合，口沿处镶银包裹，通高 18.0、口径 17.5 厘
米。江苏常州武进成章南宋墓出土的一件八瓣葵形漆奁[59]（图 2-4-
7），三层一盖，器表通体髹褐色漆，内髹黑漆，此奁尺寸较大，通
高 31.5、外径 23.2 厘米。宋代形制较小的漆奁可见福建福州北郊
茶园村南宋端平二年（1235）墓出土的一件六边葵花形漆奁[60]（图
1-1-29），三层一盖，每层有子口，器表漆为棕褐色，盖内以及盒

图 2-4-6　福建福州黄昇墓出土漆奁　　图 2-4-7　江苏常州武进成章南宋墓出土八瓣葵形漆奁

内、盒底髹黑色推光漆，盖面及器外壁均雕刻如意云纹，奁通高15.7、直径15.0厘米。又江西德安周氏墓出土的银奁<sup>⑥</sup>形制亦较小，该银奁为六曲葵花形，三层一盖，平底，弧顶盖，通高9.0、最大径11.5厘米。

　　元代妆奁的发现相对较少，其造型依旧以多曲花瓣形为主，与宋代相比，最大的不同点在于部分妆奁底部多了圈足，此外，器型有所增高增大。元代妆奁的代表者有苏州张士诚母墓出土的银奁（图1-1-31），以及无锡钱裕夫妇墓（图2-4-8）和上海任氏家族墓出土的漆奁。这几件妆奁均为多曲花瓣形，除任氏墓出土的为四层一盖（图2-4-9），其余均为三层一盖，且任氏墓出土

图 2-4-8　钱裕墓漆奁　　　　图 2-4-9　元代任氏家族墓出土八瓣菱花形漆奁

者器型最大，奁高 38.1、径 27.2 厘米，是宋元时期漆奁中体量最大者，另从口沿部分残留痕迹看，此奁原来应有银扣。苏州张士诚母墓出土银奁<sup>⑥</sup>下方还配有托盘，托盘的作用应有两点：一是方便妆奁的搬动，由于是套奁，有了底部托盘的支撑，搬动时更为方便；二是可作梳妆时放置小粉盒、梳篦等妆具之用，便于器物的归置。

D. 八边形

八边形漆奁可见福建福州北郊茶园村南宋端平二年（1235）墓出土的一件漆奁<sup>⑥</sup>（图 2-4-10），该奁通高 13.9、直径 10.9 厘米，三层一盖，每层有子口，器外表髹朱红漆，盖面及器壁均雕饰如意云纹。

需要说明的是，宋代出自男性墓和女性墓的奁盒在造型上也

图 2-4-10　福建福州北郊茶园村南宋端平二年墓出土漆奁

有区别，男性墓的造型多为方形，以直线造型体现，简洁精练，如福州南宋许峻墓出土的剔犀云纹漆奁[64]，即为方形。又山东济南长清崮云湖宋墓 M1 夫妇合葬墓出土的一件漆盒[65]，大致呈方形，内置圆铜盒、"亚"字形铜镜及铜带扣各一件。因为漆盒所在的北棺室大于旁边的南棺室，漆盒内又有铜带扣，推测这件方形漆奁的主人也为男性。常州博物馆"南宋芳茂——周塘桥南宋墓出土文物特展"展出的一组妆具颇值得关注。这组妆具出土时包裹于妆具包内（图 2-4-11），大部分为锡器，做工粗糙，应为明器，但也再现了墓主生前使用的妆具种类，主要有奁盒、执镜、镜盒、粉盒、银簪、梳子、篦子、胭脂、纸花、发绳等物品，其中的锡奁盒亦为长方形。据墓志可知，墓主是一位已"知天命"的男性士人，两宋时男性士人注重修饰仪容仪表，并非离经叛道，反而

图 2-4-11    常州博物馆"南宋芳茂——周塘桥南宋墓出土文物特展"展出的一组妆具

是体现修养的行为，福州南宋茶园山许峻墓出土的长方形漆奁内亦有香粉、粉扑等物。女性墓出土的奁盒常为多曲花瓣形，以曲线表现为主，突出了女性柔美婉约的审美倾向。宋代男性中也存在使用花瓣形漆奁的情况，如山东济南长清崮云湖宋墓 M2 出土两件漆奁[66]，均为花瓣形，这两件漆奁分别出自南室棺及北室棺，南室棺墓主为男性，北室棺墓主为女性。出自南室棺的漆奁内放置有方形木质镜匣、铜方镜、银盒各一件，出自北室棺的漆奁内有葵花形铜镜、金簪、漆盒、小铜杯、小铜盒、小瓷粉盒、小香囊各一件。

　　工艺

　　这一时期漆奁的胎体主要有脱胎与圈叠胎。宋代脱胎工艺的漆奁发现并不多，黄昇墓出土的漆奁是一例，这件漆奁虽无纹饰，但其特别之处在于采用夹纻工艺成型，而其他发现的宋代漆奁多为木胎。脱胎工艺前文中已有讲述，这里需要解释的是圈叠胎。圈叠胎工艺唐代就已出现，不过当时尚未成熟，其成熟大约是在晚唐时期。圈叠胎胎体的具体制作步骤为，先将木材制成一定规格的薄木条，并软化弯成圆圈备用，然后将木条圈一层层叠加粘合成型，成型后再根据需要修整，填腻裱糊，罩漆推光（图2-4-12）。圈叠胎工艺可以用于制作盘、碗、盒等多种漆器，若塑造直壁或弧壁造型的器物，木条圈层层叠加后基本就可完成器型的塑造，而塑造器壁为波浪曲线的多曲形器物，尚需进行二次加工。如元代任氏家族墓出土的黑莲瓣形漆奁，腹壁由十六片扁"S"形木片围成一圈，肩部用十层圈叠胎，而肩部莲瓣形内凹是将圈叠胎切去部分，奁内侧相应加上漆灰，以使器壁保持一定的厚度，口沿再用扁"S"形木片围成[⑥]。圈叠胎工艺在保证漆器胎骨牢固的同时，又能够赋予器物优美的外型，完美地呈现出器壁的曲线弧度，因此从南宋到清代，对于多曲花瓣的漆器造型，圈叠胎技术一直占据着主导地位。

　　宋代漆奁的装饰工艺主要有素髹、戗金及剔犀。素髹是宋代漆器最典型的特点，宋代的素髹漆器表面光滑细腻，漆质莹润光亮，色彩方面以通体黑色为多，也有外黑内红、外红内黑等。江

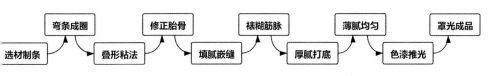

图 2-4-12　圈叠胎工艺流程图

苏常州武进南宋墓及上海青浦元代任氏家族墓出土的素髹漆奁，便是此时素髹漆器的优秀代表。戗金是汉代就有的漆器工艺，具体实施时先按需刻好花纹，然后在刻纹内填入金漆，待金漆将干未干之时，用棉花球蘸极细之金粉，擦进刻线之内，或将金箔粘贴进刻线内，再用干净的棉花球擦去漆面上多余的金粉或金箔，便完成制作。宋代的戗金在前代的基础之上又有新的发展，汉代的戗金图案线条多一般粗细，而宋代的戗金图案线条则粗细对比明显，如仕女消夏图中叠石的线条较为粗犷，人物的线条则较为细腻，人物的裙摆、服饰局部又以面来表现，真正体现出以刀代笔的效果，这一点不仅反映了此时戗金所用刀、锥等工具类型的丰富，也是宋代绘画发展影响的结果。

剔犀是宋代漆奁的主要装饰工艺之一。其工艺是先在器物表面层层髹涂大漆，少则几十层，多可达上百层，至漆层达到一定厚度，再雕刻花纹，即为以漆为媒材的浮雕工艺。剔犀按照漆层颜色，又可分为剔红、剔黑、剔彩等，三者的区别在于髹涂漆层的颜色不一样，剔红漆层均为红色，剔黑漆层均为黑色，剔彩则是用不同颜色的大漆在器物表面有规律地逐层髹涂。《髹饰录》曰："剔犀，有朱面，有黑面，有透明紫面。或乌间朱线，或红间黑带，或雕䴽等复，或三色更叠。其文皆疏刻剑环、绦环、重圈、回文、云钩之类，纯朱者不好。"宋代漆奁的剔犀颜色主要有红色、酱红色、棕褐色等，纹饰以如意云纹为多见。剔犀工艺可追溯至汉至三国时期，上海博物馆藏李汝宽家族捐赠一件银扣漆盒[68]（图2-4-13），圆形，直壁，平底，盖微隆，盒外髹黑漆，间朱、黄漆各一道，盒内及底均髹黑漆，盒面以旋转对称的构图剔

图 2-4-13  上海博物馆藏剔犀银扣小漆盒（汉至三国）

如意云纹三朵，盒壁剔勾云纹一周。此盒似为目前发现的最早的剔犀漆器，据捐赠者回忆，同样的漆盒曾有四个，其尺寸与汉代组奁内的子奁相似。

唐代剔犀漆器十分少见，宋代剔犀漆器得到长足发展，至元代达到剔犀工艺的高峰。宋代造物受文人士大夫的审美情趣与思想观念的影响较大。理学家朱熹主张器物设计要简易且致用，梅尧臣提出"作诗无古今，唯造平淡难"的文学观，欧阳修等文学家也倡导质朴的文风，这种以"平淡""质朴"为标准和理想的文学观也在一定程度上影响着器物的审美，因此宋代器物整体上追求简易致用、质朴无华的设计风格。素髹及剔犀工艺无需昂贵的金银、宝石等辅材，戗金工艺所需亦为极少量的金粉，这些与宋代器物的设计主旨都是相符合的。

　　宋代亦有螺钿工艺装饰的漆奁，如日本永青文库藏南宋莲瓣形螺钿楼阁人物纹漆奁（图 2-4-14），三层一盖，有圈足，盖为平顶弧壁，纹样均以螺钿镶嵌工艺完成，盖面饰楼阁人物纹，第二层腹部有八个四出莲瓣形开光，其内饰曲桥人物纹，其余部分均饰细密的蔓草花卉纹。由于统治者的禁奢之令，螺钿漆器在宋代曾一度被禁止，《清波杂志》卷一"思陵俭德"条记载高宗继位之初，崇尚俭德，谓螺钿淫巧之物不可留，并命令将螺钿雕填的桌椅一并毁弃。宋代的螺钿器实物十分少见，苏州瑞光塔天宫发现的嵌螺钿经箱是现存为数不多的北宋螺钿器（图 2-4-15）。该经箱木胎，分盖、身、台三部分，通体髹黑漆，用天然螺钿镶嵌出各种纹样，有团花纹、菱形环带花、缠枝石榴、牡丹等，除螺钿外，还镶嵌有水晶、宝石，并辅以堆漆描金工艺，整器雍容华贵、金碧辉煌。

　　随着南宋经济的发展，螺钿漆器工艺也逐渐复苏，宋代的螺钿漆器实物虽极为少见，文献中却多有记载。《癸辛杂识》载时任平江发运使的马天骥，以姚静斋之父姚某之资借花献佛，呈送宋理宗"罗钿细柳箱笼百只，并镀金银锁百具、锦袱百条"⑥。宋苏汉臣《秋庭婴戏图》中所绘两只古墩，从纹样及色彩配置看，也应是螺钿镶嵌工艺表现的缠枝莲纹。

　　纹样

　　此时的银奁多有纹样装饰，而漆奁以素面为多，不过也有以纹样装饰者。妆奁的纹饰类别主要有龙纹、凤纹、卷草、如意云纹、折枝花、双凤、人物小景、团花、团凤等。龙纹、凤纹主要见

图 2-4-14 日本永青文库藏南宋莲瓣形螺钿楼阁人物纹漆奁

图 2-4-15 苏州瑞光塔天宫发现的嵌螺钿经箱

于陈国公主墓出土银奁，银奁盖面以锤揲、錾刻工艺凸饰一游龙，龙身依据器盖边沿顺势做半弧形，龙尾及龙嘴处填饰三朵云纹，使纹样成为圆形适合纹样，龙的形象十分逼真，龙鳞用鱼子纹刻划，除主体纹样外，并无底纹。凤纹则以浅浮雕工艺饰于盖沿及器腹处，每只凤纹之间又饰一朵牡丹花，由此形成带状连续纹样。

如意云纹主要见于剔犀工艺装饰的漆奁，如福州北郊茶园村南宋端平二年（1235）墓出土的两件漆奁均为剔犀云纹装饰[20]。这种纹样大都满饰于器盖及器身，以剑环纹为基本单位，在装饰面中作重复排列，如以器盖为中心向外作发散状排列，器身则为左右、上下连续排列。这类剔犀云纹的漆奁在宋代绘画中也有表现，宋人绘《盥手观花图》中的花瓣形套奁便饰有剔犀云纹。卷草纹可见金代长方奁，纹样满饰器盖、器身及盘底，红黑相映，布白均匀，虽为满饰却不显繁复，具有细腻雅致的装饰效果。折枝花是宋代流行的纹样，宋人爱花，尤其是院体花鸟画的发展，对器物纹样的装饰也造成了一定影响。宋代的折枝花纹，有栀子、萱草、梅花、海棠、芙蓉等各种折枝花，在妆奁的装饰布局中，这些折枝花一般单朵横向排列装饰于奁腹，如江苏武进南宋墓漆奁、安徽六安花石咀宋墓出土的银奁的腹部均饰有折枝花纹。

元代的妆奁纹样主要有团花与团凤纹。如张士诚母墓出土的银奁，器身及器盖所饰之纹有牡丹、迎春、向日葵等，与宋代折枝花为单独纹样的构图不同，这类花卉纹均作圆形适合纹样。将折枝花设计成圆形的适合纹样，在视觉上更为规整，更具有图案性及装饰性。其实团花、团凤纹在安徽六安花石咀墓出土的银奁[21]、银妆碟上就有体现，此墓时代为宋末元初，银奁器盖饰凤舞花图，两只凤凰飞翔于花丛中，首尾相接，形成环状，正是团凤纹，银胭脂碟碟心花纹则为团花纹。江苏无锡昌师孟墓出土的元"闻宣造"银鎏金盒[72]，花瓣形，直口、深腹、平底、矮圈足，器口承一浅盘，盖已失，出土报告称其为果盒。此盒器身形制与元代妆奁的底层相似，器腹外壁錾刻的亦为团花纹，器口承盘盘心錾刻团凤纹，纹饰处均鎏金（图 2-4-16），可知此类纹样在器物装饰中的流行性。

　　江苏武进村前南宋墓出土的漆奁奁盖戗金工艺所饰仕女消夏图（图 2-4-17），是宋元妆奁装饰中难得的情景类纹样。此图画面中人物有三位，两位仕女和一名小僮，均为站立状，三人站立之处应为临水的木栈道。背后有叠石假山，上有花树低垂，不远处有一绣墩，墩前有花草几簇。从两位仕女的裙角及站立之姿看，应为裹脚之女，身着当时流行的服饰"褙子"，两人相互对视，似在交谈，左边的仕女手持纨扇，右边的仕女手持折扇，小僮手托胆瓶立于旁，主仆三人应正去庭院采花。画面构图疏朗，层次分明，人物姿态生动。虽只是一幅人物小景，却具有极高的历史价值，从中可以窥探出宋人的穿着、用具、生活场景及生活方式等。

　　二、瓷奁

　　宋元时期除去漆木金银类妆奁，应还有瓷奁，只不过此时瓷奁实物的发现十分有限。苏汉臣《妆靓仕女图》中所绘圆形套奁（图 2-4-18），应为彩绘瓷奁，白底上以褐色釉彩点绘，瓷奁上层内有瓷粉盒，旁边的花瓣形大托盘则为漆质，其中置有瓷盂及瓷荷叶盖粉罐。再如辽代黄釉印花瓷奁[73]（图 2-4-19），六瓣花造型，对撞式，有五层，每层形制高矮一致。上海博物馆藏一件元代青花瓷奁（图 2-4-20），三层一盖，盖为盝形，平顶，盒底折

图 2-4-16　元 "闻宣造" 银鎏金盒

图 2-4-17　仕女消夏图漆奁奁盖

图 2-4-18　苏汉臣《妆靓仕女图》

图 2-4-19　辽代黄釉印花瓷奁

图 2-4-20　上海博物馆藏元代青花八棱花瓣形套盒

收，平底。通体满绘青花，纹饰从上往下共分七层，盖面为莲池鸳鸯纹，其下依次绘覆莲折枝花、锦地纹、缠枝花、松竹梅纹、缠枝花、仰莲火珠纹，盒通高 23.3、口径 18.5 厘米。套盒为模件化生产，每个部件批量制作，然后烧制，最后选择合适的成品相套。此青花套盒从形制及大小上来看，应也可以作为妆奁使用。瓷奁的使用在明清时更为普及，如故宫博物院藏明正德青花人物套奁（图 2-4-21），圆筒式，三层高度相近，盖肩微弧，平顶，盒底折收并有圈足。盖面中心绘三人骑马，辅以云山松亭，外围有如意云纹一周，盖边绘龟背锦纹，盒上层及中层外壁各绘仕女、庭院，辅以花卉和卷云纹，盒下层及近足处分别绘龟背锦纹及莲瓣纹一周，高 23.9、口径 16.1、足径 10.6 厘米。

图 2-4-21　故宫博物院藏明正德青花人物套奁

### 三、妆奁内的盛放物

宋元时期妆奁内的盛放物组成及规律可以以几件出土的妆奁实物为例进行分析：

| 器物＼层数 | 上层 | 中层 | 底层 |
|---|---|---|---|
| 武进南宋墓葵形素面漆奁 | 为置于中层上的"S"形浅盘，无盛放物 | 梳篦、刷、剔刀 | 圆筒形小漆盒 |
| 武进南宋墓莲瓣形仕女消夏图漆奁 | 菱花铜镜一面 | 木梳、竹篦、竹剔、圆筒形漆粉盒 | 小锡罐、小瓷盒 |
| 安徽六安花石咀宋墓银奁 | 菱花铜镜一面 | 木梳一把，圆形银粉盒四件，铜粉具一支 | 银胭脂碟一件，银粉缸一件，银胭脂罐一件，银粉盂两件，银粉具两件，银蝴蝶香囊一件，狮形银佩饰一件 |
| 福州黄昇墓银扣漆奁 | 铜镜一面 | 漆粉盒、银盅、粉扑、印花粉块 | 盖罐、竹签、竹刮刀、棕毛刷、角梳 |
| 德安周氏墓 | 铁镜一面 | 纸制的梳篦、小刀、刷及银盘 | 粉盒一件 |
| 元张士诚母墓银奁 | 银剪刀一把，银刷两把，银薄片刮器一件，银镜一面 | 银圆盒四件，小银罐一件，大小银碟各一件 | 银梳一件，银篦一件，银针六支，银脚刀一把，银小剪刀一把，银荷叶盖罐一件 |
| 无锡钱裕夫妇墓漆奁 | 木梳两把 | 小漆盒三件 | 粉扑一件 |

从上表看，铜镜通常放在妆奁的第一层，梳妆时一般是先取铜镜，再依次取其他物件，梁朝刘缓《照镜赋》就写道："欲开奁

而更饰，乃当窗而取镜。"由于镜子的日常使用频率较高，置于最上层取放也更为方便。第二层及第三层的高度较第一层要低一些，用于盛放理发类用具及面部化妆用品，这两类均单独分层盛放，至于哪一类放置于第几层，并没有固定的模式。妆奁内还会放置女红之物，如银针，这一点与汉代是相似的，马王堆一号汉墓出土的九子奁中的一件长方形子奁内就有针衣两件。妆奁亦可用于盛放首饰之类的物件，一般放置一些小型的首饰佩件，如短簪、手镯、耳环、香囊、花钿等。浙江省建德市大洋镇下王村宋墓出土的花瓣形漆奁[24]，其内除粉盒之外，还有一个装有耳环、手镯等首饰的丝质袋子。

## 第五节　异彩纷呈的明清妆奁

### 一、明代妆奁

明清的妆奁从形制、材质、纹饰及工艺上都与前代有很大的区别。功能的多样化是此时妆奁的重要特点，即妆奁多具有集照容与收纳为一体的功能，这种多功能的妆奁又可称作妆台、镜台、镜箱等，此处则统称为镜台。明代镜台从形制上分，主要有宝座式、屏风式及折叠式。宝座式镜台是在宋代座椅式镜台基础之上演变而来，其外形如一件小型扶手椅，与宋代座椅式镜台相较，宝座式妆奁不仅添加了华丽繁复的雕饰，且座椅下方增加了分格抽屉。王世襄《明式家具研究》中收录的一件明宝座式镜台，为黄花梨材质，高52厘米，底座设五具抽屉，扶手内侧安角牙，角牙形为一对螭龙，扶手上端设计成上翘兽首形，椅子搭脑为弓形，搭脑两端亦有上翘兽首，台座中间原应有供抵住镜沿的装置，现已丢失，椅背及扶手镂雕双凤花鸟纹，抽屉及底座侧面浮雕花卉纹。又香港两依藏博物馆藏明代黄花梨宝座式镜台（图2-5-1），高48厘米，后背与扶手采用独板雕刻，造型线条流畅自然。后背的中间雕板以莲花纹装饰，包围在侧翼的是两条四爪龙，追逐火焰珠，两侧的扶手镂雕似虎的怪兽，扶手把上的圆雕

图 2-5-1　香港两依藏博物馆藏明代黄花梨宝座式镜台

游龙双双背身遥望远方后背板的龙，姿态服顺恭敬。镜台下半部
设抽屉三具，抽屉面浮雕梅花和海龙，柜帮则浮雕兔纹和灵芝
纹，后背板饰铲地浮雕卍字纹。明仇英《汉宫春晓图》中的镜台
虽与宝座形镜台有些相似（图 2-5-2），但其靠背偏矮，靠背高度
与两旁扶手高度相近，靠背前方又另设一支架，此镜台底座及围
栏上似绘有山水画，镜台旁还放有花瓣形多层妆奁。

图 2-5-2　明仇英《汉宫春晓图》中的镜台

　　屏风式镜台较宝座式镜台晚出现，一般为五屏风式，式样取法座屏风，中扇最高，左右递减，并以此向前兜转，左右两侧及前方加设围栏，前方围栏中间留一入口，台座下方设对开门，门内再设抽屉。故宫博物院藏明黄花梨木雕凤纹五屏风式镜台（图1-1-32），高77.0厘米，宽49.5厘米，纵35.0厘米。屏风中扇最高，向左右递减，并依次向前兜转。搭脑挑出，头作龙头或凤头状。台座为柜式，两开门，内设抽屉三具。横枨下有牙板，四腿施双灯草线并凸出座面，与座面望柱相连形成栏板。柱头与腿上端均雕一狮，与柱、腿为一木连作。镜台雕刻的图案以龙、凤、莲、狮纹为主。屏风四边扇全部透雕龙纹、缠枝莲纹等，唯正中一扇用龙凤纹组成圆形图案，外留较宽的板边，不施雕刻，至四角再镂空透雕，运用虚实对比的手法，使透雕部分突出，使用时，有一木架置台座上承接圆镜。

　　上海博物馆藏一件明代折叠式镜架（图2-5-3），上层为可用于支撑铜镜的背板，可以放平，也可以用背板下方设的支架支成约60度的斜面。背板用攒框制成，分界为三层八格，下层中部有一花形托，可上下移动，中层方格安四簇云纹形角牙，中心空透处可使镜钮之丝绦垂落，其余每格浮雕螭纹。台座有两开门，门开后内有抽屉三具，四矮足呈内翻马蹄形，稳妥有力。此镜台选材为黄花梨，长宽各为49.0厘米，支起高60.0厘米，放平为25.5厘米。

　　不过明代也有普通座椅形的镜台，即没有扶手，只有椅背、椅面及椅座下方的抽屉。如明蜀王陵博物馆藏明代镜台（图2-5-4），有椅形靠背，靠背中部斜搁一镜支，镜支下方有勾形托，用于抵住铜镜下缘，镜台设有长箱形底座，底座设有三个抽屉。

图 2-5-3　上海博物馆藏明代折叠式镜架

图 2-5-4　明蜀王陵博物馆藏明代镜台

明清时有一种官皮箱，体积较小（常见的尺寸为长30、宽20、高30厘米），结构复杂，功能多样。因为携带方便，常用于官员巡游出访之用，故俗称"官皮箱"。官皮箱多选择紫檀、黄花梨制作，做工精细考究，一般都带锁，多用于盛放文书、房契、账册等贵重细软物品，也可盛放文房用具，作文具箱之用，有的官皮箱箱盖上装有铜镜镜支，便可作梳妆匣用。官皮箱基本构成可分为盖、身、底三部分。盖平顶或盝顶，其下设有深约10厘米的平屉，可放铜镜等物，底为平底或带有四个矮足，箱身前面有两扇对开门，门上缘留有子口，盖关好后，以铜拍子扣好锁住，门便不可以打开。门后一般设三层抽屉，每层抽屉的个数不等，可用于放梳篦、粉盒、首饰等物。官皮箱通常正面有锁具，两侧有提环，后墙安合页，多为铜质，假若要开箱的话，必须先打开金属锁具，然后掀起顶盖，再打开两门，才能取出抽屉，这是官皮箱的特点。官皮箱有素面的，也有在箱体镂雕、描漆装饰的，两扇门是官皮箱的视觉中心所在，也是其镂雕装饰的主要部位。最初官皮箱箱体的门并不是对开式，而是插门式。如《明式家具研究》载明嘉靖时期的一件官皮箱（图2-5-5），箱盖平顶，下有平屉，插门下缘入槽，上缘入盖口，盖沿中间的锁扣恰好扣住插门上部中间的锁鼻，门后有抽屉八具。观复博物馆藏明黄花梨官皮箱（图2-5-6）以及故宫博物院藏明黄花梨官皮箱（图2-5-7）均为对开门式。

二、清代宫廷妆奁

清代的妆奁又可分为"宫样"及"民样"。清代妆奁的"宫样"，主要是指由官营机构生产制作的、符合帝王后妃审美的各类梳妆器物。这类妆奁，大都材质昂贵、工艺精湛、构思巧妙，从工

图 2-5-5　插门式官皮箱

图 2-5-6　观复博物馆藏明黄花梨官皮箱

图 2-5-7　故宫博物院藏明黄花梨官皮箱

艺种类上来说主要为特种工艺品，即牙雕、珐琅、玻璃、金银镂花、珠宝镶嵌、木作等。这些"宫样"妆奁，代表了当时工艺制作的最高水平，展示了清代手工匠人的高超技艺及灵巧心智，也体现了宫廷审美文化影响下的器物风格。故宫博物院、国家博物馆及沈阳故宫博物院等均收藏有清代帝王后妃使用的梳妆用具。这些梳妆用具大都出自清代朝廷所设造办处，造办处是清代制造皇家御用品的专门机构，康熙年间成立，营运至1924年。造办处又分为专供宫中用度的"养心殿造办处"及设于内务府北侧的"内务府造办处"。据记载，造办处在最鼎盛时，下设四十二个作坊，如珐琅作、玉作、油木作、匣裱作、造钟处、玻璃厂、琉璃厂等，每个作

坊都汇集了全国各地的能工巧匠。造办处的职能主要为皇家用品的
开发、制造、修缮、保管以及贡品收发、罚没处置等。

　　清代"宫样"妆奁基本延续了明代妆奁的样式。如屏风式镜
台，中国国家博物馆藏清黄花梨镜台（图 2-5-8），台座后面有五
扇小屏风，屏风搭脑挑出凤首，正中央为一朵祥云托宝珠。屏风
中部前方斜支一个镜架，台座下方设四个小抽屉，台面有一周望
柱栏杆，足间有壶门式牙板。屏风、支板、围栏、抽屉面板上均
透雕卷草、缠枝莲花、凤纹等，栏杆望柱上是戏球、抚幼狮的雄
狮，镜台通高 83.0、宽 36.5、长 51.3 厘米。

　　再如柜式镜台，这类镜台与官皮箱形制有着一定的相似之
处，但又进行了改造。如故宫博物院藏清中期黑漆描金嵌染牙妆
奁（图 2-5-9），整体为方形，分上下两部分。上部开启奁盖，内
有一方盒，用于摆放铜镜。下部开启两扇门，内又有镂雕的两扇
小门，小门两侧有对称的四个抽屉，底部为一大抽屉，均用于摆
放梳妆用物。妆奁所需衔接处均配以银镀金錾花合页及鱼形扣。
再如故宫博物院藏清代黑漆描金镜奁 [15]（图 2-5-10），清中期制，
奁整体为长方形，顶部有围栏一圈，围栏中置可折叠镜架。中部
奁盒设对开门，门后有抽屉及隔层若干，放置各类梳妆用具，奁
下方配有红木底座，奁体对开门、围栏、抽屉面板等采用黑漆描
金、透雕工艺装饰纹样。

　　又沈阳故宫博物院藏清红木染牙三多花卉纹梳妆盒（图 2-5-
11），高 34.5、长 36.5、宽 19.0 厘米。梳妆盒由四部分组成，长方形
顶部有染牙围栏，犹如女墙，镂雕勾莲纹，此围栏内未设镜支。颈部
与下部正面镶嵌一株染牙佛手，两边装饰染绿牙方形夔纹，中部二扇

图 2-5-8　中国国家博物馆藏清黄花梨镜台

图 2-5-9　清中期黑漆描金嵌染牙妆奁

图 2-5-10　故宫博物院藏清代黑漆描金镜奁

图 2-5-11　沈阳故宫博物院藏清红木染牙三多花卉纹梳妆盒

　　红木方形门，门上有拉手，门扇上镶嵌染牙石榴、仙桃及花卉，石榴、佛手、仙桃为清代流行的"三多"纹样，寓意多子、多福、多寿。两个侧面镶嵌染牙山石、天竺、菊花、牡丹、水仙、桃花等四季花卉。红木座浮雕菊瓣与海水纹。梳妆盒装饰虽用了名贵的象牙材质，但染色淡雅，构图疏密有致，为清代"宫样"妆奁的上乘之作。

　　故宫博物院藏清硬木嵌珠宝镜台（图 2-5-12），整体如一架微型梳妆台，箱体对开门后有三个抽屉。箱体上方为一固定的镜架，架上有一长方形镜，此镜因固定放置，不可以取下密封收藏，应为玻璃镜。镜台表面以金片、红宝石、蓝宝石、碧玺、翡翠、青金石等各种珍宝镶嵌花卉吉祥图案，异常华美，应为清代

图 2-5-12　故宫博物院藏清硬木嵌珠宝镜台

皇太后或皇后所用，长 28.8、宽 20.0、通高 53.0 厘米。

　　故宫博物院藏清象牙雕镜台（图 2-5-13），整体为长方形，匣盖分为两半，以合页相连，合页折叠后匣盖正好可以当镜靠。匣盖上雕云龙纹，周围雕丹凤朝阳、喜鹊登梅、鸳鸯戏水、鹤鹿同春等吉祥图案，匣内除有放梳妆用具的抽屉外，还有盛放脂粉的扁圆形牙雕盒，与此奁相配的还有一只圆筒形牙雕奁盒。这种样式的镜台也是清代常见的样式，如沈阳故宫博物院藏紫檀镶嵌螺钿长方形镜台（图 2-5-14），此镜台虽样式普通，但用料讲究，做工精致，应也为清宫后妃所用之物。

　　除了传统镜台样式，清代镜台又呈现出新的面貌，主要表现为西方镜台样式的出现。这类样式的镜台有西方输入的，亦有本土制造的。前者如故宫博物院藏清代铜镀金镂花镶玳瑁嵌珐琅画片带表妆奁（图 2-5-15），系十八世纪英国制造，上端有表，表下有镜，匣内装香水、剪刀、眉笔等化妆用品，此镜奁设计具有明显的西方梳妆台样式特征。后者如美国波士顿迪美博物馆藏的一件木、象牙制梳妆台[76]（图 2-5-16），此梳妆台为一件清代的外销家具，与前者相比，柜体的造型基本一致，前者镜框为椭圆形，下端有四个斗牛形足，后者镜框类似葫芦形，足为兽蹄形，前者具有更典型的西方梳妆台样式，而后者却为中西结合的造型。可见，清代出口外销的梳妆台在迎合西方人审美的前提下，仍保留有中国家具的造型特征，这种中西结合的造型在西方人看来更新奇和特别，从而赢得一定的市场接受度。

　　三、清代民间妆奁

　　清代"民样"妆奁的样式与"宫样"相比，在形制上差别不

图 2-5-13　故宫博物院藏清象牙雕镜台

图 2-5-14　沈阳故宫博物院藏紫檀镶嵌螺钿长方形镜台

图 2-5-15　故宫博物院
藏清代铜镀金镂花镶玳
瑁嵌珐琅画片带表妆奁

图 2-5-16　美国波士顿迪美博物馆
藏木、象牙制梳妆台

大，主要差别表现在材质以及装饰方面。与"宫样"妆奁昂贵的
材质、繁复的装饰相比，民间的妆奁多以木材为主，装饰也以素
面为多。台湾私人藏清代晚期楸木官皮箱⑦（图2-5-17），通体素
面，仅有铜件作装饰，箱长33.0、宽24.6、高34.0厘米。从所用
木料判断，似为乡村农家用具，此物虽用料普通，但结构和做工
却不粗滥，有朴素的乡土气息。另一件台湾私人藏清代红木镜奁⑧
（图2-5-18），高18.0厘米，边长23.5厘米，上盖内藏玻璃镜，
盖中间合页处折叠作为镜靠，箱内有三具小抽屉，此镜奁铜件装
饰较多，材质为红木，应是当年家境富裕者所用。

　　除了素面，亦有镂刻雕填工艺装饰的官皮箱，如上海观复博
物馆藏一件清代官皮箱（图2-5-19），双门上以黑漆嵌螺钿工艺
饰仕女婴戏图。同馆藏另一件清代镜台（图2-5-20），平面为正
方形，分为上下两层，有盖，上层设有镜支，下层设一抽屉，盒
盖四角有云头形铜件包镶，盖面纹饰采用百宝嵌工艺，中心为一
"喜"字，"喜"字左侧饰一玉壶春瓶，内插珊瑚，右侧饰一观音
瓶，内插如意。此镜台虽用了百宝嵌工艺，但用料较少，图案简
洁，装饰颇具民俗意味，应也是当时民间富贵人家所用之物。

　　山西民俗博物馆藏清代红木嵌螺钿梳妆箱（图2-5-21），为
展开式，箱体对开门打开后有六个抽屉，并设台面，梳妆箱上
方置一长方形玻璃镜，箱盖折叠可作镜靠，箱盖与箱体以如意铜
锁相扣，侧面有铜质提手，长30.3厘米，宽23.2厘米。这类抽屉
较多的展开式镜台是清代民间常见的镜台样式，如珠海博物馆藏
一件清代梳妆箱，样式即与前者一样（图2-5-22），此类梳妆箱
形体较大，抽屉较多，可以盛放各类梳妆用具乃至首饰。

图 2-5-17　台湾私人藏清代晚期楸木官皮箱

图 2-5-18　台湾私人藏清代红木镜奁

图 2-5-19　上海观复博物馆藏清代官皮箱

图 2-5-20　上海观复博物馆藏清代镜台

图 2-5-21　山西民俗博物馆藏清代红木嵌螺钿梳妆箱

图 2-5-22　珠海博物馆藏清代梳妆箱

**注 释**

① 杨及耘：《山西垣曲北白鹅墓地出土铜盒》，《江汉考古》，2021 年第 02 期。

② 张崇宁等：《闻喜县上郭村 1989 年发掘简报》，《三晋考古》第一辑，第 139—153 页。

③ 毛瑞林等：《礼县圆顶山春秋秦墓》，《文物》，2002 年第 02 期。

④ 前揭《礼县圆顶山春秋秦墓》。

⑤ 河南省文物考古研究所、三门峡市文物工作队：《三门峡虢国墓》，文物出版社，1999 年，第 264 页。

⑥ 李夏廷等：《天马—曲村遗址北赵晋侯墓地第四次发掘》，《文物》，1994 年第 08 期。

⑦ 卢连成、胡智生：《宝鸡強国墓地》，文物出版社，1988 年，第 193 页，图一四三。

⑧ 郭宝钧：《山彪镇与琉璃阁》，科学出版社，1959 年，第 62—64 页，图二九至图三〇。

⑨ 郭移洪等：《河南淇县宋庄东周墓地 M4 发掘简报》，《华夏考古》，2015 年第 04 期。

⑩ 王先福等：《湖北枣阳九连墩 M1 发掘简报》，《江汉考古》，2019 年第 03 期。

⑪ 湖南省博物馆等：《长沙楚墓（上）》，文物出版社，2000 年，第 363 页，图二九一。

⑫ 舒城县文物管理所：《舒城县秦家桥战国楚墓清理简报》，《文物研究》第六辑，黄山书社，1990 年。

⑬ 湖北省文物考古研究所：《江陵九店东周墓》，科学出版社，1995 年，第 285 页。

⑭ 湖北省文物考古研究所等：《荆门左冢楚墓》，文物出版社，2006 年，第 87 页。

⑮ 李昭和等：《青川县出土秦更修田律木牍——四川青川县战国墓发掘简报》，《文物》，1982 年第 01 期。

⑯ 湖北省荆州地区博物馆：《江陵马山一号楚墓》，文物出版社，1985 年，第 89 页。

⑰ 前揭《江陵九店东周墓》，第 320 页。

⑱ 前揭《江陵九店东周墓》，第 317 页。

⑲ 《云梦睡虎地秦墓》编写组编：《云梦睡虎地秦墓》，文物出版社，1981 年，第 30 页。

⑳ 前揭《云梦睡虎地秦墓》，第 30 页。

㉑ 陈振裕：《1978 年云梦秦汉墓发掘报告》，《考古学报》，1986 年第 04 期。

㉒ 刘德银：《江陵扬家山 135 号秦墓发掘简报》，《文物》，1993 年第 08 期。

㉓ 冀介良等：《山东日照海曲西汉墓（M106）发掘简报》，《文物》，2010 年第 01 期。

㉔ 肖湘：《长沙咸家湖西汉曹𡡅墓》，《文物》，1979 年第 03 期。

㉕ 前揭《山东日照海曲西汉墓（M106）发掘简报》。

㉖ 南京博物院编：《江苏邗江甘泉二号汉墓》，文物出版社，1981 年，第 7 页。

㉗ 中国社会科学院考古研究所等编：《广州汉墓》，文物出版社，1981 年，第 354 页。

㉘ 宋少华等：《湖南长沙望城坡西汉渔阳墓发掘简报》，《文物》，2010 年第 04 期。

㉙ 印志华等：《江苏邗江姚庄 101 号西汉墓》，《文物》，1988 年第 02 期。

㉚ 前揭《山东日照海曲西汉墓（M106）发掘简报》。

㉛ 图片采自扬州博物馆官网。

㉜ 朝鲜古迹研究会编：《乐浪古迹调查报告第一册：乐浪彩箧冢》，朝鲜古迹研究会出版，1935 年。

㉝ 杨鸠霞：《安徽霍山县西汉木椁墓》，《文物》，1991 年第 09 期。

㉞ 焦南峰等：《陕西高陵县宝诗佳公司汉墓发掘简报》，《华夏考古》，2007 年第 03 期。

㉟ 赵德林等：《南昌火车站东晋墓葬群发掘简报》，《文物》，2001 年第 02 期。

㊱ 郁侃：《安徽马鞍山发现东吴名将朱然墓葬》，《文史知识》，1986 年第 04 期。

㊲ 前揭《南昌火车站东晋墓葬群发掘简报》。

㊳ 刘江生等：《湖北襄樊樊城菜越三国墓发掘简报》，《考古学报》，2013 年第 03 期。

㊴ 刘林：《江西南昌市东吴高荣墓的发掘》，《考古》，1980 年第 03 期。

㊵ 中国社会科学院考古研究所：《偃师杏园唐墓》，科学出版社，2001 年，第 149 页。

㊶ 廖子中：《洛阳北郊唐颍川陈氏墓发掘简报》，《文物》，1999 年第 02 期。

㊷ 宁夏文物研究所、吴忠市文物管理所编：《吴忠西郊唐墓》，文物出版社，2006 年，第 257 页。

㊸ 顾万发等：《郑州市区两座唐墓发掘简报》，《华夏考古》，2000 年第 04 期。

㊹ 屠思华：《五代——吴大和五年墓清理记》，《文物参考资料》，1957 年第 03 期。

㊺ 河北省文物研究所、保定市文物管理处：《五代王处直墓》，文物出版社，1998 年，第 24—28 页。

㊻ 南京博物院：《江苏宜兴晋墓的第二次发掘》，《考古》，1977 年第 02 期。

㊼ 南京市文物保管委员会：《南京人台山东晋兴之夫妇墓发掘报告》，《文物》，1965 年第 06 期。

㊽ 雷子干：《湖南郴州市竹叶冲唐墓》，《考古》，2000 年第 05 期。

㊾ 前揭《五代——吴大和五年墓清理记》。

㊿ 浙江省文物考古研究所等：《晚唐钱宽夫妇墓》，文物出版社，2012 年，第 83 页。

(51) 内蒙古自治区文物考古研究所、哲里木盟博物馆：《辽陈国公主墓》，文物出版社，1993 年，第 41 页，图二四。

(52) 苏州博物馆、江阴县文化馆：《江阴北宋“瑞昌县君”孙四娘子墓》，《文物》，1982 年第 12 期。

(53) 彭国维：《合肥北宋马绍庭夫妻合葬墓》，《文物》，1991 年第 03 期。

(54) 郑辉：《福州茶园山南宋许峻墓》，《文物》，1995 年第 10 期。

(55) 上海博物馆：《千文万华——中国历代漆器艺术》，上海书画出版社，2018 年，第 91 页。

㊶ 陈晶等：《江苏武进村前南宋墓清理纪要》，《考古》，1986 年第 03 期。

㊷ 邵建白：《安徽六安县花石咀古墓清理简报》，《考古》，1986 年第 10 期。

㊸ 福建省博物馆：《福州南宋黄昇墓》，文物出版社，1982 年，第 77 页。

㊹ 常州博物馆：《常州博物馆 50 周年典藏丛书·漆木金银器》，文物出版社，
2008 年，第 19 页。

㊺ 福州市文物管理局：《福州文物集粹》，福建人民出版社，1999 年，图版第
30 页。

㊻ 李科友等：《江西德安南宋周氏墓清理简报》，《文物》，1990 年第 09 期。

㊼ 郭远谓：《苏州吴张士诚母曹氏墓清理简报》，《考古》，1965 年第 06 期。

㊽ 前揭《福州文物集粹》，图版第 31 页。

㊾ 前揭《福州茶园山南宋许峻墓》。

㊿ 刘剑等：《山东济南长清崮云湖宋墓发掘简报》，《文物》，2016 年第 02 期。

66 前揭《山东济南长清崮云湖宋墓发掘简报》。

67 前揭《千文万华——中国历代漆器艺术》，第 68 页。

68 前揭《千文万华——中国历代漆器艺术》，第 82 页。

69 ［宋］周密：《癸辛杂识》，浙江古籍出版社，2015 年，第 145 页。

70 前揭《福州文物集粹》，图版第 30、31 页。

71 前揭《安徽六安县花石咀古墓清理简报》。

72 魏采苹：《吕师孟墓金银器考察》，《东南文化》，1994 年第 03 期。

73 安金槐等：《中国陶瓷全集 9：辽金西夏》，上海人民美术出版社，2013
年，图七二。

74 倪亚清等：《浙江省建德市大洋镇下王村宋墓发掘简报》，《考古与文物》，
2008 年第 04 期。

75 万依等：《清宫生活图典》，紫禁城出版社，2007 年，第 133 页。

76 田家青：《清代家具》，文物出版社，2012 年，第 291 页。

77 前揭《清代家具》，第 276 页。

78 前揭《清代家具》，第 274 页。

# 第三章

# 镜中芳华

镜是用于梳妆的基础用具，在玻璃镜出现之前，古人在很长一段时间内使用的都是铜镜，亦有少量的铁镜、银镜。本章主要讲述镜的收纳与置放之物的设计，具体有镜盒、镜袱、镜架及镜台等。通常尺寸较大的铜镜会配置独立的镜盒，镜袱则为绢、罗、丝等纺织品制作，可单独盛放铜镜，也可与镜盒配套使用。镜架与镜台则用于支撑和摆放铜镜，两者之间并非泾渭分明。一般来说，镜架仅用于支撑铜镜且不设台面，形制较为简单，镜台则带台面或箱柜，既可以支撑铜镜，亦具有收纳功能。

## 第一节　宝镜出镜匣

### 一、唐代之前的镜盒

唐代之前很少见独立镜盒，其大都作为妆奁的一个组成部分存在，如以侈沿盘式嵌置在妆奁的口部，作为妆奁的第一层。山东日照海曲西汉墓 M106 出土的五子奁[①]的上层为托盘式（图 3-1-1），口径 15.6、高 3.0 厘米，用于置镜。托盘为平底，直壁，平沿，口沿及底各镶有银扣，内底中部略高，贴银镶嵌一只怪兽，外围一周有带状银饰，其余部分以黑红两色彩绘纹饰。目前考古发现的最早的独立镜盒实物为南京象山东晋王丹虎墓出土的一面铁镜[②]，上有丝质物残痕，原来可能套有镜囊，其周尚可见圆形漆盒痕迹，盒直径 23.0 厘米，镜直径 19.8 厘米。陕西铜川隋折娄黑墓出土的一枚铁镜[③]也是存放于漆盒内，镜为圆形，直径 13.8 厘米，漆盒也为圆形，口径 16.5 厘米。

图 3-1-1　山东日照海曲西汉墓出土五子奁内置托盘

## 二、唐代至宋代的镜盒

唐代是我国铜镜发展的鼎盛期，此时由于瓷器在日常生活领域的广泛普及，铜器的设计与制作开始集中于铜镜。唐代铜镜在工艺、纹饰及形制上较前代都有了极大的创新。铜镜装饰工艺有浮雕、鎏金、金银平脱、螺钿镶嵌等，纹饰则以瑞兽葡萄、花鸟、龙凤、宝相花、人物故事等为主。形制上除了圆形、方形镜，又新增了葵花式、菱花式、六角、八角及亚字形等，此外，在镜钮的设计上也有新的变化，如龟形、兽形、花瓣形、蛙形、桥形、圆形等。结合铜镜的发展，铜镜的包装设计也开始进一步提升，如日本正仓院藏唐代银平脱八棱镜盒[④]（图 3-1-2），式如八出花，盖面图案以八出花为基本元素，每个花瓣里又有细密的花叶纹，沿边一周团花的花心各饰一只舞凤，镜盒还配有鱼形锁钥。正仓院藏山水八卦镜高丽锦盒[⑤]（图 3-1-3），为八出花瓣形，盒底亦有为镜钮预留的圆孔，圆孔的形状与镜钮造型一样。

河南偃师杏园唐李守一墓发现的一件圆形漆盒[⑥]，其内放置一枚圆形瑞兽葡萄纹铜镜，漆盒直壁，平底，器盖平顶，惜已大部残缺，从残存器盖部分还可以看出有银箔平脱残留，直径 15.3、残高 3.6 厘米，出土时镜面朝下，放置盒中尺寸恰好合适。又河南偃师杏园唐李郁墓出土的一件圆漆盒[⑦]，同为镜盒，此漆盒扁圆形，盖与器身间有子母口，漆盒内出土圆形瑞兽铭文镜一面，漆盒直径 22.6、通高约 7.4 厘米，铭文瑞兽镜直径 19.5 厘米。

五代时多见正方形盝顶镜盒。《旧唐书·李德裕传》载："昭愍皇帝童年缵历，颇事奢靡。即位之年七月，诏浙西造银盝子妆具二十事进内。"[⑧] 此处的"盝子"或就有盛放妆具之用。又如宋

图 3-1-2 日本正仓院藏唐代银平脱八棱镜盒

图 3-1-3 日本正仓院藏山水八卦镜高丽锦盒

《海篇》载："籨以盛脂粉。"此处"籨"应通"奁"，二者均为储存器，前者为竹制品，后者多为金银制品⑨。如五代王处直壁画墓东耳室东壁所绘镜架之上的镜盒⑩（图 3-1-4），以及五代王建墓出土的镜盒⑪（图 3-1-5），均为正方形盝顶盒。

　　五代、北宋及辽代镜盒常见的样式又有委角四方形。江苏无锡市郊北宋墓出土一件漆镜盒⑫，委角四方形，底部中间有一小圆孔，通高 9.6、直径 25.0 厘米。江苏常州半月岛五代墓出土的银平脱漆镜盒为委角方形⑬（图 3-1-6），盖面及周沿上半部饰镂雕花卉纹银片，子母口，有方形圈足，口沿镶合银扣，盒中置平板，平板中部有一小孔，小孔周围饰毛雕团花纹银片，盒通高 8.5、边长 21.0—22.0 厘米。内蒙古通辽市科左后旗吐尔基山辽墓出土的银鎏金嵌宝包镶漆奁盒⑭（图 3-1-7），委角四方形，有圈足，盒底有一小孔，出土时内置"李家供奉"铭亚字形双鸾铜镜一枚，盒为黑色漆胎，外以鎏金嵌宝石錾花银箔包镶，盒盖中心嵌椭圆形浮雕团龙纹玉片一枚，盒盖内镶有一层银箔，其上以鎏金錾刻工艺饰庭院赏乐图，构思精巧，装饰繁复。

　　陕西蓝田北宋墓 M25 出土的一件委角方形镜盒为包银漆木镜盒⑮（图 3-1-8），由盒盖、盒身及内镶嵌铜镜三部分组成。盒盖为盝顶式委角方形，盒身高子口，窄沿，浅直腹，平底下置圈足。盖平顶的图案分为内、中、外三个区域，内区浅浮雕八瓣团花，各瓣中錾刻菊花、蔓草纹，并圆形花心饰双凤对鸣纹，中区錾刻折枝牡丹花一周，外区錾刻卷草纹一周，图案均以鱼子纹为地纹。盖立沿面亦有一周卷草纹，以鱼子纹为地纹。盒身外腹壁所饰纹样与盒盖立沿纹样一致，外底正中錾刻重瓣莲花一朵，莲花

图 3-1-4 王处直墓东耳室东壁绘镜盒及镜架

图 3-1-5 王建墓镜奁盖银平脱花纹及侧面复原图

图 3-1-6　江苏常州半月岛五代墓出土银平脱漆镜盒

图 3-1-7　内蒙古通辽市科左后旗吐尔基山辽墓出土银鎏金嵌宝包镶漆奁盒

图 3-1-8　陕西蓝田北宋墓 M25 出土的包银漆木镜盒

外饰以鱼子纹地纹的卷草纹一周。盒通高 5.0、边长 19.5、盒内铜镜边长 15.3、沿厚 0.22 厘米。据出土报告描述，由于盒体挤压变形，镜钮受力而穿透镜盒底面中心，嵌出于盒外底莲花心上。参照五代、北宋镜盒盒底设小孔的情况看，镜钮穿过盒底的情况是因为此盒盒底原本就设有为镜钮预留的小孔，而非由于盒体变形所致。

　　镜盒底部预留的小孔应与当时的置镜方式有密切的关联。因铜镜长期置于空气中会发生氧化，所以不使用时需要放入镜盒或镜袱之中保存，如果可以将镜盒与铜镜作为一个整体，安置于镜台之上，镜台就兼具了收纳与置放的功能，铜镜不用时也无需从镜台上取下，唯有打磨时才要取出，而打磨铜镜并不是常需之事。镜盒与铜镜作为一个整体的置镜方式，五代王处直墓东、西耳室所绘壁画中有具体的展现。壁画所绘男主人镜台为交床式（图 3-1-4），上有方形盝顶镜盒；女主人镜台为椅框式，上有圆形平顶镜盒（图 3-1-9）。也有学者认为镜台之上的不是镜盒，是罩在铜镜外面的镜袱，但若仔细观察，男主人所用镜台上的盝顶盒的形制十分明显；其次，从所绘纹饰看，为黑底银花纹，应是唐至五代所流行的金银平脱工艺形成的纹饰。

　　这里需要思考的是，镜盒与铜镜是如何作为一个整体放置于镜台之上的，镜盒小孔的设计是关键所在。铜镜镜面朝上放在镜盒内，镜钮恰好可以穿过底部平板的小孔，因盒底内凹或有矮圈足，镜钮也不会突出盒底导致镜盒无法放置平稳，如将绦带穿过钮孔，便可将镜盒与铜镜作为一体系结于镜台之上（图 3-1-10）。此外，还有更为合理的设计，内蒙古巴林左旗盘羊沟辽代墓葬出

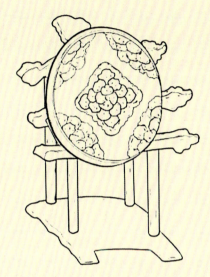

图 3-1-9　王处直壁画墓所绘女墓主使用的镜台

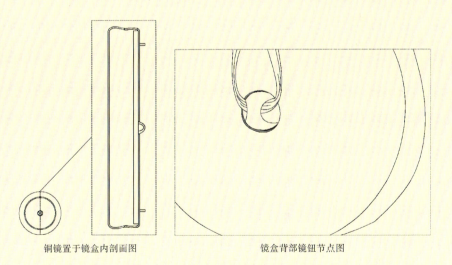

铜镜置于镜盒内剖面图　　　　　　　镜盒背部镜钮节点图

图 3-1-10　镜盒底部与镜钮连接示意图

土的一件银镜盒 [⑯]（图 3-1-11），发现时其内置一铜镜，圆形镜钮，外有丝织物和皮革包裹痕迹，镜直径 11.5、厚 0.3 厘米。银镜盒亦为圆形，有矮圈足，直径 12.5、高 5.0 厘米，盖与身形制相近，子母口扣合，盒底有一向下的凹陷，两侧有扁圆状穿孔，正好可以放置镜钮，连接钮穿，绦带从其中穿过便可将镜与镜盒整体系结悬挂。

除了方形、圆形，此时亦有花瓣形镜盒。福建福州南宋许峻墓出土的一件鎏金银镜盒 [⑰]（图 3-1-12），盒为六出葵花形，器身扁平，底部錾刻"张念七郎"四字，盖面锤揲双凤图案，周边錾刻如意花卉纹，腹部饰卷草纹，通体鎏金，盒口径 13.7、高 5.9 厘米，出土时盒内置六出菱花镜一面。

江苏吴县藏书公社北宋墓出土八棱菱花银盒一件 [⑱]，盒整体为圆饼形，边缘为八棱菱花形，有浅圈足，盒底中心有一小孔，盒盖外壁压印两周圆形双凤纹图案，每周十六个，盒身外壁压印同样的纹饰一周十六个，三周图案交错排列，盒高 5.5、直径 19.0厘米，同墓还出土有直径 18.0 厘米的八棱菱花铜镜一面。双凤纹是唐宋镜匣上的常见纹样，唐李商隐《促漏》云："促漏遥钟动静闻，报章重叠杳难分。舞鸾镜匣收残黛，睡鸭香炉换夕熏。"这类双凤纹的样式又与此时铜镜上流行的双凤纹样式相似，以喜相逢式双凤纹为多见。

部分镜盒所饰纹样也与其功能相呼应。大英博物馆藏一件中国宋代圆形银盒（图 3-1-13），漆木胎，包裹一层薄银片，此盒原有若干层，目前仅遗留盒盖及其中一层。盒中设有一隔板，隔板正中有一小孔，应为放置铜镜时为镜钮嵌入预留，盒盖中心以

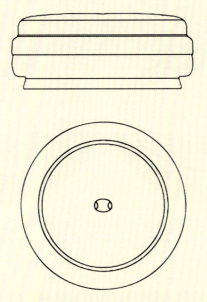

图 3-1-11　内蒙古巴林左旗盘羊沟辽墓出土的银镜盒线描图

图 3-1-12　福建福州南宋许峻墓出土鎏金银镜盒

图 3-1-13　大英博物馆藏宋代银盒

银平脱工艺饰《薛姬临镜写真图》（图 3-1-14），盖面四周及盒
体腹部饰花卉纹及缠枝草叶纹，盒盖直径为 21.5 厘米。薛姬即唐
代才女薛媛，其夫南楚材游历到陈颍之地，住久了，欲娶陈颍太
守之女，派仆人回家取琴书，薛媛知道后，对着镜子画了幅自画
像，并题诗《写真寄夫》："欲下丹青笔，先拈宝镜寒。已惊颜索
寞，渐觉鬓凋残。泪眼描将易，愁肠写出难。恐君浑忘却，时展
画图看。"南楚材收到画和诗后，十分惭愧，夫妻遂重归于好。

　　宋代又有在瓷盒器表装饰文字，直接表明盒的功能的。如南
京博物院藏北宋磁州窑白地黑花莲纹瓷镜盒（图 3-1-15），整
体呈盖碗状，盖微隆，直口，下腹折收，有矮圈足，盖与身子母
口相合，口沿处有一凸起小圆钉，为吻合标记。盖面中心有一双
如意形钮，在钮的两侧，写有"镜""盒"两字，盒盖四周饰莲
花、荷叶、慈姑叶等纹，盒体腹部饰卷草纹，瓷盒口径 21.5、高
12.2、底径 8.5 厘米。

图 3-1-14　银盒盒面《薛姬临镜写真图》

图 3-1-15　南京博物院藏北宋磁州窑白地黑花莲纹瓷镜盒

　　除了无柄镜，古代还有带柄镜，又可称作有柄镜、执镜、把镜等。宋代之前，有柄镜在我国并不流行，虽然唐代的绘画及塑像中也有有柄镜的出现，如陕西西安出土的唐韦顼墓石椁[19]，石椁外壁有一幅线刻图，表现一唐代女子手持柄镜照容。又陕西长安县唐裴氏墓[20]，也发现一手持圆形带柄镜的女俑。两名女子所持柄镜镜面均为圆形，但从实物发现来看，目前并未有唐代柄镜的实物出土，所以笔者推测唐代的有柄镜应为外来进贡或贸易之物。

　　有柄镜在宋代得以普及，南宋执镜的使用则更为流行，为了配合执镜的使用，出现了用于收纳的执镜盒。执镜盒多发现于江浙及福建等地，以漆执镜盒最为常见，盒的装饰工艺有剔犀、描金彩绘等。江苏武进村前南宋墓出土一件剔犀云纹执镜盒[21]（图 3-1-16），长 27.0、径 15.4、高 3.2 厘米，盒内放一面双鱼纹执镜。2002 年浙江绍兴东湖某砖厂出土的南宋剔黑牡丹纹执镜盒[22]（图 3-1-17），纹样为黑面雕牡丹，盒面雕牡丹三朵，柄上雕一朵，每一朵牡丹形态都不相同，写实又不乏装饰性，镜盒长 26.0、直径 14.5 厘米。

　　福建黄涣墓出土的执镜盒[23]（图 3-1-18），盖面以描金工艺绘月影梅花图，盒径 14.5、柄长 12.0、宽 4.0、通高 2.6 厘米。月影梅又可称作梅月纹、梅梢月等，是宋元流行的器物纹样，在瓷器、金银器中均十分常见。梅月纹的产生可说是"由诗入画"的结果。两宋时，文人士大夫热衷吟咏梅月意象，"梅梢月""月影梅"的诗词非常流行，如北宋隐逸诗人林逋《山园小梅·其一》"疏影横斜水清浅，暗香浮动月黄昏"，翰林学士李迪《自题爱梅》"月明绕却梅花树，直入梅花影里眠"，大文豪苏轼《再和杨公济

图 3-1-16　江苏武进村前南宋墓出土剔犀云纹执镜盒

图 3-1-17　浙江绍兴东湖某砖厂出土南宋剔黑牡丹纹执镜盒

图 3-1-18　福建黄涣墓出土执镜盒

梅花十绝》"北客南来岂是家，醉看参月半横斜。他年欲识吴姬面，秉烛三更对此花"，南宋黄昇《重叠金·冬》"南山未解松梢雪，西山已挂梅梢月"，侯寘《醉落魄·夜静闻琴》"纱窗倒挂梅梢月，玉人酒晕消香雪"等等。经过文人士大夫的吟咏与歌颂，梅月意象的审美意趣于两宋时得到不断提高与升华。月下赏梅、梅枝映月、月窗观梅等诗句营造出来的雅淡幽玄、寂静清冷的场景氛围，不仅传达出文人们对孤傲高洁、淡泊逸静的人格理想的追求，也是文人们在仕途受挫、失意彷徨时的心境写照。而镜盒上的梅月纹或又平添了另一种寓意，古代铜镜除照容外，也多作男女定情及婚嫁之物，镜及镜盒的纹样设计往往与其用途有着密切的关联。宋元时梅月之景亦蕴含着男女爱恋、相思之意，如宋晏几道《虞美人》："疏梅月下歌金缕，忆共文君语。更谁情浅似春风，一夜满枝新绿替残红。"元曲中也多有表达，如无名氏《〔正宫〕塞鸿秋》："爱他时似爱初生月，喜他时似喜看梅梢月"，元张弘范《〔越调〕天净沙·梅梢月》："黄昏低映梅枝，照人两处相思。那的是愁肠断时，弯弯何似？浑如宫样眉儿。"再看柄面的双凤纹，为喜相逢团窠式，此种样式的纹样外轮廓为圆形，内部采用中心均衡的"S"式构图，饰一对向圆心回旋的外形相同或相近的凤鸟，兼具静态平衡美与动态循环美，象征着阴阳结合、雌雄相配、平衡长久。该执镜盒的纹样设计也反映出妆具作为定情及婚嫁之物，其纹样题材选择的应情性与应景性。

## 第二节　镜袱与镜帘

### 一、镜袱

明清时独立镜盒不多见，上海明顾叙墓出土有一件紫檀镜盒[24]（图 3-2-1），圆形素面，内有一面铜镜，盒直径 8.5、高 2.5 厘米。此时常见的为镜袱，镜袱又可称作镜衣、镜套等。《红楼梦》第四十二回中写道："黛玉会意，便走至里间，将镜袱揭起，照了一照。"马王堆一号西汉墓出土的双层九子漆奁，上层放置的针织及刺绣物品中也有"长寿绣"镜衣各一件（图 3-2-2），镜衣为筒状，"长寿绣"绢底，筒缘用绛紫色绢，并絮以薄层丝绵。"长寿绣"以茱萸纹、如意云纹为主，寓意福寿延绵。

镜袱可单独用于保护铜镜，亦可与镜盒配套使用，一般出土于镜盒中的铜镜上也往往粘黏有丝织物。镜袱有单面的，亦有双面的。湖北江陵马山一号楚墓出土的镜袱为单面[25]（图 3-2-3），出土时置于圆竹笥内，外形似倒扣的锅，有夹层。新疆民丰尼雅遗址一号墓出土的"君宜高官"铜镜[26]（图 3-2-4），配有一圆形双面镜套，镜套为褐色，边缘锁边，套面以黄、深褐等丝线绣植物花卉纹。

河北隆化鸽子洞元代窖藏出土一件珍贵的元代镜袱[27]（图 3-2-5），双面圆形，下段缝死，上端留口，面料为米色斜纹绸，两片绣面和衬里中间都夹有毡片，两面以辫绣缝合而成，镜衣开口 23.0 厘米，套口上端两边分别有黄色丝编纽扣及扣襻。镜袱两面满绣纹样，纹样有方胜、折枝莲、菊花、牡丹、梅花、蝴蝶等。

图 3-2-1　上海明顾叙墓出土紫檀镜盒

图 3-2-2　马王堆一号西汉墓出土的镜衣

图 3-2-3　湖北江陵马山一号楚墓出土的镜袱

图 3-2-4  "君宜高官"铜镜及镜套

图 3-2-5  河北隆化鸽子洞元代窖藏出土元代镜袱

镜袱设色雅致，为暖色类似色配置，色彩有白、浅黄、明黄、浅绿、翠绿、浅褐、褐、浅蓝等，绣工精巧，图案布局均衡。

　　常州博物馆藏 1966 年常州和平新村出土明代褐色镜袱（图 3-2-6），亦为圆形，设有开口，镜袱为素面，仅近外沿处有一周弦纹装饰。大都会博物馆藏我国清代多面镜袱（图 3-2-7），圆形，有开口和襻结，镜袱表面精致丰富的刺绣纹样是其出彩之处。

　　沈阳故宫博物院藏清木柄铜镜（图 3-2-8），镜与柄为分体制作，镜身为圆形，木质柄为圆柱形，柄与镜之间有菱角形红珊瑚镜托，柄顶部与底部各装饰绿色染牙，下系黄丝穗。镜配有彩绣镜套，镜套为圆形，边缘为蓝色地绣云纹，中间为明黄色地彩绣"囍"字及二龙戏珠纹。亦有与执镜造型一致的执镜袱，如笔者摄于镇江博物馆的清代执镜袱（图 3-2-9），蓝黄两色缎面制作，表面刺绣"寿"字及如意云纹。此外，亦有组合式镜套。故宫博物院藏乾隆款掐丝珐琅山水楼阁图铜镜（图 3-2-10），铜镜

图 3-2-6　常州博物馆藏明代褐色镜袱

图 3-2-7　大都会博物馆藏清代镜袱

图 3-2-8 沈阳故宫博物院藏清木柄铜镜及镜套

图 3-2-9   镇江博物馆藏清代执镜袱        图 3-2-10   故宫博物院藏乾隆款铜镜及镜套

背面以掐丝珐琅工艺饰山水楼阁图，掐丝精细，内容丰富，构图复杂，色彩饱满，阴刻"乾隆年制"竖行款，镜直径 9.5、厚 0.6厘米。镜配有镜套，镜套分为里、外两部分，外层镜套为整圆，下端开口，里层镜套为两个半圆，外层镜套顶部及里层镜套底部正中均设有一小孔，以黄色系带将其串联，通过提拉系带便可开合镜套。套面纹样装饰精工巧妙，十分华丽，其中心呈放射状的层层金片上残留着翠羽，可见原为点翠装饰，四周以双螭捧寿纹环绕，纹理由米珠缝缀而成。

二、镜帘

　　除了小型照容镜，亦有大型穿衣镜，古人一般也会给穿衣镜配镜匣或镜帘。目前发现的较早的穿衣铜镜为山东淄博临淄区窝托村发掘的西汉早期某代齐王墓出土的矩形铜镜[28]，镜长 115.5、宽 57.5 厘米。江西南昌海昏侯刘贺墓亦出土一面穿衣铜镜[29]（图 3-2-11），长 70.3、宽 46.5 厘米。铜镜背面为素面，设有五个圆钮，上下各二，中间一个。随铜镜出土的还有镜框和镜掩，镜框木质髹漆，长方形，由四周的厚方木和背板围成，内框镶嵌铜镜，铜

图 3-2-11　海昏侯博物馆藏孔子徒人图漆衣镜镜匣（复制品）

镜背面的五个圆钮应作连接镜与背板之用。镜掩呈对开门状，以铜合页与镜框相连。镜框背板外部、镜框正面宽沿、镜掩正反面均绘有纹饰，有孔子像、孔子弟子像、青龙、白虎、朱雀及仙人等，除此还写有文字，内容为人物传记、衣镜赋等，如镜掩背面的文字"新就衣镜兮佳以明，质直见请兮政以方。幸得降灵兮奉景光，脩容侍侧兮辟非常"，便是夸赞衣镜的功能。

不过古代大型穿衣镜的实物发现着实有限，古墓多见的是各类小型照容镜，毕竟有能力拥有一面能够映照全身的穿衣铜镜的人十分稀少，如汉代两件穿衣镜均出土于帝王墓。及至清代，由于西方玻璃镜的输入，穿衣镜开始得以发展。这类穿衣镜最初多设计成屏风的样式，又称作镜屏，清《蓬山密记》载，1703 年的春天，高士奇奉诏参加康熙的生日典礼，数日后康熙又诏其去紫禁城的养心殿，给他看了宫廷造办处新制作的玻璃器具，并赐高士奇"各器十四件，又自西洋来镜屏一架，高可五尺余"[30]。这类镜屏又可分作两种样式，一种是半出腿贴墙放置的（图 3-2-12），《养心殿造办处史料辑览》载："二十八日据圆明园来帖内称，总管太监张起麟传旨：着做宽四尺三寸、高六尺硬木靠墙半出腿玻璃镜一面。"[31]一种是有四个腿可以独立放置的（图 3-2-13）。

由于当时穿衣玻璃镜多从遥远的欧洲运来，运输途中又容易破碎，所以价格依旧很昂贵，一般也是富贵人家才可见的物品，这种穿衣镜出于保护镜面的原因，也会配镜套或镜帘。《养心殿造办处史料辑览》载："九月初六日太监刘希文传旨：莲花馆八号房东间内挂的大吊屏玻璃镜，并九号房东间内挂的大吊屏玻璃镜，着照九洲清晏、洞天日月多佳景屋内挂的玻璃镜上锦帘做二件。钦

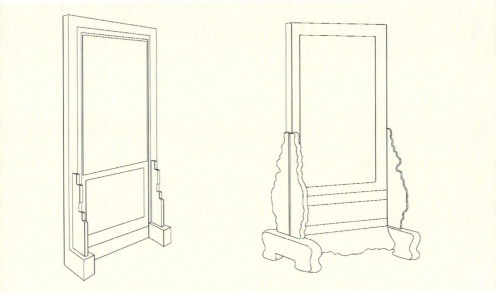

图 3-2-12　半出腿贴墙放置的镜屏示意图　　　　图 3-2-13　可独立放置的镜屏示意图

此。于九月十二日做得锦帘二件，领催闻二黑持进安讫。"㉜"七月
二十六日巡抚德保家人持来旨意帖一件，内开七月十六日广东巡抚
德保所进紫檀木云龙五屏风一件……紫檀宝椅十二张绣垫全，玻璃
照衣镜一对绣套全……"㉝《红楼梦》中也多次提到玻璃大镜，如第
十七回中，贾政等见迎面来了一群与自己身形容貌一样的人，发现
是由于自己站在一架玻璃大镜前。第四十一回刘姥姥误闯宝玉卧
室，见到"四面雕空紫檀板壁将镜子嵌在中间"的穿衣镜。这些玻
璃穿衣镜上也配有镜帘，第五十一回写袭人因母亲病故回去守丧，
晚上晴雯因怕冷不肯起来放穿衣镜的套子而与麝月斗嘴，宝玉"便
自己起身出去，放下镜套，划上消息"；第五十六回宝玉梦到甄宝

玉，醒来后神意恍惚，麝月说道："怪道老太太常嘱咐说，小人屋里不可多有镜子。小人魂不全，有镜子照多了，睡觉惊恐作胡梦。如今到在大镜子那里安了一张床。有时放下镜套还好，往前去，天热困倦不定，那里想的到放他，比如方才就忘了。"从文中"放下镜套"的描述可知，这种镜套为从上往下放的帘式，而非包裹式。至于"划上消息"应是指划上插销之类。又《红楼梦》第五十一回："好姐姐，我铺床，你把那穿衣镜的套子放下来，上头的划子划上，你的身量比我高些。"现藏首都博物馆的一件清代镜帘（图3-2-14），有夹层加厚，上有用于固定的帘首，帘首下端及帘底部均缀有流苏，帘首表面绿缎地上绣荷花纹，帘面大红缎地上刺绣童子嬉戏图，高70.0、宽54.5厘米。

图 3-2-14　首都博物馆藏清代镜帘

## 第三节　镜架与镜台

### 一、先秦镜架

铜镜是古人用于梳妆的基础用具，需参与梳妆的整个过程。古代铜镜的使用方式主要有两种，一是于铜镜镜钮中系结绦带，然后手持绦带照容，这类使用方式在古代墓葬画像石以及绘画作品中均有反映。如山东嘉祥的东汉武梁祠"梁高行割鼻拒聘"画像石中梁高行手持铜镜的形象（图3-3-1），传五代周文矩所绘的《宫中图》中宫中妇女梳妆时的形象（图3-3-2），均明确反映出当时手持镜背绦带照容的方式。这种使用方式因不能解放双手，

图3-3-1　"梁高行割鼻拒聘"画像石

只适合单纯的揽镜照容。将铜镜搁置于镜台或镜架上使用，便为铜镜使用的第二种方式。

　　先秦铜镜的实物发现较少，镜架的实物就更加寥寥无几，与其相关的文献和图像也不多。山东临淄商王村战国晚期一号墓出土的镜架[34]是目前考古发现最早的镜架实物（图 3-3-3），该镜出土时镜背有一由细竹、空心木塞、八棱体铜件和圆形箍组成的支架，该镜直径为 36 厘米，支架长 13 厘米，使用时支架一端抵住镜钮，镜面倾斜，正适合鉴容。另一件战国的镜架实物，便是第二章中提到的湖北九连墩一号楚墓出土的便携式梳妆盒中的"Y"形活动支架。

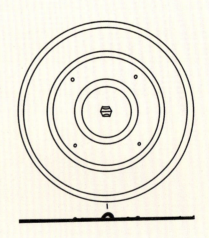

图 3-3-2　周文矩《宫中图》中的执镜仕女线描图

图 3-3-3　山东临淄商王村战国晚期一号墓出土镜架结构示意图

二、汉至唐的镜架与镜台

汉代的镜架主要有两种形式，其一为在铜镜背部直接安装支架，其二为立柱式镜架，铜镜另搁置其上。前者如重庆涪陵点易墓地西汉早期墓的一件与镜同出的镜架[35]（图3-3-4）。出土时，铜镜镜面向下，镜背之上放置两件形制规整的木质束腰多棱杆，

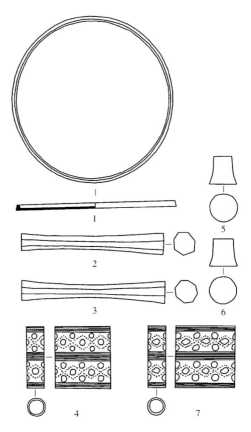

图 3-3-4　重庆涪陵点易墓地西汉早期墓出土镜及镜架结构示意图
（1.铜镜，2-3.镜架，4-7镜饰）

长度各约为铜镜的半径，当是作为镜架使用。还有两件小圆柱体和少量金箔放置于镜背之上，两件小圆柱体分别粘接两个镶嵌菱形和圆圈状纹饰的小圆柱形料器，应是作为镜饰垂挂于镜架两侧。周围的少量破碎金箔，应也是镜饰的一部分。江苏连云港灌云博物馆藏一件铜镜架[36]（图 3-3-5），出土于龙苴城遗址一座西汉晚期至东汉初期的墓葬之中，同出的有一枚直径约 18 厘米的铜镜。此铜镜架形体小巧，主体为纠结蟠龙形，上下两端各有一"Ω"形构件，上端"Ω"形构件呈倒立状，左右两端分别卡在镜钮内，下端的"Ω"形构件则与镜缘构成支点。无独有偶，江苏溧阳蒋笪里汉墓出土一件铜叉形器[37]，两端为叉形，叉头均作龙首，叉身为两条相缠绕的龙身，在龙身交汇处上下有一对小圆穿孔，长 18.1、宽 4.8、厚 0.3 厘米，同出的还有一面直径 11 厘米的四乳四神博局镜。对照连云港灌云博物馆所藏铜镜架看，此叉形器应也是作铜镜支架之用，不过鉴于其尺寸，通长为 18 厘米，如果作 11 厘米铜镜的背部支架，并不是十分合适。亦有学者认为此物为文房用具，为专门用于缚系捆扎简册卷牍的书绳的"简册捆扎器"[38]。

立柱形镜架又可分为两种样式。一种是带半圆形托镜架，整件镜架由器座、立柱及半圆形镜托组成。河南洛阳金村汉墓出土的东汉时期鎏金镜架[39]（图 3-3-6），半圆形的托两端各有一龙首形饰，中间有一方形短柱，缺器座。美国纳尔逊—阿特金斯美术馆收藏的一件汉代镜架较为完整[40]（图 3-3-7），保留了带有鎏金青铜边扣的漆木圆形底座。

另一种为带托盘的柱形镜架，河北涿州东汉中晚期墓葬中出

图 3-3-5　江苏连云港灌云博物馆藏铜镜及镜架

图 3-3-6　河南洛阳金村出土东汉镜架

图 3-3-7　美国纳尔逊—阿特金斯美术馆藏汉代镜架

土的一件镜架明器（图 1-1-3）[41]，镜架由两部分组成，即上方架身和下方底座，底座为长方体，正中设一垂直中空柄，柄的正面又有三个圆形对穿小孔，可用于调节支杆的高度，镜架顶部呈"T"字形，榫部下方插入中空的柄座内，中上部设块形镜托，托上有一面陶镜。镜架通高 114 厘米，弧形托盘上方镜钮至器底的高度为 85 厘米左右，假设梳妆之人身高 160 厘米，呈踞坐之姿约为 85 厘米，高度基本合适。需要注意的是"T"形榫中下部设有四个小孔，这四个小孔或是为安装托盘所设置，这种镜架立柱之间的托盘是用于放置梳妆用品的（图 3-3-8）。如山东沂南县北寨村出土的东汉晚期画像石（图 3-3-9），图中有一人手持镜架，此镜架的立柱中间便有一个长方形托盘。

两汉除立柱形镜架外，还出现了框架式镜架。河北定县（即今定州）东汉中山简王刘焉墓出土一件鎏金镂空铜镜架[42]（图 3-3-10），整体为 H 形，两侧构件似刀形，较厚，雕饰镂空变形云纹，刀形构件的侧面中下部，各向外伸出一向上的铜钩，底部各附一四叶形座。两侧构件架一山形镂空云纹铜薄片做桥梁，山形饰中部底端，有一伸出向下的铜钩。镜架高 38.7、上宽 21.6、下部最宽处 25.5 厘米。鉴容时将铜镜放置于两侧向上的铜钩之上，其后有刀形构件作依托，可使铜镜摆放平稳，中间山形饰的铜钩似无实用价值，为装饰所设计。就镜架的宽度看，搁置其上的铜镜直径应该较大，在 25 厘米以上合适。

魏晋之时镜架主要为立柱形及三角支架形。立柱形镜架以东晋顾恺之所绘《女史箴图》中的镜架最具代表性（图 3-3-11），画面中呈踞坐之姿对镜梳妆的仕女前方的镜架，覆钵形器座，立

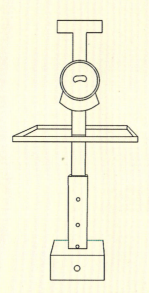

图 3-3-8　河北涿州东汉墓出土陶镜架置托盘后复原线稿

图 3-3-9　山东沂南汉代画像砖绘持镜架的侍者线描图

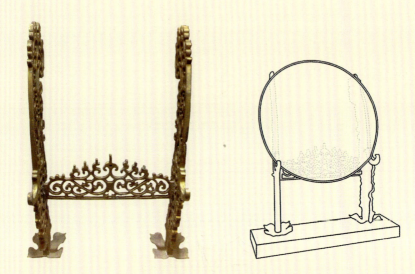

图 3-3-10　东汉中山简王刘焉墓出土鎏金镂空铜镜架及使用图

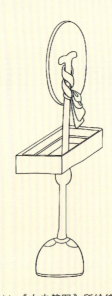

图 3-3-11　《女史箴图》所绘镜架线描图

柱中间有一托盘,镜钮之绦带绑系于立柱顶端。辽宁北票西官营子北燕冯素弗墓与铁镜同出的有铁座一件[43],亦为覆钵形器座,顶心残存一段管状柱柄,存高 6.5、底径 15.2 厘米,可能是镜架之底座。东吴朱然墓出土的一枚漆盘所绘贵族生活图[44],画像中有一踞坐女子正对镜梳妆,其前方镜架亦为立柱形,有覆钵形器座和长方形托盘(图 3-3-12)。

图 3-3-12 东吴朱然墓出土漆盘所绘对镜仕女线描图

三角支架形镜架可见江苏南京仙鹤观东晋墓出土的一件鎏金支架[45](图 1-1-5),长 78.8 厘米,与鎏金铜支架同出的还有一枚直径约 16 厘米的铁镜,王志高等发掘者认为此支架可作镜架用,使用时三竹节形细长支脚着地撑开,中间有链环相连接固定,不用时三支脚可并拢收起。相似的支架在河南新安县洛新开发区西晋墓[46](图 3-3-13)中也有发现,该支架顶端有一双手置于胸前

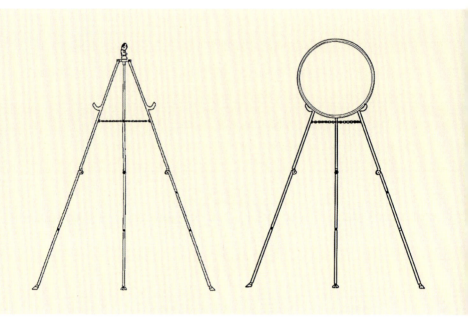

图 3-3-13    河南新安县洛新开发区西晋墓出土镜架及使用图

的跪坐铜人，架座衔接三根支脚，每个支脚分上下两节，互相衔接且可折叠，上节中部各伸出一钩，两钩朝上一钩朝下，支脚上半部以铜链相互连接，下端为蹄形足，支架打开后高 73 厘米，与人跪坐之高度相仿，因此，此支架多也是作镜架之用。依照新安县西晋墓出土的铜支架看，仙鹤观东晋墓的支架顶端圆形板中间的小孔似也为设置装饰器钮所留，该镜架支腿撑开后高 60—70 厘米，这样的高度也是适合照容的。

相同形制的鎏金铜支架在青海大通县后子河乡上孙家寨东汉晚期墓[47]（图 3-3-14）也有发现，支架顶端有一跪坐人像，人像底座为圆角三边形，支架三足由上、中、下三节圆形铜管与木柱

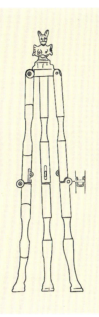

图 3-3-14　青海大通县后子河乡上孙家寨东汉晚期墓出土鎏金铜支架结构示意图

构成。上节铜管与人像底座伸出部分以铆钉相连，可活动。上节
与中节、中节与下节铜管之间以木柱相连。中节铜管又分为两部
分，以铆钉相连，可折叠。下节铜管上端为圆形，底为马蹄形，
人像加三脚架，通高约33.1厘米，以此高度来看，此支架为搁置
于几案上使用。这种三脚支架形镜架一直沿用到唐代，敦煌莫高
窟第12窟南壁的晚唐绘婚嫁图（图3-3-15），画面正中陈列的为
新郎送给新娘的彩礼，其中就有三脚支架，架顶有大圆镜一面。
再如莫高窟第85窟同时期所绘壁画中（图3-3-16），方榻上的三
角支架上有一面巨大的四瓣花形铜镜，路过的僧人正凝视镜中的
面容。

图 3-3-15　莫高窟第 12 窟南壁绘婚嫁图

图 3-3-16　莫高窟第 85 窟所绘壁画

隋唐出土的镜架实物十分少见，河南安阳隋张盛墓出土一件瓷质器座<sup>⑧</sup>（图 3-3-17），钱柏泉《镜台小说》一文中认为此器为镜台，与其同出的有铜镜一面。从图上看，铜镜下缘是可以搁在弧形镜架上的，为使其稳固，可将镜钮之绦带系结于柱顶的宝珠钮上。

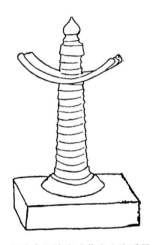

图 3-3-17　河南安阳隋张盛墓出土瓷质器座线描图

河南偃师杏园唐墓出土的一件可折叠交床式铁镜架<sup>⑩</sup>是难得的唐代镜架实物（图 3-3-18）。交床在汉代就已经出现，又可称作马扎，唐代使用更为普遍，交床的特点在于其足呈"X"形，可收起，亦可支开。此镜架用铁条打造一大一小两个梯形框架，大框架上宽 15.0、下宽 23.5、高 48.0 厘米，小框架上宽 14.0、下宽 22.0、高 38.0 厘米，大框顶部横梁中间及两侧均有一弧形凸，有一轴将两个框架相交处连接，支架可放可收。相同形制的镜架在

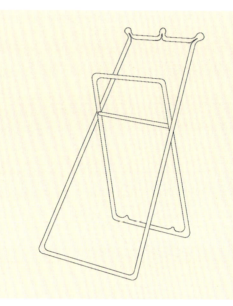

图 3-3-18　河南偃师杏园唐墓出土铁镜架打开示意图

河北宣化辽张文藻壁画墓也有发现⑩（图 3-3-19），镜架为木质，用木条做成大小两个亚字形方框，大方框上部横梁中间有一桃形饰，用作挂系之钮，大小方框左右两侧立柱以斜榫相咬连接，大方框上部夹平行薄木板两块以供镜背倚靠，出土时方框上部尚存有系铜镜用的丝织品。这种交床式镜架使用时，可将铜镜穿系镜钮的绦带或铁环直接系挂于大框架顶部横梁中间的凸钮之上，镜缘下方可以斜靠于小框上部的横梁之上，与镜架同出的三枚铜镜，其中一枚镜钮中便穿一铁环，当为悬挂于镜架而设置。辽陈国公主墓出土的铜镜镜钮之中也穿系有铁环⑪，可见，将铜镜悬挂于镜架之上是当时较为普遍的置镜方式。

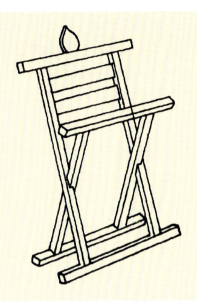

图 3-3-19 河北宣化辽张文藻壁画墓出土镜架打开示意图

### 三、五代及宋元的镜架与镜台

唐代末年，垂足高坐的生活方式开始普及，桌、椅、凳之类的高座家具逐渐取代了以"席地起居"为特点的矮足矮座家具。不过高椅、坐凳之类的家具虽然在中唐之后就开始流行，但并没有完全取代榻、床等坐具，在很长一段时间内，榻、床、椅、凳等都可以作为坐具使用。如五代顾闳中所绘《韩熙载夜宴图》中的人物（图 3-3-20），坐于榻、椅、古墩之上的均有之。一直到北宋时期，女子如果垂足而坐，坐下后双脚落地，还是会被认为不符合礼仪。女性有专门的梳洗床，可以盘腿坐于其上。为了配合这样的生活习惯，此时又有高镜台，时人梳洗妆扮需跪坐于床榻之上，镜台的高度差不多与跪坐之人脸持平。河北五代王处直壁画墓所绘男女主人的镜台正是放置于床榻之上。梳洗床也可能位于卧床的侧边，如《韩熙载夜宴图》第三段场景"宴间小憩"中，韩熙载盘腿坐在床榻上边洗手边和侍女们谈话，相邻的卧床上则放有被子和枕头，两床之间有围屏相隔。又宋人描绘唐五代宫苑之事的《乞巧图》中（图 3-3-21），设有床幔、堆有被褥的卧床一侧的床榻上放有两只长方形盒，一大一小，小者放于大者之上，旁边还有一圆盘状物，大的方形盒形制正与唐李景由墓出土的金银平脱奁盒形制相似，因此，这些器物应也为食盒、妆盒之类，此床亦为"梳洗床"。河南新密市平陌宋代壁画墓西南壁所绘梳妆图<sup>②</sup>（图 3-3-22），画面上方绘有悬幔及垂帐，正中绘一长方形矮榻，上有一椅框式镜台，一戴团冠的女子正临镜梳妆。因描绘女子身躯部分的墙壁剥落，其照容的身姿无法看清，但是，依旧可以根据其面部的高度、角度及与镜台和榻的空间位置关系，推断出她是跪坐于榻上梳妆，此榻应也为"梳洗床"。

需要提出的是，此时男性与女性在镜架样式的选择上也是有所区别的。由王处直墓壁画中所绘镜架可以发现，男性所用为支脚式镜架，形制较为简单，女性所用镜架形制则稍微复杂，如壁画中所绘镜台为高背座椅式，有方形底座、四根立柱以及弧形搭脑等。另辽代张文藻壁画墓发现的交床式镜架<sup>③</sup>，也是来自男性墓。因此，可以基本判断此时男性多选择形制较为简单、开合方便的支腿式镜架，而女性则多选择形制较为复杂、支腿相对固定的座椅式镜架。

宋代，尤其是到了南宋，最为常见的起居梳妆方式则是将镜

图 3-3-20 《韩熙载夜宴图》局部

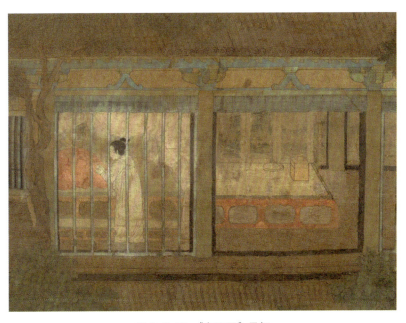

图 3-3-21 《乞巧图》局部

图 3-3-22　河南新密市平陌宋代壁画墓西南壁所绘梳妆图复原线稿

台放置于低矮的桌案之上，梳妆之人可坐于矮凳、绣墩或床榻之上对镜妆扮。这种方式于宋画《妆靓仕女图》（图 2-4-18）、《调鹦图》（图 3-3-29）中均有反映。除了表现女性坐着的梳妆图，宋代绘画作品中亦有表现女性站立梳妆的画面，如《绣栊晓镜图》中的仕女即为站着对镜照容（图 1-1-19），《盥手观花图》（图 3-3-28）中镜台前方之女子也为站立状。不过这几幅画中的女子虽为站立照容之姿，但对比镜台之高度，应也可以坐着梳妆，尤其是《盥手观花图》中女子的后方尚有一低矮的绣墩，似也说明了该女子刚刚坐于绣墩上完成梳妆打扮后起身，边盥手边欣赏不远处瓶中的鲜花。

　　在宋代，除了常见的对镜梳妆，对"鉴"梳妆亦存在，即将装有水的盆或盘作为"鉴"。河南登封城南庄宋代壁画墓中的壁画为我们描绘了这样的梳妆场景，此墓西南壁的梳妆图[54]（图3-3-23），左边砖砌一高台，右侧砖砌三条支腿的圆形盆架，盆架下有托泥，上置一盆，盆架旁绘两侍女，右边的女子似以盆水为镜，右手作理鬓状，而她旁边的女子正仰面看着她，向其递梳妆之物。

　　座椅式镜台由北宋至南宋在形制上也有变化，北宋的座椅式

图3-3-23　河南登封城南庄宋代壁画墓梳妆图

镜台形制以河南新密平陌北宋墓[55]（图 3-3-24）、河南登封城南庄北宋墓（图 3-3-25）、河南禹县白沙北宋赵大翁墓壁画[56]（图 3-3-26）所绘为代表。这类镜台在使用时多将铜镜镜钮之绦带系于搭脑中间的云头装饰上，如《云笈七签》卷七十二收录的宋代镜台线描图（图 3-3-27），铜镜之绦带便是悬挂于搭脑中间的云头装饰上。除此，这类镜台基本不设椅面或扶手，需要说明的是，赵大翁墓所绘镜台虽似有椅面，但更像将镜台放于一方形矮凳上。

南宋佚名所绘《盥手观花图》（图 3-3-28）及王居正所绘《调鹦图》（图 3-3-29）中的座椅式镜台，有较短的扶手，镜钮之绦带则系结于靠背中间的横梁上，椅面似也为空的，铜镜下缘斜靠于椅面前方的横梁上。四川泸县奇峰镇一号墓为南宋时期墓葬[57]，墓壁两侧石刻仕女，左捧奁，右捧镜台，墓中石刻所表现的镜台为交椅式（图 3-3-30），似有椅面，此件镜台放在一个花瓣形的托盘内，这个托盘应也可以用于托捧妆奁。因此，可以看出，南宋时期的座椅式镜台增加了扶手、椅面等组成部分。

另传为北宋王诜所绘《绣枕晓镜图》中的镜台（图 3-3-31），"座椅"的特点更为明显，不仅有较短的扶手，还加设椅面，椅面靠前沿中部立有一花形托，使用时铜镜斜靠"椅背"，此托可抵住镜缘，使其稳妥不会滑落。不过此画的确切创作时间还有待考证，从画中镜台的样式似可以佐证此画的时间非北宋而是南宋。设有花形镜抵的镜台实物，苏州元末张士诚母曹氏墓出土的一件纯银镜台为较早的一例[58]，镜台以纯银打造而成，整体为交椅状，可折叠，后身上部搭脑中间有一大葵花形凸，"椅背"内镂雕凤凰戏牡丹、团龙、牡丹、柿蒂等图案。顶部为一朵盛开的葵花，一

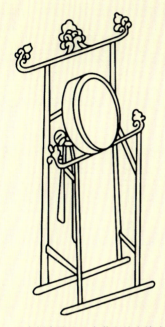

图 3-3-24　河南新密平陌北宋墓所绘座椅式镜台线描图

图 3-3-25　河南登封城南庄北宋墓所绘座椅式镜台线描图

图 3-3-26   白沙宋墓绘座椅式镜台线描图

图 3-3-27   《云笈七签》卷七十二收录宋代镜台线描图

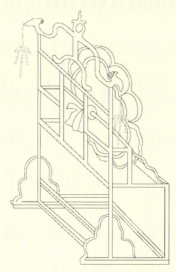

图 3-3-28 《盥手观花图》及镜台线描图

图 3-3-29 《调鹦图》及镜台线描图

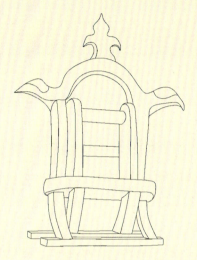

图 3-3-30　四川泸县奇峰镇一号墓石刻镜台线描图

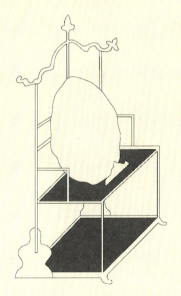

图 3-3-31　《绣枕晓镜图》中的镜台线描图

"H"形构件斜撑于前后身间，构件中心六瓣花形内凸雕玉兔蟾蜍灵芝仙草纹，前身横梁上方中部有一花形托，镜台通高 32.8、宽 17.8 厘米。镜台打开后，将银奁内所藏直径为 12.2 厘米的银镜放置其上，恰好合适。椅式镜台在元代继续发展出其他样式，如宝座形镜台，现存日本的元代嵌螺钿黑漆盒（图 3-3-32），亭台内的仕女右手持簪，左手理鬓，正在对镜梳妆，亭台内的小方案上放有宝座形镜台及花瓣形多层奁匣。亭台外花园里有两个小僮，一个站在方凳上摘梅花，另一个手持玉壶春瓶立于旁边，等待将所摘之花插于瓶内。

　　除了交床式及座椅式镜台，宋元还有一些其他样式的镜台与镜架，如有直接于铜镜背部或下部安装支架、托架的，也有简易折

图 3-3-32　元代嵌螺钿黑漆盒及其上所饰镜台线描图

叠式镜架以及附设于奁箱之上的镜架。藏于美国波士顿美术馆的宋人绘《妆靓仕女图》（图 2-4-18）中仕女所照之镜的镜背便安有三角形支架，支架或可开合，此镜从尺寸看较大，应在 30 厘米左右。

　　湖南博物院藏一件南宋月宫铜镜（图 3-3-33），下有卷云形镜托，下方镜钮上连铸一根活络的铜支柱，打开后可支撑铜镜，镜背饰玉兔在桂花树下捣药。福建福州茶园山南宋许峻墓出土香炉形铜镜一面[59]（图 3-3-34），背部附一兽足形支柱以支撑镜体，镜背饰缠枝纹，并傅有"八面玲珑，一尘不染"两行阳文篆。相同形制的铜镜在浙江衢州南宋墓[60]也有发现，只是后者镜钮处支架缺失。铜镜本也是道教的法器，玉兔捣药纹镜、香炉形镜均与道教信仰有着密切的关联。

　　明清时流行的犀牛望月镜架在宋代就已经出现，"犀牛望月"出自《关尹子·五鉴》："譬如犀牛望月，月形入角，特因识生，始有月形，而彼真月，初不在角。""犀牛望月"有长久盼望之寓意。故宫博物院藏一件宋代铜鎏金卧牛形镜架[61]（图 3-3-35），卧牛回首，似在望月，牛背上有一月牙形支架，支架有凹槽，前方的镜托上饰云纹。又故宫博物院藏明犀牛望月形镜架[62]（图 3-3-36），其样式与前者相似。

　　宋代还有人物造型的镜架，如故宫博物院藏宋卧女长方形镜架[63]（图 3-3-37），长方形底座上有一女侧卧，右手托头，背后有一支架，支架靠背为弯月形，前方镜托为祥云形，通高 18.3、长24.4 厘米。卧女造型在宋代其他生活用品中也可见，如荆门市博物馆藏宋卧女荷叶三彩瓷枕（图 3-3-38），一侧卧双髻女子为枕

图 3-3-33    湖南博物院藏南宋月宫铜镜

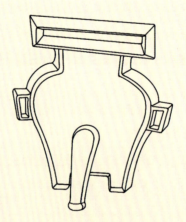

图 3-3-34    许峻墓出土香炉形铜镜线描图

图 3-3-35 故宫博物院藏宋铜鎏金卧牛形镜架

图 3-3-36 故宫博物院藏明犀牛望月形镜架

图 3-3-37　故宫博物院藏宋卧女长方形镜架

图 3-3-38　荆门市博物馆藏宋卧女荷叶三彩瓷枕

座，荷叶设计成如意云头形，为枕面，卧女呈睡眠状，与枕头之用途相贴合。

福建福州南宋黄昇墓出土一件形制小巧的漆木镜架[64]，通体髹黑漆，器表再以黑色纹罗带绑结，有可以开合的活动支架，高15.5、宽12.5厘米。同墓还出土有两件铜镜，一件六角葵瓣形，直径14.4厘米，另一件为六边形，中有一穿孔小钮，直径14.0—14.8厘米。此镜架搁置铜镜时应有多种方式（图3-3-39）。

南宋时期，镜台的形制与功能出现较大的变化，镜台的功能不仅仅是置放铜镜，亦可收纳其他梳妆用具。江苏武进村前南宋墓出土一件漆木镜箱[65]（图3-3-40），整体为长方形，箱上部有两层套盘，第一层套盘内盛长方形铜镜一面，第二层盘内置活动镜架，箱下部设两层抽屉，屉内盛放木梳、竹篦、竹柄毛刷、竹剔等物，抽屉板面上有柿蒂纹铜环，通高12.5、长16.7、宽11.5厘米。出土简报中没有说明此镜箱来源于女性墓还是男性墓，从镜箱中所放置的物品来看，并无与化妆相关的脂粉类物品，均为梳理头发的用具，可以推断此镜箱的主人应为男性。其实这种带抽屉的镜箱或许南北朝时就已经出现，北朝文学家庾信《镜赋》中写有"暂设妆奁，还抽镜屉"，目前发现最早的带有屉的奁盒实物便是唐代李景由墓出土的方形漆奁，只不过从文字描述及图片来看，该漆奁的屉为平屉，而不是抽屉。此时亦有立柱形镜架，南宋陆兴宗《十王图·阎罗王图》中绘一大型镜架（图3-3-41），超过一个人高，镜架为立柱式，下有长方形底座，支柱为扁长式，上有一圆形大铜镜。

图 3-3-39　福建福州南宋黄昇墓出土漆木镜架及使用示意图

图 3-3-40　江苏武进村前南宋墓出土漆木镜箱

图 3-3-41　南宋陆兴宗《十王图》

四、明清镜架

明清的镜台多为集收纳与照容为一体的多功能镜台，这类多功能镜台于妆奁一章中已有阐述。除了多功能镜台，明清也有一些简易型镜架，如南京博物院藏一件明代铜镜架（图 3-3-42），圆饼形底座，圆柱形立杆，立杆上为弧形镜托，立杆左右有对称的勾云纹装饰。由此镜架可以看出明代镜架与汉代立柱形镜架之间的承袭关系，即经过交床、椅框式镜台的变化后，又呈现出一定的复古倾向。

湖南博物院藏一件鲤鱼荷叶纹明代镜架（图 3-3-43），造型

图 3-3-42　南京博物院藏明代铜镜架

图 3-3-43　湖南博物院藏鲤鱼荷叶纹明代镜架

独特，底座为一鲤鱼跳跃于浪花之上，口含长满籽粒的水草，旁边有一悠闲可爱的螃蟹，两边又各有一莲枝，分别长出莲叶与莲蓬，与水草共同擎起中部有凹槽的花瓣状弧形镜插。镜插与水草连接使用了榫卯结构。长满籽粒的水草与鲤鱼、莲蓬、荷叶等，寓意着丰收、年年有余，民俗意味十分浓郁。

定陵出土一件明代镜架[66]（图 3-3-44），下部为方框形座，两边框的两端作抱鼓形，两边框之内钉二横撑，后端两抱鼓中心贯一带支柱的活轴，支柱扁方形，下部两侧嵌花牙；前端两抱鼓中心贯一带镜托的活轴，镜托下部作月牙状，中间有凹槽，用以放置铜镜，上部为圆形镜靠，镜靠背后中部有阶梯状凸起，用以调节镜面高低。

故宫博物院藏一件明龙纹八角形镜[67]，无钮，直径 18.8 厘米。此镜配有镜盒（图 3-3-45），镜盒为织锦糊裱木板制成，分为底、盖及内层托盘三部分，底与盖为八瓣花形，天地盖式套合，内层托盘用于盛镜，造型与镜一致。此镜盒的特别之处在于盒盖可折叠作支架用。将镜盒设计成可折叠镜架的样式在清代更为多见，沈阳故宫博物院藏清红木嵌螺钿镶牙边镜盒[68]（图 3-3-46）为长方形，盒面以螺钿镶嵌工艺饰流云与三只蝙蝠，并一对蝙蝠形铜鎏金合页，凑成五只蝙蝠，盒前方亦有两个铜镀金云头合页，盒四边以染牙镂雕串枝莲，打开盒盖折叠便可为镜支，盒长 18.5、宽 13.7 厘米。《清代家具》一书中收录的一件清代折叠镜架[69]（图 3-3-47）与普通折叠式镜台造型相似，唯底部不设屉箱。

明清时带柄镜的使用已经十分普遍，此时带柄镜又多称作靶（把）镜等。为方便把镜的使用，亦有专为其设计的镜架。如镇江

图 3-3-44　定陵出土明代镜架

图 3-3-45　故宫博物院藏明龙纹八角形镜盒

图 3-3-46　沈阳故宫博物院藏清红木嵌螺钿镶牙边镜盒

图 3-3-47　清代折叠镜架

博物馆藏清晚期执镜架（图3-3-48），铜质，有四足，架上方有弧形卡槽镜托，镜托中部留孔，镜柄插入其中，此带柄镜为长方形柄，镜背中间饰"囍"字，四周绕五只蝙蝠，正对"囍"字的下方长方框内有四字生产者铭文。此镜纹饰细腻，具有日本和镜的装饰特征。这类"囍"字五蝠纹圆面把镜也是清代流行的样式，如镇江博物馆藏清"王义盛老店铜镜"纹饰即与前者一样（图3-3-49）。

　　清代宫廷的把镜则更具特色，宫廷把镜镜面有铜质的，也有玻璃镜，镜面与镜把多为分体制作，装饰精美。如沈阳故宫博物院藏清铜胎画珐琅玻璃把镜（图3-3-50），镜为椭圆形镜框，下部为柱形长把，整体以深蓝色珐琅为地，镜框圆边，镜托及圆柄

图3-3-48　镇江博物馆藏清晚期执镜架　　图3-3-49　镇江博物馆藏清"王义盛老店铜镜"

均饰描金卷草纹,镜柄部另写有描金双喜字。镜框背面在白色珐琅地上绘画一西洋女子,身着红衣立于深蓝色帷帐前,左臂擎托一只灰鸽,右手轻抚其喙,营造出一种安静温馨的意境,镜柄之下缀金黄色长穗,穗上穿系一颗红色珊瑚珠。再如沈阳故宫博物院藏清画珐琅把镜(图 3-3-51),形制与制作工艺与前者相似,唯镜面纹样不同,前者纹样具有明显的西洋风格,此镜装饰纹样则为典型的中国传统吉祥纹样,镜背中间饰五蝠"寿"字纹,底纹为四方连续花朵纹。

　　明清绘画及文献作品中可见简易镜架的样式也十分丰富。如《清俗纪闻》中绘镜台亦为折叠式[70],底为一方形平板,支架上端呈

图 3-3-50　沈阳故宫博物院藏清铜胎画珐琅玻璃把镜

图 3-3-51　沈阳故宫博物院藏清画珐琅把镜

云头形，双侧中下部各设一弯钩托（图 3-3-52）。《琵琶记》版画《对镜梳妆》⑦中桌案上摆放的梳妆用具从右往左为：水盂、菱花铜镜、刷、粉盒、圆形小套奁、长方形梳妆盒，菱花铜镜后有三个支腿的镜架（图 3-3-53）。

故宫博物院藏清金廷标《簪花仕女图》中所绘镜架，似为藤编，亦似树根形（图 3-3-54），此类镜架取树根为材并尽量保留树根的天然形态。清代家具中流行一类树根类家具。《清宫内务府造办处档案总汇》载："乾隆十六年六月二十七日，员外郎白世秀米说，太监胡世杰交树根宝座一件、树根香几二件、树根陈设二件。"⑫树根镜架即属于树根陈设之类。

吉林省博物院藏清初画家华嵒《苏小小梳妆图》（图 3-3-55），表现民间流传之歌妓苏小小临镜梳妆的情景，桌案上的镜架有底座，铜镜置于镜架的云朵形卡槽内，镜钮之内穿有绦带，此镜架的置镜方式与上述卧牛、卧女形镜架一样，都是将铜镜置于镜架的卡槽之内。又故宫博物院藏清朱本绘《对镜仕女图》（图 3-3-56），一个富贵人家的女子正跪坐于鼓凳之上，低首俯身向前照容，其前方的铜镜也是置于云形镜架内，镜架直接置于地面，一个小侍女举着一面小铜镜立于其身后，为其映照脑后的发型。此对镜理容图人物形态生动，照镜方式特别，为我们了解当时女性的梳妆方式提供了一个极佳的参考样本。

清改琦《红楼梦·图咏》中的镜架（图 3-3-57），为立柱式，有云头形底座，收腰立柱上方有半弧形镜托，镜为椭圆形，应为玻璃镜。故宫博物院藏清佚名《乾隆妃梳妆图》中的小型镜架（图 3-3-58），从所绘色泽纹理上看，应为紫檀木材

图 3-3-52 《清俗纪闻》中所绘镜台

图 3-3-53 《琵琶记》版画《对镜梳妆》

图 3-3-54　清金廷标《簪花仕女图》中镜架

图 3-3-55 清初画家华嵒《苏小小梳妆图》

图 3-3-56    清朱本绘《对镜仕女图》

图 3-3-57    清改琦《红楼梦·图咏》中的镜架

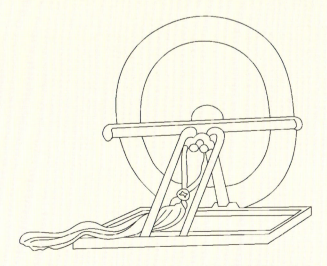

图 3-3-58　清佚名《乾隆妃梳妆图》中的小型镜架及线描图

质,《明刻历代百美图》中莹娘桌面上的镜架与其造型相似（图 1-2-9），为饰有八卦图的铜镜，镜钮之绦带被压于镜沿下，可以防止铜镜滑落。除了木质镜支，明清时还有象牙、珊瑚等材质的镜支，记述抄没严嵩家产的《天水冰山录》"都丞文具" 项下除了笔、墨、砚之外，又有水注、水盂、笔架、镇纸、镇尺、裁纸刀、铜镜与牙嵌镜架等三十余事。《养心殿造办处史料辑览》载："九月初三日总管太监张起麟交珊瑚镜支一件，说怡亲王谕：着收拾见新。遵此。于九月初四日收拾得珊瑚镜支一件，总管太监张起麟呈进。"

## 注释

① 冀介良等：《山东日照海曲西汉墓（M106）发掘简报》，《文物》，2010 年第 01 期。

② 南京市文物保管委员会：《南京象山东晋王丹虎墓和二、四号墓发掘简报》，《文物》，1965 年第 10 期。

③ 任筱虎：《陕西铜川隋折娄黑墓发掘简报》，《文物》，2020 年第 10 期。

④ 傅芸子编：《正仓院考古记》，上海书画出版社，2014 年，第 118 页。

⑤ 奈良国立博物馆编：《正仓院展目录》，第五十八回，奈良国立博物馆，平成十八年，第 56 页。

⑥ 中国社会科学院考古研究所：《偃师杏园唐墓》，科学出版社，2001 年，第 80 页。

⑦ 前揭《偃师杏园唐墓》，第 230 页。

⑧［后晋］刘昫等：《旧唐书》，中华书局，1975年，第4511页。

⑨ 喻仲文等：《唐代盦子考》，《装饰》，2019年第11期。

⑩ 河北省文物研究所、保定市文物管理处：《五代王处直墓》，文物出版社，1998年，第19页。

⑪ 冯汉骥：《前蜀王建墓发掘报告》，文物出版社，1964年，第60页。

⑫ 冯普等：《无锡市郊北宋墓》，《考古》，1982年第04期。

⑬ 徐伯元：《江苏常州半月岛五代墓》，《考古》，1993年第09期。

⑭ 塔拉：《内蒙古通辽市吐尔基山辽代墓葬》，《考古》，2004年第07期。

⑮ 陕西省考古研究院等：《蓝田吕氏家族墓园》，文物出版社，2018年，第736页。

⑯ 马凤磊、姜仕勋等：《内蒙古巴林左旗盘羊沟辽代墓葬》，《考古》，2016年第03期。

⑰ 郑辉：《福州茶园山南宋许峻墓》，《文物》，1995年第10期。

⑱ 叶玉奇等：《江苏吴县藏书公社出土宋代遗物》，《文物》，1986年第05期。

⑲ 周到主编：《中国画像石全集》第8卷《石刻线画》，河南美术出版社、山东美术出版社，2000年，第159页。

⑳ 李秀兰等：《唐裴氏小娘子墓出土文物》，《文博》，1993年第01期。

㉑ 陈晶等：《江苏武进村前南宋墓清理纪要》，《考古》，1986年第03期。

㉒ 包燕丽：《宋代漆器的成就》，上海市松江区文化广播影视管理局编《云间文博·第8卷》，2013年，第114页。

㉓ 福建博物院、邵武市博物馆：《邵武宋代黄涣墓发掘报告》，《福建文博》，2004年第02期。

㉔ 何继英：《上海明墓》，文物出版社，2009年，第60页。

㉕ 湖北省荆州地区博物馆：《江陵马山一号楚墓》，文物出版社，1985年，第27页。

㉖ 中国文物学会专家委员会主编：《中国艺术史图典·青铜器卷》，上海辞书出版社，2017年，第288页。

㉗ 隆化民族博物馆：《洞藏锦绣六百年——河北隆化鸽子洞洞藏元代文物》，文

物出版社，2015 年，第 141 页。

㉘ 贾振国：《西汉齐王墓随葬器物坑》，《考古学报》，1985 年第 02 期。

㉙ 曹斌等：《江西南昌西汉海昏侯刘贺墓出土铜器》，《文物》，2018 年第 11 期。

㉚［清］高士奇：《蓬山密记》，载李德龙、俞冰主编《历代日记丛钞》，学苑出版社，2006 年，第 18 册。

㉛ 朱家溍、朱传荣：《养心殿造办处史料辑览》第一辑，故宫出版社，2013 年，第 72 页。

㉜ 前揭《养心殿造办处史料辑览》第一辑，第 151 页。

㉝ 张荣：《养心殿造办处史料辑览》第九辑，故宫出版社，2018 年，第 271 页。

㉞ 徐龙国等：《山东临淄商王村一号战国墓发掘简报》，《文物》，1997 年第 06 期。

㉟ 王迪等：《重庆涪陵点易墓地汉墓发掘简报》，《文物》，2014 年第 10 期。

㊱ 刘芳芳：《镜台小考》，《考古与文物》，2015 年第 03 期。

㊲ 马永强等：《江苏溧阳蒋笪里墓地汉墓发掘简报》，《东南文化》，2020 年第 02 期。

㊳ 阎焰：《从棘币、笔架、三子钗、镜架、假发穿饰到捆扎器》，《中国文物报》，2020 年 10 月 9 日。

㊴ 霍宏伟：《洛阳故城古墓考》，《洛阳工学院学报（社会科学版）》，2002 年第 02 期。

㊵ Xiaoneng Yang: "A Han Bronze Mirror and Its Gilt Bronze Stand in the Nelson-Atkins Museum of Art", *Oriental Art*, 1996.

㊶ 史殿海：《涿州凌云集团新厂东汉墓群发掘简报》，《文物春秋》，2007 年第 03 期。

㊷ 敖承隆：《河北定县北庄汉墓发掘报告》，《考古学报》，1964 年第 02 期。

㊸ 黎瑶渤：《辽宁北票县西官营子北燕冯素弗墓》，《文物》，1973 年第 03 期。

㊹ 丁邦钧：《安徽马鞍山东吴朱然墓发掘简报》，《文物》，1986 年第 03 期。

㊺ 王志高等：《江苏南京仙鹤观东晋墓》，《文物》，2001 年第 03 期。

㊻ 安亚伟、范新生 :《河南新安西晋墓(C12M262)发掘简报》,《文物》,2004 年第 12 期。

㊼ 青海省文物考古研究所 :《上孙家寨汉晋墓》,文物出版社,1993 年,第 154 页,图九〇,图版七二。

㊽ 考古研究所安阳发掘队 :《安阳隋张盛墓发掘记》,《考古》,1959 年第 10 期。

㊾ 前揭《偃师杏园唐墓》,第 220 页。

㊿ 郑绍宗 :《河北宣化辽张文藻壁画墓发掘简报》,《文物》,1996 年第 09 期。

(51) 内蒙古自治区文物考古研究所、哲里木盟博物馆 :《辽陈国公主墓》,文物出版社,1993 年,第 49 页。

(52) 张建华等 :《河南新密市平陌宋代壁画墓》,《文物》,1998 年第 12 期。

(53) 前揭《河北宣化辽张文藻壁画墓发掘简报》。

(54) 于宏伟等 :《河南登封城南庄宋代壁画墓》,《文物》,2005 年第 08 期。

(55) 前揭《河南新密市平陌宋代壁画墓》。

(56) 宿白 :《白沙宋墓》,文物出版社,2002 年,第 41 页,图 6。

(57) 四川省文物考古研究所等 :《泸县宋墓》,文物出版社,2004 年,彩版二四。

(58) 郭远谓 :《苏州吴张士诚母曹氏墓清理简报》,《考古》,1965 年第 06 期。

(59) 前揭《福州茶园山南宋许峻墓》。

(60) 崔成实 :《浙江衢州市南宋墓出土器物》,《考古》,1983 年第 11 期。

(61) 故宫博物院、周口店北京人遗址博物馆编 :《故宫博物院藏精品选・铜镜》,故宫出版社,2016 年,第 128 页。

(62) 前揭《故宫博物院藏精品选・铜镜》,第 198 页。

(63) 前揭《故宫博物院藏精品选・铜镜》,第 130 页。

(64) 福建省博物馆 :《福州南宋黄昇墓》,文物出版社,1982 年,第 77 页。

(65) 前揭《江苏武进村前南宋墓清理纪要》。

(66) 中国社会科学院考古研究所等 :《定陵》上册,第 212 页,图 134 ;《定陵》下册,图 136,文物出版社,1990 年版。

(67) 故宫博物院 :《故宫藏镜》,紫禁城出版社,2008 年,图版第一八八页。

㊌ 栾晔：《沈阳故宫藏牙角器赏析》，《收藏家》，2010 年第 09 期。

㊍ 田家青：《清代家具》，文物出版社，2012 年，第 273 页。

㊎ ［日］中川忠英著，方克、孙玄龄译：《清俗纪闻》，中华书局，2006 年，第
356 页。

㊏ 傅惜华：《中国古典文学版画选集》，上海人民美术出版社，1981 年，第
128 页。

㊐ 中国第一历史档案馆等：《清宫内务府造办处档案总汇 18》，人民出版社，
2006 年，第 273 页。

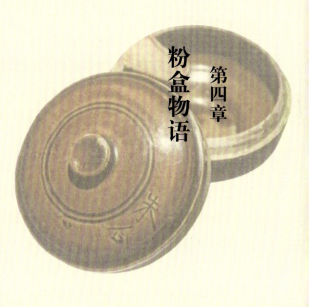

# 第四章

# 粉盒物语

粉盒是古代最常见的盛放妆品的容器，它们通常尺寸不大，只手可握，其内所装的妆品可为护肤用的脂粉，亦可为美妆用的眉黛、口红、胭脂等。各个历史时期的粉盒在材质上都有其时代特点，先秦的脂粉盒主要以青铜为主，秦汉时期则为漆粉盒，魏晋开始，瓷质脂粉盒发展并逐渐普及，并在其后各个历史时期的粉盒中占据着大宗。由唐至清，除了常见的瓷粉盒，金银、漆质、玉石等材质的粉盒也层出不穷，美不胜收。

## 第一节　周代初现

西周至战国中期，用于盛放脂粉、香料等物品的容器主要有各类小型青铜罐、盒等。青铜小罐按照提持方式可以分为两类，一类是贯耳罐，另一类为提链罐。前者以三门峡虢国墓 M2012 出土的"梁姬罐"为代表（图 1-2-5），此罐有圈足，圆鼓腹，球形盖，盖上有人首形扁钮，口、盖缘各有两个方形兽首双系，相互对应贯通，可穿绳提系，通体饰夔龙纹，罐通高 11.8 厘米，盖内铸铭"梁姬乍（作）爐匵"。出土贯耳罐的女性墓还有山东邹县七家峪村西周墓[①]、三门峡虢国墓 M1820[②]、陕西韩城梁带村遗址 M26[③]（图 4-1-1）等，这类贯耳小罐用处应都与梁姬罐类似，即作脂粉罐之用。

值得注意的是，出土于男性墓的贯耳小罐亦有粉罐的功能，如陕西澄城刘家洼芮国男性贵族墓出土的铜小罐[④]（图 4-1-2），即可明确其作为脂粉罐的用途。小罐发现时，内有残留物质，研究者对残留物进行了综合分析，发现其为由牛脂作为基质，混合一水碳酸钙颗粒的美白化妆品，这一发现将中国先民制作美容面脂的历史提前了一千多年，为中国已知最早的面脂，也是春秋时期贵族男性使用化妆品美容的实证[⑤]。

提链小罐的出现相较贯耳罐要晚一点，这种罐一般于罐上腹两侧及罐盖两侧各设一对环耳，提链两端穿结于罐腹两侧环耳，罐盖两侧环耳再各套连一枚大圆环，提链从大圆环中穿过，这样可以防止罐盖的丢失。山东枣庄东江周代墓出土的一件提链罐[⑥]

图 4-1-1　陕西韩城梁带村遗址 M26 出土铜小罐

图 4-1-2　陕西澄城刘家洼芮国墓出土铜小罐

（图 4-1-3）为春秋中期器物，是提链罐较早的实物，此罐平顶盖，子母口，鼓腹，圈足，环形双耳系提链，盖不设环耳与提链串连，通体饰纠结龙纹，口腹径 11.4、通高 7.6 厘米。山东枣庄徐楼东周墓提链罐[⑦]（图 4-1-4）与河南淇县宋庄东周墓地 M4 出土的提链罐[⑧]（图 4-1-5），均为春秋晚期器物，且都为素面，盖两侧有衔环与提链贯连，前者通高 8.0 厘米，后者高 4.3 厘米。可以看出提链罐在发展过程中体积逐渐变小，且更注重实用功能的特点。春秋至战国时期的提链小罐虽不能确定其具体用途，但出土于女性墓的提链罐，与之同出的往往有铜方奁、铜香料盒以及盘、匜之类的妆洗具。如枣庄东江周代墓出土的纠结龙纹提链罐，与之同出的有卧虎、裸人饰铜方奁，奁内有玉挖耳勺一件。再如与枣庄徐楼东周墓提链小罐同出的有盛放花椒的香料铜盒，因此，这类提链小罐多数也作女性的妆盒之用。根据其尺寸判断，如徐楼东周墓的提链小罐，罐体口径 5.2、腹径 7.6、高不到 5

图 4-1-3　山东枣庄东江周代墓出土提链罐

图 4-1-4　山东枣庄徐楼东周墓出土提链罐

图 4-1-5　河南淇县宋庄东周墓地 M4 出土提链罐

厘米，其体积基本与现代容量为 100 毫升的面霜容器差不多。

　　春秋战国时期还有一种亚腰形铜盒，这类铜盒主要用于盛放花椒等香料，作香盒之用。花椒是中国古代重要的香料，不仅可作食用、药用，还可作熏香之用。两周及秦汉之时，花椒的主要作用便是熏香，将其置于香囊中，或佩饰于身，或置于箱筒，有香身洁体、愉人悦己之用。花椒芳香多籽的特性，也被古人赋予具有强大繁殖力、子孙延绵的寓意，《诗经·唐风·椒聊》："椒聊之实，蕃衍盈升。"花椒叶常作为男女互赠的传情之物，《诗经·陈风·东门之枌》："穀旦于逝，越以鬷迈。视尔如荍，贻我握椒。"1978 年河南固始侯古堆一号墓出土乳丁纹盒[9]，亚腰形，小口圆肩，鼓腹，圈足，有盖，肩有对称耳，盖顶中央有小握手，器腹和盖面饰有细小乳钉纹，通高 7.5 厘米，盒内盛有大半盒花椒籽。该墓墓主系一三十岁左右女性。

　　山东枣庄徐楼 M1（女墓）出土亚腰形乳丁纹盒两件[10]（图 4-1-6），形制、纹饰基本相同，通体饰网格乳丁纹和凸弦纹间乳丁纹，其一通高 6.8 厘米，其二通高 6.6 厘米。同墓还出土有提链小罐和铜伏鸟罍形器各一件（图 4-1-7），罍形器亦有可能作妆具之用。此罍形器圆形内空，顶中部有一展翅欲飞的鸟，鸟身与底中部各有一对称的圆孔，肩及下腹部饰涡纹带，最大径 12.8、底径 6.0、高 12.8 厘米。此器由顶及底有一上下贯穿的小孔，与青铜汲酒器的设计相似，笔者推测其为汲水器，即可作水滴之用，可以控制研磨妆粉或眉黛之时水的用量。

图 4-1-6　山东枣庄徐楼东周墓出土亚腰形乳丁纹盒

图 4-1-7　山东枣庄徐楼东周墓出土铜伏鸟罍形器

## 第二节　秦汉撷英

　　战国晚期及秦汉时期的粉盒多为漆粉盒，除此，还有玉、金属材质的粉盒。这一时期的漆粉盒多作为子奁放置于母奁内，造型各异的子奁中，圆形、椭圆形子奁多作脂粉盒之用。如马王堆一号汉墓出土的双层九子漆奁及单层五子漆奁中的圆形、椭圆形子奁，其内便分别盛有油状化妆品、丝绵扑、粉状化妆品、胭脂、白粉及花椒、香草等。子奁的工艺及装饰往往与母奁一致，2009 年江苏盱眙大云山西汉早期江都王刘非墓出土的七子奁[⑪]（图4-2-1），大奁内装七子小奁，均为夹纻胎，盖与奁盒外壁均髹黑漆。除盖顶中心贴柿蒂纹银饰外，其余纹饰均填嵌金箔角质饰片。安徽巢湖北山头一号汉墓出土的玉粉盒[⑫]（图 4-2-2）为白玉质，局部有灰褐色斑，圆形直壁平底，盖与身形制一致，器口镶嵌铜扣，盖面饰四叶纹、云纹和勾连云纹，盖沿外壁饰乳钉纹，器身外壁饰勾连云纹，直径 11.1、通高 4.4 厘米，出土时粉盒内有白色粉状物和一件角质篦。

　　魏晋南北朝时期依旧流行漆粉盒，粉盒造型以圆形直腹为主，如江西南昌东吴高荣墓出土的漆粉罐[⑬]，圆筒形，天地盖式，盖顶有铜片装饰的柿蒂纹，图案外圈有约 1 厘米宽的铜片，筒腹上亦镶有两圈铜片。此时还出现了与秦汉时期不同的漆粉盒造型。湖北樊城菜越三国墓出土漆奁中清理出一套化妆用品和用具[⑭]，包括铜镜一枚、小漆奁一件、漆盖罐一件、面脂包一件、粉底四件，另有漆粉罐一件（图 4-2-3），覆碗状盖，溜肩，斜弧

图 4-2-1　江苏盱眙大云山西汉江都王陵一号墓出土七子奁

图 4-2-2　安徽巢湖北山头一号汉墓出土玉粉盒

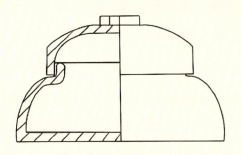

图 4-2-3　湖北樊城菜越三国墓出土漆粉罐线描图

腹，大平底，盖顶饰一圆环钮，口径 4.0、底径 6.8、高 4.0 厘米。出土的面脂包为椭圆形，以布囊装朱砂面脂，长轴 8.6、短轴 6.4 厘米。这种装有脂粉的布囊，当时或称作粉囊，美国麦克林氏藏前凉郭富贵衣物疏载有"故辫白粉囊一枚"[⑮]。

此时在新疆地区发现的漆粉盒样式颇有特点，如新疆尉犁县营盘东汉至魏晋墓出土有漆粉盒多件[⑯]，M6 出土的两件漆粉盒，其一盖为尖顶，呈蒙古包形，子母口，器身直壁，平底。器表黑漆地上彩绘花叶、云纹，盒直径 8.0、通高 5.4 厘米，出土时盒内盛一粉红色粉扑和一串项链，还有白色粉粒。其二盖顶微弧，并有蘑菇状钮，子母口，盒身由上往下弧收，平底，器表以红漆为地，绿、黄色漆彩绘弦纹，口径 6.0、底径 3.2 厘米，出土时内盛一条红绢带、两个红色棉粉扑，还有少许白色粉块（图 4-2-4）。

除了漆粉盒，亦有铜、瓷质粉盒及粉罐。湖南资兴晋南朝墓

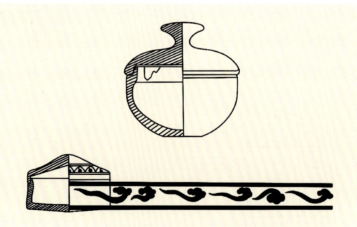

图 4-2-4　新疆尉犁县营盘墓地出土东汉至魏晋漆粉盒线描图

出土的铜粉盒[17]，盖与底形制一样，盝形盖，平顶，直口，折腹，平底，高 3.8、口径 7.2 厘米。长沙南郊南朝墓出土的青釉陶粉盒[18]形制与其相似，子母口，折肩，折腹，平底，腹径 10.0、高 5.0 厘米。南京象山南朝三号墓出土的带盖四系小瓷罐[19]，黄绿色釉，口略敛，圆球腹，凹底，盖顶微弧，腹上方及盖面均印有较瘦长的莲瓣纹，罐口径 7.3、腹径 8.4、底径 4.0 厘米。与之同出的还有陶砚、铜镜等物，此莲瓣纹瓷盖罐造型小巧，工艺细致，或作脂粉罐之用。

## 第三节　璀璨大唐

### 一、金银、玉、漆、滑石及贝壳粉盒

唐代的粉盒，以金银材质最具特点，这些璀璨亮丽的金银粉盒，材质昂贵，造型多样，装饰繁复，是大唐国力强盛、繁荣富足的客观表现。除了金银粉盒，玉、漆、滑石及贝壳材质的粉盒也较为常见。

#### 形制

A. 几何形

几何形是最常见的粉盒样式，具体又有圆形、椭方形、腰圆形等。洛阳涧西区唐墓出土的鎏金银粉盒[20]（图 4-3-1），圆形直壁，上下略鼓，盒上下两面纹饰相似，中间饰双雀纹，周围饰灵芝纹。偃师杏园郑绍方墓（图 4-3-2）及李归厚墓出土的银粉盒[21]（图 4-3-3），前者为椭方形，后者为圆角方形，器盖与器底均略鼓出。亦有腰圆形漆金银平脱盒，偃师杏园唐王嫮墓出土的一件小漆盒（图 4-3-4），器盖以平脱工艺表现一对栖息于石榴花叶之

图 4-3-1    洛阳涧西区唐墓出土鎏金银粉盒线描图

图 4-3-2    偃师杏园郑绍方墓出土银粉盒线描图

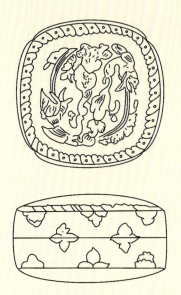

图 4-3-3 偃师杏园李归厚墓出土银粉盒线描图

图 4-3-4 偃师杏园王嫮墓出土小漆盒线描图

间的鸳鸯，外圈有一周联珠纹，长 11.6、宽 8.0、通高 2.6 厘米。

B. 仿生形

仿生形粉盒的造型多来源于大自然，如仿花叶造型，有莲花、海棠、葵花、菱花、四曲花瓣、树叶、荷叶等。仿生形脂粉盒主要流行于晚唐时期，表明这一时期器物在造型设计上不拘泥于传统，勇于创新，追求自然、个性的审美新风。

法门寺出土的四曲海棠形银盒[22]（图 4-3-5），盖面隆起，模冲出一对首尾相对的鸿雁，出土时内有干涸的海棠形面脂遗留物。新加坡亚洲文明博物馆藏一件唐代银盒（图 4-3-6），海棠花形，盒盖盒底纹饰相似，只是表现工艺不同，盒盖采用锤揲、錾刻结合的工艺，表现高浮雕纹饰效果，盒底则采用平面錾刻工艺。盒面纹饰为对鹿缠枝纹，盒底为奔狮缠枝纹，纹饰均以细密的鱼子纹为地，盒长径 8.5、短径 6.0、高 2.0 厘米。玉盒中也常见海棠形，如五代汉白玉四曲海棠形盒（图 4-3-7），盖微弧，有矮圈足，器盖雕饰连钱纹，长 6.3、宽 4.5、高 3.0 厘米。

偃师杏园郑夫人墓出土的一枚小银盒（图 4-3-8），整体为葵花形，盖与底均略鼓，并錾刻六出花瓣图案，盒直径 3.5、通高 1.8 厘米。又偃师杏园李景由墓出土的一件银盒为六曲菱花形（图 4-3-9），器盖中心为六尖瓣宝相花图案，周边錾刻缠枝忍冬纹，器身花纹与器盖基本一致，直径 3.3、通高 1.5 厘米。河南上蔡县贾庄唐墓出土的四件漆盒[23]，有圆形和六瓣花形，一件六瓣花形的漆盒中还残留有白粉。

新加坡亚洲文明博物馆藏唐代四曲花瓣形银盒（图 4-3-10），盒面以浅浮雕工艺饰鸳鸯、飞雁、花卉云纹等，盒底为素

图 4-3-5　法门寺唐代地宫出土四曲海棠形银盒

图 4-3-6　新加坡亚洲文明博物馆藏唐代银盒

图 4-3-7　五代汉白玉四曲海棠形盒（图片采自《百盒 千合 万和》）

图 4-3-8　偃师杏园郑夫人墓出土葵花形银盒

图 4-3-9　偃师杏园李景由墓出土六曲菱花形银盒线描图

图 4-3-10　新加坡亚洲文明博物馆藏四曲花瓣形银盒

面，径 8.5、高 3.3 厘米。安徽省濉溪县文物管理所藏两件五代鎏金银粉盒[24]（图 4-3-11），其一为委角菱形银盒，盒盖边沿錾刻卷叶纹，中间錾刻双凤对飞衔花结纹，长 13.4、宽 9.0、通高 4.5 厘米。其二为八瓣花形，直径 7.0、通高 3.5 厘米，中间錾刻一只奔跑的狮子，四周錾刻花叶纹。

偃师杏园李廿五女墓出土的树叶形银粉盒[25]造型独特（图 4-3-12），此盒仅存器盖，剔地阳刻花叶图案，长 13.0、宽 7.9、高 1.0 厘米。亦有荷叶形粉盒，瑞典人卡尔·凯波收藏的唐代荷叶形银盒（图 4-3-13），形如荷叶，盖沿荷叶翻卷处饰鱼子纹，盖面饰叶脉及对鸟纹，底与盖纹样一致，器长 8.1、高 1.5 厘米。

除了仿植物造型，也有仿动物造型之粉盒，如蝶形、鸳鸯形等。浙江临安晚唐钱宽夫人水邱氏墓出土的一只蝶形银粉盒[26]（图 4-3-14），缺盖，子口，平底，盒体饰刻花鎏金联珠纹与辐射线状纹。江苏镇江丁卯桥唐代金银器窖藏也出土有一件蝴蝶纹银盒[27]（图

图4-3-11　安徽省濉溪县文物管理所藏鎏金银粉盒

图4-3-12　偃师杏园李廿五女墓出土树叶形银粉盒线描图

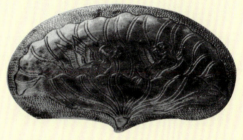

图 4-3-13　卡尔·凯波藏荷叶形银盒

图 4-3-14　晚唐水邱氏墓出土蝶形银粉盒

4-3-15），此银盒平面为蝴蝶形，盒盖依形锤揲錾刻一只蛱蝶，有圈足，器高 5.0、长 9.0 厘米。河南偃师杏园李廿五女墓出土的三件滑石粉盒[28]，其中的鸳鸯盒（图 4-3-16）整体为一只伏地收翅鸳鸯，一盖一底，中有子母口，长 7.9、宽 4.5、通高 5.1 厘米。

云头形也是唐代粉盒的常见样式，这类粉盒的造型与蝶形较为相似。河南偃师杏园李郁墓（公元 843 年）出土的一件云头形银粉盒[29]与蝶形粉盒外形相似（图 4-3-17），银粉盒平面呈云头形，器盖与器身之间有子母口，器身有圈足，器表錾刻一周忍冬花枝纹，以鱼子纹为地，最大径 6.3、宽 3.8、通高 2.7 厘米。偃师杏园李廿五女墓出土的滑石小盒（图 4-3-18），上视呈云头形，仅存器盖，剔地阳刻花叶及鸳鸯嬉戏图，打磨制作十分精细，长 10.0、宽 7.4、高 1.0 厘米。陕西蓝田杨家湾唐代窖藏出土的银盒[30]（图 4-3-19），云头形，盒面以高浮雕工艺饰对鹦鹉葡萄纹，盒长 9.5、高 3.4 厘米。"黑石号"沉船也出水有几件唐代云头形银鎏金粉盒[31]（图 4-3-20），以云头为基本造型元素，整体上又富于变化，有扇形云头、三角形云头等。

C. 三足、四足形罐和壶

唐代有一类小型的带足罐、壶，其足以三个为多，也有四足者，材质有金银、滑石、蚌、瓷等。这类器型秀气灵巧的带盖三足、四足罐及壶主要流行时段为八世纪中叶到九世纪初，在当时应多作脂粉盒之用，并以女性使用者为主。杜甫《腊日》诗中表述皇帝在腊日这天赐予大臣口脂面药云："口脂面药随恩泽，翠管银罂下九霄。"口脂面药用翠管银罂盛装，赏赐给大臣，"翠管"类实物尚未发现，"银罂"或就是这类带足的小银罐。

图 4-3-15 江苏镇江丁卯桥唐代金银器窖藏出土鎏金蝴蝶纹银盒

图 4-3-16 河南偃师杏园李廿五女墓出土滑石粉盒

图 4-3-17　偃师杏园李郁墓出土云头形银粉盒线描图

图 4-3-18　偃师杏园李廿五女墓出土滑石小盒线描图

图 4-3-19　陕西蓝田杨家湾唐代窖藏出土云头形银盒

图 4-3-20　"黑石号"沉船出水的银粉盒
（上：银盒整体；下左：银盒盒盖；下右：银盒盒底）

　　河南洛阳关林镇唐墓出土的一只石粉罐[32]（图 4-3-21），素面无纹，敞口、短束颈、圆肩、鼓腹圜底，下有三短足，罐内有残存妇女用脂粉，口径 4.4、高 4.9 厘米。同墓出土的另一件银壶，形制与石粉罐相似，下有三足，已残失，壶内有残存的妆粉，口径 3.8、高 4.4 厘米。洛阳市唐大和三年（829）高秀峰墓出土的一件鎏金银盒[33]形制较为独特（图 4-3-22），该盒由器身与器盖组成，子母口，盖周边隆起，中部平坦并有一圈足形握手，器身为侈口，浅弧腹，圜底，有三个蹄状足。盒面通体饰以鱼子纹为地的凤鸟花叶纹，口径 5.2、通高 2.8 厘米，从尺寸大小看，该盒应也是作脂粉盒之用。

　　河南宝丰小店唐墓出土蚌三足粉盒一件[34]（图 4-3-23），形制十分小巧，有弧顶盖，侈口，短束颈，耸鼓肩，圜底，有三个水

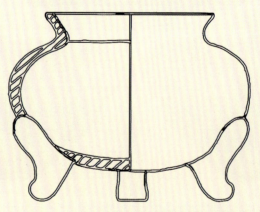

图 4-3-21　河南洛阳关林镇唐墓出土石粉罐线描图

图 4-3-22　河南洛阳东明小区 C5M1542 唐墓出土鎏金银盒

图 4-3-23　河南宝丰小店唐墓出土蚌三足粉盒线描图

滴形足，器身有同心圆状蚌壳纹理，口径 1.5、通高 2.1 厘米。唐李倕墓出土的银三足壶[35]（图 4-3-24），盖面隆起，中央有桃形钮，壶身装饰异常精美，以鱼子纹为地，饰云纹、鸳鸯、鸿雁、花草蜂蝶、团花纹等，通高 5.6、壶身高 4.2 厘米。同墓出土的有铜镜、漆奁（已腐朽）等物，此三足罐也应作脂粉罐之用。

浙江临安晚唐水邱氏墓出土一件四足银鎏金盖罐[36]（图 4-3-25），平面为椭圆形，直口，溜肩，鼓腹，平底下有四个矮足，盖沿与器肩之间以铰链连接，并有搭錾落锁，器身及盖均錾刻有富丽繁缛的纹饰，盖饰在花卉中翻腾的两条神龙，腹部前后两面中间开光部位饰舞乐杂戏图，左右两个侧面的开光部位饰猛兽花卉纹，罐底饰重瓣莲纹，其余部分则饰卷草纹。罐口长径 8.2、短径 6.8 厘米，底径长 12.0、短径 10.9 厘米，通高 14.2 厘米。与瓷罐同出的还有银粉盒、银匜、手镯等物，此罐或也作盛放脂粉类妆品所用。

陕西历史博物馆藏 1955 年西安市出土的唐代蝴蝶纹滑石小罐（图 4-3-26）与前者形制相似，罐身扁平，近似椭圆形，有四个兽蹄状足，罐身两侧分别雕刻一只由如意纹及云纹组成的蝴蝶，其余均刻席纹。除金银、滑石、蚌等材质的三足粉罐，亦有三足瓷粉罐，"黑石号"沉船出水的一件绿釉三足盖罐[37]（图 4-3-27），带盖，宝珠形钮，短颈，鼓腹，三足，通高 6.4、腹径 7.6 厘米。

D. 贝壳形

贝壳形盒是唐代粉盒中独有的品种，这种形制的粉盒既有由天然蛤、蚌加工而成的，如观复博物馆藏唐代蚌壳镶金錾花凤鸟纹粉盒（图 4-3-28），盒一面为天然蚌，一面为金，金的一面錾

图 4-3-24　唐李倕墓出土银三足壶

图 4-3-25　晚唐钱宽夫妇墓出土四足银鎏金盖罐

图 4-3-26　陕西历史博物馆藏蝴蝶纹滑石小罐

图 4-3-27　"黑石号"沉船出水绿釉三足盖罐

图 4-3-28　观复博物馆藏唐代蚌壳镶金錾花凤鸟纹粉盒

刻花卉凤鸟纹，两瓣之间以花叶形合页相连；也有以白银仿贝壳形制成的，又以此种为多见。银贝壳形盒一般模仿天然贝壳两瓣的连接模式，在铰合处设置合页，方便开合，表面又以錾刻、鎏金工艺饰花鸟、蔓草、葡萄纹等。唐代银贝壳形盒在发展的过程中外形也有变化，早期外形与贝壳十分相似，如唐韦美美墓发现的贝壳形盒[38]（图 4-3-29）、偃师杏园李景由墓及郑洵墓[39]（图 4-3-30、图 4-3-31）出土的蛤形银盒均为标准贝壳形，这几件贝壳形盒的时间均为八世纪中叶左右。

晚期外形则有变化，洛阳市唐大和三年（829）高秀峰墓出土的两件蛤形银盒[40]，虽然保留有蛤形的基本样式，但又有所改造。其中缠枝花纹贝壳形银盒（图 4-3-32）底部较尖，且增加了支柱以便放置，瑞兽流云纹贝壳形银盒则做成了椭圆形。

这种贝壳形粉盒至北宋时期尚有使用。河南巩县石家庄北宋墓出土的三件天然蚌制成的脂粉盒[41]，与铅盒、骨发钗及瓷粉盒等

图 4-3-29　西安东郊唐韦美美墓出土贝壳形盒

图 4-3-30　偃师杏园李景由墓出土蛤形银盒

图 4-3-31 偃师杏园郑洵墓出土蛤形银盒

图 4-3-32 洛阳市东明小区 C5M1542 唐墓出土蛤形银盒

物同置于漆奁内。南宋以后贝壳形盒十分少见，笔者猜测原因有
二。一是蛤蜊为临海地域特有的水产品，唐代之前长安、洛阳等北
方内陆地区的人民对蛤蜊认识不多。唐代时，沿海地区每年都要向
朝廷进贡大量的海产品，其中就包括蛤蜊，如密州、福州进贡海
蛤，莱州、登州进贡文蛤⁰⁴²。鲜美的蛤蜊成为两京地区人民熟悉且
喜爱的食物。唐贺知章《答朝士》："钑镂银盘盛蛤蜊，镜湖莼菜乱
如丝。乡曲近来佳此味，遮渠不道是吴儿。"此为贺知章在长安为
官时所作，可知蛤蜊在当时作为珍贵的美味佳肴被盛装于以钑镂工
艺装饰的银盘内。蛤蜊在当时也是帝王喜爱的食物，唐苏鹗《杜阳
杂编》记载唐文宗好吃蛤蜊之事："上好食蛤蜊，一日左右方盈盘
而进，中有擘之不裂者。上疑其异，乃焚香祝之。"可知蛤蜊在此
又被赋予了神的象征。爱屋及乌，模仿蛤蜊的外形制成蛤形盒便不
难理解。其二是唐代时金银器多为帝王贵族使用，官府机构制作的
金银器工艺精巧，极耗人力物力，金银材质的蛤形盒需要用到细致
的铆接工艺，两片蛤片之间的连接处制作时需将其凿出小孔，再以
合页穿钉钉牢，使盒子开合灵活。宋代时金银器使用日渐大众化，
其金银工艺从整体上看不如唐代精工细作，且宋代金银器皿中盒形
容器也较为少见，制作繁琐的金银蛤形盒遂不再流行。

纹饰与工艺

唐代金银、玉、漆、滑石及贝壳类材质粉盒的纹饰类别繁
多，主要纹样有植物花卉纹与动物纹，植物花卉纹有卷草、莲
花、荷叶、石榴、萱草、灵芝、团花等。植物纹样多作为辅助纹
样，亦有作为主体纹饰的。众多的植物纹样中，以缠枝及葡萄纹
最具特点。缠枝纹几乎在唐代各类器物装饰中均可见，其由流行

于南北朝时期的忍冬纹演变而来。与忍冬纹相比，缠枝纹茎蔓、花叶及果实更加富于变化，茎蔓多以"S"形曲线向四周蔓延伸展，分叉卷须，藤蔓的伸展方向可与器物整体形态、纹样整体布局有关。根据花叶果实的不同，又可分为葡萄缠枝、莲花缠枝、牡丹缠枝、石榴缠枝等各类缠枝纹，如葡萄缠枝纹藤蔓之上连接的便是葡萄叶及葡萄串。葡萄纹是唐代铜镜、金银器、纺织物等工艺品上常见的装饰纹样，是由弯曲的茎蔓、叶及果实组成的写实纹样。葡萄纹虽然于魏晋时就已经出现，真正流行却是在唐代，它既可单独作为纹样装饰，也可与其他动物纹样组成葡萄海兽纹、葡萄鹦鹉纹等。葡萄最初并非产自中国，而是产自欧洲、西亚一带，汉代由西域传入。葡萄不仅甘甜味美，有丰富的营养，还可以酿造成酒，唐代王翰有诗"葡萄美酒夜光杯，欲饮琵琶马上催"。成串的葡萄又寓意着硕果累累、富足美满，葡萄也因此被视作"瑞果"，为唐人所喜爱。

动物纹样多作为主体纹样，其类别有蜜蜂、蛱蝶、凤凰、燕雀、鸿雁、鸂鶒、鹦鹉、鸳鸯、鹿、狮等。各类动物大都成对出现，尤其是禽鸟类动物，如鸳鸯双栖、对鹦鹉衔花结、双凤对鸣、双鸂鶒花结、鸿雁双飞等，禽鸟四周又多饰各类花草纹，花团锦簇中，鸟儿翩翩飞舞，形成一派安乐祥和、富贵圆满的气氛。这些禽鸟除了具有大众熟知的成双成对、爱情美满、夫妻和睦等含义外，亦有加官晋爵、仕途升迁、天下太平等吉祥含义。如雁衔绶带、鹦鹉衔绶带等绶带鸟纹，就出现在唐代赐服及官服中，《新唐书·车服志》载："袍袄之制，三品以上服绫，以鹊衔瑞草、雁衔绶带及双孔雀；四品、五品服绫，以地黄交枝；六品

以下服绫，小窠、无文及隔织、独织。"因此，此类纹样有"衔
禄"之意，而"绶"与"寿"又是谐音，因此又有福禄延寿之寓
意。再如鹦鹉纹，唐代的鹦鹉多为外来贡物，土贡多来自陇西和
岭南，洋贡则来自印度、印尼等国，这些外来的鹦鹉，成为帝王
贵族当时的宠物，亦是寓意吉祥的"时乐鸟"。《册府元龟·帝王
部·符瑞三》载尚书左丞相张说上表："伏见天恩以灵异鹦鹉及能
延景所述篇出示朝列，臣按《南海异物志》有时乐鸟，鸣皆曰'天
下太平，有道则见'。臣验其图，丹首红臆，朱冠绿翼，与此鹦鹉
尤异，而心聪性辨，护主报恩，故非常品凡禽，实瑞经所谓乐鸟
也。延景虽识其事，未正其名，望编国史以彰圣瑞。"可见鹦鹉不
仅是禀性聪慧、忠心护主之鸟，也是寓意天下太平的"时乐鸟"。
唐代各类材质的粉盒纹样中，以金银材质的粉盒纹样最具特点，
以下择例作详解。

　　唐李俚墓出土的银三足壶（图4-3-24），壶身装饰异常精
美，壶颈部錾刻九朵如意云纹，腹部三个装饰面内纹样一致，装
饰面中间为两只相对而立的鸳鸯，其间点缀花草、蜂蝶及如意云
纹，壶底饰一组六瓣花叶团花纹，盖面錾刻两两相对的花草纹及
蜂蝶纹，盖钮饰变形四叶纹，三足的上部亦錾刻枝叶纹，所有有
纹饰处皆以鱼子纹为地。由此可以看出，唐代金银粉盒纹样多依
器而饰，且以满饰为主，即器身、器盖、器底等部位均有纹样装
饰。器沿多为连续纹样，器底、器身多为适合纹样，纹样的构图
以对称式为主，均衡式也偶有体现。

　　金银粉盒的工艺主要有锤揲、铆接、錾刻、鎏金等。锤揲又
可称作打作、打制、锻造，是金银器成型需要用到的基本技法，

即利用金银柔软、具有延展性的特点，通过冷锻、热处理工艺，将其捶打、敲制成各种需要的形状。铆接是成型工艺的一类，具体制作时先将需要连接处钻出小孔，再用钉子钉牢，也可在连接处装上合页，如器盖与器身的连接。錾刻与鎏金则属于金银器装饰工艺的一类，錾刻是金银工匠必须掌握的工艺之一，具体为采用各种形状、大小不同的錾具，用小锤子击打錾具，使其按预先设计的图案行走形成纹饰。各种錾具形状的区别主要在于錾头，錾头的造型有圆钝、三角形、单线、双线、同心圆等等。工匠根据纹饰形式的需要选择錾头，錾出需要的纹样效果，可为平面的浅浮雕效果，也可为凹凸明显的高浮雕效果。如"黑石号"沉船出水的银粉盒[43]，主体纹样采用高浮雕工艺表现，辅助纹样则以低浮雕工艺表现。这几件粉盒工艺的特别之处还在于盒盖与盒底纹样效果的处理，如扇形鹦鹉双雁纹银盒（图1-1-27），盒面以高浮雕工艺饰对鹦鹉衔花结纹，盒底以平面錾刻工艺饰对雁卷草纹，如此盒底便可以摆放平稳，盒面的纹样也更具有装饰性。鎏金工艺即将金和水银按一定的比例混合成汞合金，俗称金泥，涂抹于器物表面，然后上火烘烤，水银遇热会蒸发，金留存于其表，反复多次即可。于银器表面鎏金不仅能起到华丽的装饰效果，因银器表面容易氧化，鎏金又能起到保护器物表面的作用。唐代的银粉盒通体鎏金者较少，基本为在花纹处鎏金，这种银器又称作金花银器。

二、瓷粉盒

金银玉类的粉盒虽然华贵美丽，却非平常百姓能够拥有，东汉末年制瓷工艺的进步为唐代瓷粉盒的发展提供了技术支撑。瓷粉盒虽然材质普通，但凭借着独特的釉色及装饰工艺，亦具有较高的艺术及审美价值。

形制

A. 圆形

隋代时间很短，目前考古发现的隋代粉盒多为瓷质。湖南博物院收藏的一件隋褐釉印花瓷盒（图 4-3-33），由盒盖和身两部分组成，子母口扣合，盒身短直颈，圆唇，直壁，平底微圜；盒盖面平，直壁，胎色灰白，胎质较细腻。器表施褐釉不及底，釉面光亮，有细小开片。器表印花装饰，印花均以弦纹隔开，层次分明，繁而不乱，从盒盖到盒身，分别印一周半圆形、一周梅花、一周半圆形和一周小草与团花相间纹。花花草草的装饰纹样符合女性温柔细腻的性别特征。这件褐釉印花瓷盒是湖南湘阴窑典型产品，其胎质胎色、釉质釉色、印花装饰无不体现了湘阴窑的特色。又江西省博物馆藏隋青瓷菊花纹盒（图 4-3-34），形制及纹样装饰与前者十分相似，可知这类瓷盒是隋代较有代表性的粉盒样式。

从唐代各个时期圆形瓷粉盒的形制看，器型具有由扁到高、平顶盖至弧顶盖，及平底至圈足的特点。如河南巩义铝厂唐墓出土白瓷粉盒[44]（图 4-3-35），盒身为扁圆形，盖为盝形，平顶，底平且折收，此墓时代为初唐。洛阳龙门张沟唐墓出土的两件瓷粉盒[45]（图 4-3-36），大小、形制相同，盖顶略弧，直壁，平底，敛口，其中一件内有深褐色物，可能为胭脂，此墓为盛唐时墓葬。新郑市郑韩故城唐墓出土的一件青瓷粉盒[46]（图 4-3-37），盖呈圆隆顶，弧腹，小平底，口径 5.35、底径 4.65、通高 3.5 厘米，此墓为盛唐至中唐墓葬。

图 4-3-33　湖南博物院藏 1957 年长沙南门新生砖厂出土隋褐釉印花瓷盒

图 4-3-34　江西省博物馆藏隋青瓷菊花纹盒

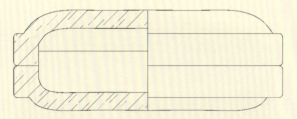

图 4-3-35　河南巩义铝厂唐墓出土初唐白瓷粉盒线描图

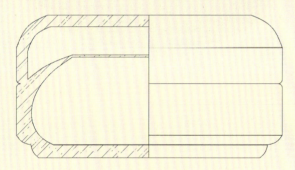

图 4-3-36　洛阳龙门张沟唐墓出土盛唐瓷粉盒线描图

图 4-3-37　新郑市郑韩故城唐墓出土青瓷粉盒

　　唐代晚期发现的瓷粉盒较多，如西安西郊唐墓出土的一件瓷粉盒[47]（图 4-3-38），盖呈厚圆饼形，顶面隆起，直壁，下腹弧收，平底，通高 4.6、口径 5.7 厘米。江苏扬州东风砖瓦厂唐墓出土的青釉刻花小盒[48]（图 4-3-39），呈盖碗形，有矮圈足，盖顶微弧，刻花卉纹，高 3.0、直径 4.3、底径 2.6 厘米。同墓出土的另一只青釉瓷粉盒亦为盖碗形（图 4-3-40）。扬州广陵区凯运天地商业广场唐代墓葬群为中晚唐墓葬，此墓出土的三件定窑白瓷粉盒[49]（图 4-3-41），均为带圈足、弧形盖的高装形粉盒。

　　五代粉盒的造型与晚唐基本相似，扬州南唐田氏纪年墓出土的一件白瓷粉盒[50]（图 4-3-42），盖为盝顶，器身子口，上腹较直，下腹折收，有小圆饼足。此时瓷粉盒又以盖碗形为多见，如绍兴博物馆（图 4-3-43）、故宫博物院（图 4-3-44、图 4-3-45）藏的五代青瓷粉盒均为盖碗形。前者器盖剔刻莲蓬、莲花纹，后者盖顶以刻花工艺饰折枝花纹，盖沿及口沿刻波浪线连续纹。

　　又有可爱圆润的馒头形粉盒。五代越窑的青釉馒头形盒（图 4-3-46），器口为圆形，盖隆成半圆形，状如馒头，器身腹壁由上往下渐收，有矮圈足，直径 8.2、高 5.6 厘米，造型圆润敦厚。安徽博物院也藏有造型相似的唐代馒头形粉盒（图 4-3-47）。唐代圆形粉盒中亦有子母盒构思的造型，如唐巩县窑黄釉刻"朱合"款盖盒[51]（图 4-3-48），盒内一侧边沿处有竖泥柱支撑的一方箕形小砚，盖中间饰两道弦纹，并刻有"朱合"二字。此盒集收纳与调脂为一体，构思巧妙，使用者可将盒内的脂粉挖取后置于箕形小砚中，加水稍作调和后敷面或染唇。

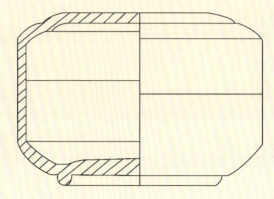

图 4-3-38　西安西郊唐代小型墓葬出土晚唐瓷粉盒线描图

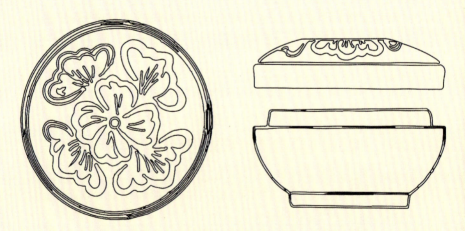

图 4-3-39　扬州东风砖瓦厂唐墓出土青釉刻花小盒线描图

图 4-3-40　扬州东风砖瓦厂唐墓出土青釉刻花小盒

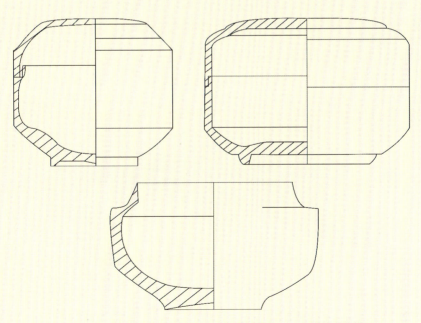

图 4-3-41　扬州广陵区凯运天地商业广场唐墓出土白瓷粉盒线描图

图 4-3-42　扬州南唐田氏纪年墓出土白瓷粉盒

图 4-3-43　绍兴博物馆藏五代越窑青瓷粉盒

图 4-3-44　故宫博物院藏五代青釉刻花粉盒

图 4-3-45　故宫博物院藏五代瓷粉盒

图 4-3-46　五代越窑青釉馒头形
盒（采自《百盒 千合 万和》）

图 4-3-47　安徽博物院藏唐青釉馒头形粉盒

图 4-3-48　唐巩县窑黄釉刻"朱合"款盖盒

B. 仿生形

仿生形瓷粉盒从唐代晚期开始多见，具体器型有花瓣形、云朵形、瓜果形、小鸟形等。安徽博物院藏唐石榴形粉盒（图 4-3-49），盒盖盖钮为石榴蒂状。故宫博物院藏一件五代越窑青釉鸟式盖盒（图 4-3-50），整体似一只蹲伏的小鸟，盖与身中分，小鸟形象稚拙可爱。

扬州城北黄巾坝花木场中晚唐遗址出土的两件白瓷粉盒[52]，其中一件（图 4-3-51）整器作八莲瓣状，直腹，有外撇状圈足，圈足外底模印"张"字，盖顶部作一莲蓬，边分八莲子，盒口径5.0、底径5.5、通高5.2厘米。又镇江博物馆藏镇江何家门出土的唐代白地绿彩带盖"张"字款瓷粉盒（图 4-3-52），形制与前者相似，均为莲瓣状器身，盖隆，有圈足，此盒盒盖以刻花工艺饰花卉纹，盖面部分有绿釉彩饰，圈足外底同模印"张"字款识。花瓣形瓷粉盒仿金银器器型及装饰的设计特点十分明显，这种瓷器仿金银器的设计是唐代中晚期瓷器制作的普遍现象。再如邢窑白釉如意云头形粉盒（图 4-3-53），盖面模印鹨鹩花结纹，器型及纹饰与金银器也有相似的特点。

C. 四方委角形

四方委角形又可称作亚字形。唐及五代此类样式的瓷粉盒主要在湖南长沙地区出土，如长沙出土的五代亚字形莲花印纹白瓷盒[53]（图 4-3-54），盒整体为亚字形，四边中间微凸，呈花瓣形，盒面中间印刻六瓣花纹，底有喇叭形高足。《中国陶瓷全集5：隋唐》中收录的一件唐代白釉印花"官"字款粉盒（图 4-3-55），盒身亦为四方委角形，下附喇叭形高足。湖南博物院藏长沙市北

图 4-3-49　安徽博物院藏唐石榴形白釉粉盒

图 4-3-50　故宫博物院藏五代越窑青釉鸟式盖盒

图 4-3-51 扬州城北黄巾坝花木场中晚唐遗址出土白瓷粉盒

图 4-3-52 镇江博物馆藏唐代白地绿彩带盖"张"字款瓷粉盒

图 4-3-53 邢窑白釉如意云头形粉盒（采自《百盒 千合 万和》）

图 4-3-54 五代亚字形莲花印纹白瓷盒

图 4-3-55　唐白釉印花"官"字款粉盒

郊龙坑子出土的一件唐代瓷粉盒<sup>⊠</sup>（图 4-3-56），整体为四方委角形，盖为覆斗形，盒身为子母式口，下有喇叭状高圈足。盖顶模印有菱形纹、联珠纹等组合纹饰，盖及器身内外施白釉，底部露胎，盖顶有绿彩装饰，圈足底部印有阳文的"张"字款识，通高4.9、宽 5.3 厘米。这件瓷粉盒与上述镇江、扬州出土的莲瓣形瓷粉盒均有"张"字款识，从这点上看，这几件瓷粉盒可能出自同一家民间瓷器生产作坊，反映了唐代民间瓷器私营作坊的兴盛；另一方面，同一家作坊生产制作的瓷粉盒在江苏、湖南两地均有发现，也反映了当时商品贸易交流的发达。

　　纹饰与工艺

　　唐及五代瓷粉盒釉色以白釉、青釉为主，也有少部分黑釉

图 4-3-56　湖南博物院藏唐代瓷粉盒

粉盒，如耀州窑黑釉粉盒（图 4-3-57），器盖及器身外壁均施黑釉，唯底部高圈足不施釉。瓷粉盒的装饰工艺主要有点釉彩、三彩、刻花、贴塑、模印、绞釉等。点釉彩装饰的瓷粉盒以点褐色、绿色釉为多，如白釉点褐彩、白釉点绿彩以及长沙窑点褐彩等。三彩是唐代特有的低温釉陶瓷工艺，釉彩有黄、绿、褐、蓝、白、黑等，粉盒中亦有唐三彩工艺，如圆形唐三彩粉盒（图 4-3-58），通体布满黄、绿、褐混杂交替的斑点状色釉，色彩富丽、斑斓。

　　绞胎、绞釉也是唐代新兴的瓷器工艺，以此工艺制作出来的瓷器具有水墨交融的天然纹理效果。其制作技法是把事先绞揉好深浅不一的色泥浅切成薄片，一层层叠加，取其断面，做出器

图 4-3-57 唐耀州窑黑釉粉盒（采自《百盒 千合 万和》）

图 4-3-58 唐三彩粉盒（采自《百盒 千合 万和》）

物的雏形，然后再放到模型里面进行拼贴组合，挤压成型，亦可手工揉合，然后通过泥板压印成型，其胎体表面形成类似于树木年轮、水波涟漪或花岗岩的纹理，再罩以黄、绿、白等釉烧制而成。绞胎器又可分为贴面绞胎和通体绞胎两种，贴面绞胎即绞泥装饰于器物外表，约占器物厚度的三分之一，通体绞胎则表里如一，纹理具有内外相连的特点。唐代绞胎器受工艺的限制，多为贴面绞胎器。如唐代绿釉绞胎粉盒（图4-3-59）以及黄釉绞胎高足盒（图4-3-60），均采用贴面绞胎工艺装饰，前者盒外绿釉与黑釉相交，盒内黄釉与褐釉相交，冷暖相宜。后者盒内素面无纹，盒外以方形骨骼线为布局，每格内填绞釉五瓣花纹，釉色褐黄相间，美观大方。

唐代刻花工艺装饰的瓷粉盒纹饰较为简单（图4-3-61），用概括的线条表现花卉的轮廓，颇有写意风范。五代刻花工艺装饰的粉盒纹样则相对要写实、细致一些，如上文中的两件五代越窑盖碗形瓷粉盒，一件盖面饰莲瓣纹，一件盖面饰折枝牡丹花纹。唐代瓷粉盒装饰工艺中比较有特点的为堆塑及模印工艺，这类工艺形成的纹饰具有浅浮雕或高浮雕效果，与金银器纹饰特点相似。如唐代河南窑口黑釉堆塑蛱蝶纹粉盒（图4-3-62），器盖中部以堆塑工艺饰一只蛱蝶，纹饰为高浮雕效果。蛱蝶纹也是当时瓷粉盒上流行的装饰纹样，如中国国家博物馆藏唐代青釉蛱蝶纹粉盒（图4-3-63），盒盖便贴塑蛱蝶一只。又有堆塑花卉纹的粉盒，如北方窑口青釉堆塑花卉纹粉盒（图4-3-64），盒盖堆塑重瓣六瓣花一朵，花瓣上的脉络以划花工艺表现，有类似金银锤揲、錾刻的纹样效果。

图 4-3-59 唐绿釉绞胎粉盒（采自《百盒 千合 万和》）

图 4-3-60 唐黄釉绞胎高足盒（采自《百盒 千合 万和》）

图 4-3-61　唐越窑刻花小粉盒（采自《百盒 千合 万和》）

图 4-3-62　唐黑釉堆塑蛱蝶纹粉盒（采自《百盒 千合 万和》）

图 4-3-63　中国国家博物馆藏唐青釉蛱蝶纹粉盒

图 4-3-64　唐青釉堆塑花卉纹粉盒（采自《百盒 千合 万和》）

## 第四节　格物匠心

### 一、辽宋金元瓷粉盒

**形制**

辽宋金元粉盒从材质上看主要有银、漆、瓷质等，又以瓷质粉盒为大宗，尤其是宋代瓷粉盒，无论形制、装饰工艺还是纹样都达到了一个新的设计美学高度。宋代是我国城市发展突飞猛进的时期，其城市无论从数量还是规模上都超过了以往任何一个朝代。伴随着高速发展的城市商品经济以及市民阶层的兴起，原本以贵族妇女为主体的化妆需求人群，扩大至普通市民阶层，粉盒的使用日益广泛化、民众化，需求量也迅速增加，这些都极大地推动了粉盒的设计与生产。而元代瓷粉盒设计虽在宋代的基础上出现了一些新的变化，如印花、青花粉盒的大量出现等，但总体上，元代瓷粉盒的样式日趋单一，主要以圆形粉盒为主。整体来看，辽宋金元时期的瓷粉盒形制可分为四大类，如下图所示：

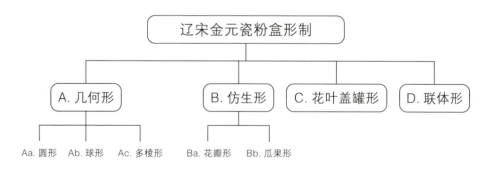

A. 几何形

Aa. 圆形

辽宋金元圆形瓷粉盒发现数量庞大，各种圆形瓷粉盒的样式在具体细节上又有差异，根据粉盒盖、身、底造型的不同，又可分为弧形盖、平顶盖、盝顶盖，弧腹、直腹、平底以及矮圈足、高圈足等，见表4.1、表4.2<sup>⑤</sup>。

表4.1　辽金圆形瓷粉盒表

| | |
|---|---|
| 辽代白釉粉盒<sup>⑥</sup>，圆形直腹，盝顶盖，有矮圈足，釉乳白而有光泽，盖上有七个小乳钉，通高6.0厘米。 | 辽代绿釉双雁纹盒，圆形，器盖与器身形制一致，平顶盖，直壁，平底，直径12.5、高5.5厘米。 |

| | |
|---|---|
| 金代磁州窑黑釉兽钮盒，形如盖碗状，有圈足，盖中心有一狮形钮，直径12.0、高8.0厘米。 | 金代磁州窑白釉褐彩牡丹纹盒，扁圆形，直壁，直径10.8、高3.0厘米。 |

续表

| | |
|---|---|
|  |  |
| 金代钧窑月白釉素盒，圆形，穹隆形盖，壁微弧，下渐收，有矮圈足。直径10.8、高7.6厘米。 | 金代北方窑口褐釉刻划网纹盒，扁圆形，直口，腹向下弧收，有矮圈足，盖中心有卧梗状钮，直径13.4、高6.7厘米。 |

表 4.2　宋元圆形瓷粉盒表

| | |
|---|---|
| 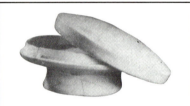 |  |
| 北宋高足瓷盒①，弧凸盖，浅腹，高圈足，胎釉细腻，盖面布满刻划缠枝花纹，高5.5、口径10.5、底径7.4厘米。 | 北宋定窑白釉印花牡丹纹瓷盒，扁圆形，整体似蒸饼状，有矮圈足，直径11.1、高3.3厘米。 |
|  |  |
| 北宋白釉剔花牡丹纹盒，圆形，平顶盖，腹壁微弧，有矮圈足，直径10.7、高4.0厘米。 | 北宋青白釉点彩划花盒，直壁，有圈足，盖中心有一卧梗状钮，直径6.6、高4.3厘米。 |

续表

| | |
|---|---|
|  |  |
| 北宋磁州窑白釉褐彩水草纹盒，扁圆形，直壁，盖顶微弧，平底，直径11.2、高2.6厘米。 | 北宋圆形瓷粉盒<sup>⑧</sup>，通高2.7、口沿径4.8厘米。发现时盒内残留黑色粉末状物质，经检测为画眉的黛和烟墨。 |
|  |  |
| 北宋圆形粉盒<sup>⑨</sup>，盒盖顶面凸起，深直腹，微圆底，有矮圈足，通高3.7、盖高1.1、口沿径5.3厘米。盒内遗存浅豆沙色物质，经检测为妆粉。 | 北宋圆筒形盒<sup>⑩</sup>，直立沿，平顶。盒身为筒形深腹，呈高子口，平底，通高5.5、盖高1.5、腹径6.1厘米。盒内有土黄色、灰色粉末与薄片状包含物，经检测为妆粉。 |
|  |  |
| 北宋青白釉点彩粉盒，弧盖直腹，有矮圈足，盒身饰弦纹一周，盖顶中间点梅花形褐彩，通高7.1、口径12.5、足径6.5厘米。 | 南宋龙泉窑青釉印花并蒂莲纹小盒，扁圆形，平顶盖，直腹，有矮圈足，直径6.4、高2.5厘米。 |

续表

南宋景德镇窑青白釉印花粉盒，形如盖碗状，有矮圈足，盖微隆，盖面以模印工艺饰如意纹，直径6.2、高2.3厘米。

南宋龙泉窑青釉刻花纹盒，盖面刻划莲花一枝，直腹，下腹弧收，平底，器盖与器身形制一致，直径9.5、高3.0厘米。

苏州吴文化博物馆藏南宋影青粉盒<sup>⑥</sup>，圆形，直腹，有矮圈足，盖面饰折枝菊花纹，叶及枝梗以堆塑工艺表现，中间贴塑一朵菊花，通高5.6、腹径8.8、底径5厘米。

南宋青白釉印花牡丹纹粉盒，盒盖中心为一模印牡丹折枝花纹，花瓣及枝叶外轮廓以较粗的线条表现，花瓣的脉络及叶脉则以细线条表现。

北宋青白釉菊瓣纹带钮盒，器身为碗形，有矮圈足，器盖半圆形，有宝珠状钮，直径8.6、高5.5厘米。

元代德化窑白釉印花粉盒，盖沿及腹部纹饰似藤编，盖面印折枝牡丹花，直径10.2、高4.4厘米。

续表

| | |
|---|---|
|  |  |
| 南宋余杭窑青釉菊花小盒<sup>⑳</sup>，盒扁圆形，分盖及身两部分。盖面隆起，中央突起圆形台阶一层，圆珠钮。盒身直口，直腹，腹下折收，浅圈足，高4.1、口径4.9厘米。 | 南宋白釉粉盒<sup>㉑</sup>，整体造型为圆筒形，盖面隆，直壁，盒底折收，有隐圈足，盖和身近口处各有一圆形泥饼，两点上下相对时，盖与身便严密关上，通高11.0、口径9.2、底径5.0厘米。 |
|  |  |
| 元代福建窑青白釉印花盒，盖沿及腹部印二方连续卷草纹，盖面中心印菱形、四叶花纹，直径13.5、高5.6厘米。 | 元代青花粉盒<sup>㉒</sup>，江西抚州市博物馆藏，盖平顶，弧沿，盒身呈碗形，有矮圈足，口沿8.7、通高5.1厘米。 |

Ab. 球形

此时球形瓷粉盒发现的数量较少，球形粉盒主要也见于北宋时期（表4.3），结合唐及五代的情况看，可知球形粉盒流行于晚唐至北宋。

表 4.3　球形瓷粉盒表

| | |
|---|---|
|  |  |
| 北宋褐釉点彩粉盒<sup>①</sup>，覆钵形盖，盒身子口较高，内斜，圆弧腹，平底，矮圈足。盖以酱褐釉点缀装饰，腹径 6.0、底径 3.6、通高 4.8 厘米。 | 北宋球形小粉盒<sup>②</sup>，盖为半圆形，弧腹往下渐收，平底，素面，高 4.0、口径 3.2、底径 2.2 厘米。 |

Ac. 多棱形

多棱形粉盒主要有四方委角形、四方形及八边形等，这类粉盒也不是很常见（表 4.4）。

表 4.4　多棱形瓷粉盒表

| | |
|---|---|
|  |  |
| 北宋委角四方形盒<sup>③</sup>，盖面微隆，有喇叭形高足，底部阴刻"官"字款，高 6.8、腹径 8.2、底径 5.6 厘米。 | 北宋八边形青瓷粉盒<sup>④</sup>，器盖与器身形制一致，盏形盖，平顶，下腹折收，平底，盒底模印"□家合子记"五字。 |

|  |  |
|---|---|
| 辽代方形瓷粉盒,四方形,盝顶,器身与器盖形制一致,长8.0、宽7.8、高6.5厘米。 | 南宋景德镇青白釉八角盒,器盖与器身形制一致,盖以模印工艺饰牡丹花纹,高9.0厘米。 |

### B. 仿生形

除了常见的圆形、多棱形,此时又以各种仿生形最多,仿生形粉盒主要选取自然界的花卉瓜果为表现对象,如菊瓣形、瓜形、石榴形、柿子形、桃形等,富有生活情趣。这一特点的形成与宋人崇尚自然、追求质朴的审美之风相符,也是妆具设计发展由贵族精英化转向大众世俗化所致。仿生形瓷盒可主要分为两类:Ba. 花瓣形(表4.5)以及 Bb. 瓜果形(表4.6)。

### 表 4.5　花瓣形瓷粉盒表

|  |  |
|---|---|
| 苏州吴文化博物馆藏南宋影青瓜棱粉盒<sup>①</sup>,整体呈模印瓜棱形,盖为弧形肩,平顶,腹弧收,有矮圈足,盖缘起一棱线,正好与盖身口沿之棱线吻合,直径8.6、高5.2厘米。 | 南宋龙泉窑青釉花卉纹盒,圆形,器盖隆,器身弧收,平底,盖与身刻划菊瓣纹,盖中心雕饰六瓣花一朵,直径6.1、高2.7厘米。 |

| | |
|---|---|
|  |  |
| 南宋青白釉盒，圆形，直口，腹折收，盖沿、腹、底饰菊瓣纹，盖中心雕饰牡丹一枝，直径6.9、高3.0厘米。 | 南宋青白釉盒，整体形如鼓墩状，盖沿及器身雕饰菊瓣纹，盖面印花工艺饰牡丹花纹，直径9.0、高4.8厘米。 |
|  |  |
| 南宋青白釉盒，整体为六曲花瓣形，分曲明显，器身与器盖形制一致，盖面雕饰牡丹花一朵，器底戳印"郑家合子记"五字，直径9.8、高4.0厘米。 | 南宋青白釉盒，整体如柿形，盒通体雕饰菊瓣纹，仿藤编风格，盖面以模印工艺饰卷草纹，纹样布局工整，盖顶设有牵牛花式钮，直径11.3、高4.9厘米。 |
|  |  |
| 南宋青白釉盒，整体为五瓣花形，分曲平缓，花瓣连接处以凸线处理，直壁，有矮圈足，平顶盖，盖面以模印工艺饰梅花纹，直径7.7、高4.3厘米。 | 南宋景德镇窑白釉盒，多曲八瓣花形，分曲明显，盖与身形制一致，盖面以模印工艺饰连钱纹，直径10.0、高3.5厘米。 |

### 表 4.6　瓜果形瓷粉盒表

| | |
|---|---|
|  |  |
| 石榴形粉盒<sup>⑳</sup>，覆钵形盖，顶部捏塑六瓣石榴花钮，子母口，浅弧腹，平底。盒胎体坚硬细密，通体施青白釉，釉质明亮光洁，口径 5.1、底径 3.3、通高 5.9 厘米。 | 瓜蒂钮粉盒<sup>㉑</sup>，整体呈圆球状，盖钮为瓜蒂形，子母口，弧腹，平底，口径 5.2、底径 3.7、通高 6.4 厘米。 |
|  |  |
| 桃子形粉盒<sup>㉒</sup>，整体似一颗桃子，釉色莹白泛青，口部无釉，盖为母口，盒身子口，削足，腹径 6.6、底径 3.2、高 6.5 厘米。 | 北宋瓷盒<sup>㉓</sup>，整体似一颗石榴，盒盖中间有石榴花形钮，胎质细密，白釉莹润，口沿处、底部无釉，腹径 6.5、底径 3.1、高 6.7 厘米。 |

续表

| | |
|---|---|
|  |  |
| 辽代白釉印花瓜棱小盒，整体为香瓜形，器盖与器身形制一致，盖以印花工艺饰卷草纹，口径4.7、高4.3厘米。 | 北宋越窑青釉刻划莲花纹苹果形盒，整体为苹果形，盖及身雕饰莲瓣纹，盖中间内凹，有叶梗形钮，直径9.6、高7.3厘米。 |
|  |  |
| 北宋景德镇窑青白釉柿形盒，形如柿子，器盖与器身高度相近，盖刻五瓣花纹，身刻四瓣花纹，有柿蒂形钮，直径8.3、高5.7厘米。 | 北宋青白釉苹果形高装盒，直口，器盖隆起，盖中心凹陷，并设一梗形钮，下腹弧收，平底，盖面以刻花工艺饰忍冬纹，直径10.0、高10.5厘米。 |

续表

| | |
|---|---|
|  |  |
| 镇江博物馆藏镇江市乌龟山宋墓出土宋高装粉盒[74]，瓜果形，器盖与器身形制相似，盖中心凹陷，饰一叶梗形钮。 | 扬州博物馆藏北宋景德镇青白釉瓜棱盒[75]，整体为十二棱南瓜形，盖顶凹陷并有瓜藤形钮，子母口，平底，通高5.0、口径7.4厘米。 |
|  |  |
| 苏州博物馆藏宋代瓷粉盒[76]，盒盖为半圆形，盒身弧腹，平底，盖中心有叶梗状钮，其他处刻饰莲花纹。 | 南宋菱角形粉盒[77]，杭州出土，形似菱角，器型小巧，底部无釉，其他部分施青白釉，色泽淡雅。 |

### C. 花叶盖罐形

花叶盖罐类粉盒多见于宋代，这类粉盒不仅有金银材质，亦有陶瓷材质。罐体形体较小，一般通高不超过10厘米，罐体多作瓜棱状，罐盖为花叶形或荷叶形，见表4.7。

表 4.7    花叶盖罐形瓷粉盒表

| | | |
|---|---|---|
|  |  |  |
| 1957 年安徽省芜湖市出土宋影青釉粉罐<sup>⑯</sup>，瓜棱形，圆鼓腹，有圈足，底微凹，花叶形盖，盖顶微弧，盖边饰卷草纹，中心雕饰一朵六瓣花，整器纹饰立体感突出，通高8.3、口径 6.8、底径 4.8厘米。 | 镇江市九里街出土宋景德镇窑青白釉瓜棱形带盖小罐<sup>⑰</sup>，罐身有瓜棱形装饰，盖为荷叶形，有叶梗形钮，釉色泛青。 | 苏州博物馆藏宋影青瓜棱形盖罐<sup>⑱</sup>，罐身有瓜棱形装饰，花叶形盖，有叶梗形钮，青釉色。 |

D. 联体盒

除了单个的瓷盒外，还有联体盒（表 4.8），联体盒可分为外联体与内联体两种。外联体盒为两个或三个造型相同的单个小盒连在一起，如景德镇窑青白釉褐彩贴塑鸟形三联盒，三鸟相连，首尾呼应，稚拙生动。内联体为一盒内分置三五个小碟，小碟之间通常有花枝藤蔓环绕相隔。这种联体盒类似于现代的彩妆盒，可将眉黛、妆粉、口脂等分格放置，并收纳于一个大盒内，方便化妆时取用。

表 4.8　联体瓷粉盒表

| | |
|---|---|
|  |  |
| 北宋刻花四蝶粉盒，盒整体为扁圆形，直壁，平顶盖，平底，盒内置四个圆形小碟，小碟之间以卧龙相连，盒直径 13.1、高 3.3 厘米。 | 北宋联体盒，盒整体为扁圆形，盒内置三个小碟，以藤蔓间隔，中坐一童子，小碟点褐彩装饰，盒直径 12.6、高 5.3 厘米。 |
|  |  |
| 北宋三联盒<sup>③</sup>，由三个莲瓣状小盒粘连在一起，分为盒身与盒底两部分，每个盖顶堆塑莲蓬与枝条，盖上又刻莲瓣纹，通高 5.2 厘米。 | 青釉鸳鸯盒<sup>③</sup>，整体为连体鸳鸯形，腹部设母口，平底。鸳鸯回首环望，敛翅，翘尾，平卧于地，其头、嘴、翼、尾等均刻划出纹样，并点以褐彩装饰，通高 6.0 厘米。 |

| | |
|---|---|
|  |  |
| 宋影青粉盒<sup>®</sup>，扁圆形，子母口，矮圈足，盖面微隆，饰凸弦纹，器内有三个小杯，杯与杯之间以瓷条相隔，瓷条端饰一朵小花，遍体施青釉，通高3.8、口径7.5、底径5.0厘米。 | 宋三联果形粉盒<sup>®</sup>，盒作三瓜果相连形，均开子母口，盒盖面圆鼓，顶以贴塑条状的蒂钮相连，施青白釉不到底，底部露白色胎，通高6.0厘米。 |
| 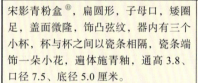 |  |
| 宋青白釉瓷子母粉盒<sup>®</sup>，浅腹平底的盘内置三个小盅，高4.5、口径12.5厘米。 | 宋影青釉褐彩双鸟粉盒<sup>®</sup>，盒盖造型为一对栖息的小鸟，盒身为相连的圆形，小鸟似在相互观望，生动有趣。盒通高5.4、长8.4厘米。 |
|  | |
| 宋影青釉粉盒<sup>®</sup>，盒盖沿及身为菊花瓣形，盖面印缠枝花纹，盒内有三个圆口小碟，小碟之间以花枝相隔。盒通高3.7、口径7.3厘米。 | |

纹饰与工艺

宋代是我国瓷器发展的鼎盛期，此时瓷器在造型、釉色以及装饰上与前代相比均取得了显著的进步。辽代及金代瓷粉盒工艺虽有自身的特色，但整体与宋代是相似的。此时瓷粉盒的釉色以白釉、青釉、青白釉为主，也有少部分为黑釉、绿釉、米黄釉等，装饰工艺有釉彩、刻花、划花、堆塑、贴塑、模印等。类玉、温润的青白色釉是宋瓷的一大特点，这类釉色又被美称为"影青""隐青"等。釉彩粉盒以青白釉点褐彩为多。刻花、划花工艺是瓷器中应用最广泛的装饰工艺，可以表现写意概括的纹饰，亦可表现写实细致的纹饰，具体实施时可根据纹饰的图稿类型灵活创作。刻花、划花工艺虽然表现形式自由，却不能批量化生产，模印工艺可以解决批量化生产的问题，以满足社会的消费需求，因此，模印工艺在宋元瓷粉盒中得到广泛的应用。模印是在瓷坯未干之时，用刻有花纹的模具在其上印出花纹，具体制作时可把未干的瓷坯扣在模具上，拍打印出花纹，然后取下晾干烧制，模印的花纹一般为阳纹，且纹饰多规整有序，纹饰线条凹凸高度一致。模印不仅可以制作瓷器花纹，亦可用于制作器型，如宋代流行的菊瓣形、藤编形、多曲花瓣形、柿形、瓜果形粉盒多为模具成型。堆塑与贴塑工艺主要用于表现高浮雕及立体效果纹饰，与唐代器物多为平面、浅浮雕的纹样类型不同，宋人追求器物立体多面的装饰效果。

瓷粉盒的纹样最多见的为各类花卉纹，有牡丹、秋葵、莲花、荷花、菊花、梅花等。两宋是我国院体画最鼎盛的时期，由于帝王们对名花珍禽的偏爱，画家们在创作时比较偏重花鸟画，讲究"形似"与"格法"的院体画对宋代各个领域的器物装饰都产生了深刻的影响。瓷粉盒上的花卉纹样，多以院体画中的白描花卉为粉本，遵循自然物的原有形象，以写实手法表现，从花瓣到花蕊、叶脉等均表现细致，其中也不乏写意及图案化风格的花卉纹。除了常见的花卉纹，瓷粉盒纹样还有双凤、竹梅双雀、连钱、如意等，这些纹饰多蕴含称心如意、成双成对、仕途升迁、福禄绵延的吉祥寓意。唐代粉盒中一些具有异域风格的纹样，如鹦鹉、葡萄、奔狮等在宋代已经基本不见，取而代之的是大自然中常见的花卉果实、禽鸟虫鱼等，且纹饰类别较前代大大丰富，表现手法多样，纹饰的内涵也更加贴合普通大众祈福求吉、追求美满生活的民俗审美心理，呈现出世俗化的倾向。

元代的瓷粉盒以福建德化窑、浙江龙泉窑最为有名。德化窑瓷器发轫于宋代，"南海一号"沉船发现了数量众多的德化窑瓷器，器型有粉盒、军持、炉、碗、罐、盘、瓶等，多为白胎，施青白釉，以刻划、模印、堆塑等手法表现纹饰，又以模印纹饰为多。元代时德化窑造瓷得到长足的发展，不仅成为外销瓷器的重要品种，也成为国内瓷器市场颇受欢迎的产品之一。元代德化窑生产的瓷器品种主要为日常生活用品，又以白瓷闻名，其瓷器色泽晶莹剔透，白如凝脂，光照下釉色中会隐隐出现乳白及犯晕现象，被美称为"象牙白""猪油白"等。德化窑瓷粉盒也以白瓷为主，纹饰多为模印，盒盖上每每印有花卉、蝴蝶、雀鸟等图案。这些模印纹饰，多以曲线造型为主，花形组合较为简单，线条粗细基本一致，但从艺术审美的角度来说，缺乏景德镇等窑口生产的瓷器模印纹饰所具有的主次变化及层次的丰富性。

二、辽宋金元金银及漆质粉盒

金银及漆粉盒是辽宋金元时期粉盒中的一个重要组成部分，也是此时比较有特色的一个粉盒种类，这一类粉盒主要是以金、银及漆材质制成，包括金粉盒、银粉盒、漆粉盒以及漆与银组合制成的粉盒。

形制

此时金银类粉盒形制主要有仿生形、圆形、四方委角形等。仿生形（花瓣形、瓜形等）银粉盒主要见于辽及北宋时期，如陕西蓝田北宋墓 M25 出土的两件八曲瓜棱形小银盒[⑧]（图 4-4-1），形制、尺寸、纹饰相同，器身与器盖形制一致，盒盖为盝形顶，八曲平顶上錾刻折枝牡丹花，下衬鱼子纹，器盖及器身立沿均饰一周二方连续卷草纹，盒通高 2.5、外口径 4.3 厘米。又蓝田吕氏家族墓出土的两件瓜棱形素面圆盒[⑨]均有残损（图 4-4-2），两件形制、大小基本一致，盒整体为香瓜式，盒盖与盒身形制相近，盖顶部居中置弯曲瓜蒂状提手，素面，通体银灰色，有光泽。

蓝田吕氏家族墓 M6 出土的一件小圆银盒[⑩]形制较为特别（图 4-4-3），盒由盖、身两部分组成，盖与身等高，盖面高鼓，立沿竖直，母口，盒身为子口，直腹，下腹内折弧收，平底。盖、身同一侧上下有环扣相连，盖一侧扣环缺失。盖顶錾缠枝牡丹纹并以鱼子纹衬底，盖立沿及盒身外腹壁饰缠枝蔓草纹一周，外底錾刻双重仰莲瓣，盒通高 2.2 厘米。出土时盒内有土黄、暗红色物质，经检测为胭脂。此枚粉盒尺寸较一般粉盒要小一些，盒一侧的圆环应可连接链条或系带随身携带使用，这种可以随身佩系的宋代粉盒实物发现极少，此为不可多得的一例。

观复博物馆藏一件辽代金粉盒（图 4-4-4），蝶形，盖与身形

图 4-4-1　蓝田吕氏家族墓园出土北宋八曲瓜棱形小银盒

图 4-4-2　蓝田吕氏家族墓园出土北宋瓜棱形素面圆盒

图 4-4-3  蓝田吕氏家族墓园出土北宋牡丹纹小圆银盒

图 4-4-4  观复博物馆藏辽代金粉盒

制一致，盖面錾刻一只展翅蝴蝶。内蒙古赤峰阿鲁科尔沁旗罕苏木辽耶律羽墓出土的金花银粉盒[91]（图 4-4-5），为亚字形，直径4.7、通高 2.2 厘米。首都博物馆藏一枚辽代錾花银圆盒[92]（图 4-4-6），盖平顶，弧沿，直口，盖口与盖沿结合处有一台阶状设计，身与盖形制相近，盖顶錾刻团花纹，四周有椭圆形开光，内錾刻一如意云头纹饰，直径 5.5 厘米，造型质朴小巧，应是脂粉盒。

辽金最具特色的金银粉盒是配有系链可以随身携带的粉盒，如辽代陈国公主墓出土的八曲连弧形金盒佩及龙凤纹玉盒佩[93]（图 4-4-7、图 4-4-8）、辽宁朝阳北塔出土的辽银带链小盒[94]（图 4-4-9）等。

南宋及元发现的漆木金银类粉盒多为圆形，又可分为圆形直腹与圆形弧腹两种，前者如江苏武进村前南宋墓出土的银扣漆盒[95]（图 4-4-10），此盒一套三件，为矮圆筒形，直壁，平底，平顶盖，子母口扣合，内外均髹褐色漆，子母口均包银，高 3.7、直径 7.5 厘米，器型规整，制作精致。浙江湖州菁山宋墓也出土有相同形制的银扣漆盒[96]。安徽六安宋墓所出花卉纹银粉盒[97]亦为直腹平底（图 4-4-11），盖錾刻喜相逢式双凤纹，盖沿刻忍冬纹，器身满刻牡丹、海棠、菊花等折枝花纹，腹径 7.3、通高 6.2 厘米。后者如湖州菁山宋墓出土的银粉盒[98]（图 4-4-12），素面，盖为盝形，平底，盒身弧收。

江西德安周氏墓出土的银粉盒有两件[99]，两件形制相似，盖为穹隆形，盒身弧收，平底，盖顶处饰八瓣菊花，其余处及盒身皆饰卷云纹，底部饰芍药纹，口径 7.5、高 4.0 厘米。一件银盒内有铜质小勺一只，勺体为海棠形，勺柄为鱼尾形，通长 6.0 厘米，另一件小盒内装有白粉，并有一只圆形丝绵粉扑（图 4-4-13）。又福建许峻墓出土的银粉盒[100]盖面微弧（图 4-4-14），盒身弧腹，平底。盖面

图 4-4-5　辽耶律羽之墓出土金花银粉盒

图 4-4-6　首都博物馆藏辽錾花银圆盒

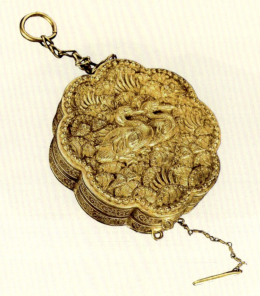

图 4-4-7　辽陈国公主墓出土八曲连弧形金盒佩

图 4-4-8　辽陈国公主墓出土龙凤纹玉盒佩

图 4-4-9 辽宁朝阳北塔出土银带链小盒

图 4-4-10 江苏武进村前南宋墓出土银扣漆盒

图 4-4-11　安徽六安花石咀宋墓出土花卉纹银粉盒及盒盖纹样

图 4-4-12　浙江湖州菁山宋墓出土银粉盒

图 4-4-13 江西德安南宋周氏墓出土银粉盒

图 4-4-14 福建福州茶园山南宋许峻墓出土银粉盒

及腹部錾刻卷云纹，底部錾刻"张念七郎"四字，出土时盒内残留香粉，口径 5.6、底径 3.9、高 3.5 厘米。湖南益阳八字哨窖藏中的一枚银如意纹盒亦为圆形弧腹<sup>⑩</sup>（图 4-4-15），此粉盒尺寸稍大，高 6.0 厘米，口径 10.0 厘米，底部打作矮足，外底心有"清河"款。

此时漆木金银类除了盒形容器，也有罐形容器用于盛放脂粉，又可称作粉罐、粉盂等。这类粉罐可以分为三种，其一为荷叶盖罐。如福建福州茶园山北郊端平二年（1235）宋墓出土的荷叶盖罐<sup>⑩</sup>（图 4-4-16），薄银锻造，荷叶形盖顶有柿蒂形钮，直口，溜肩，弧腹，平底，高 5.5、直径 4.0 厘米，出土时罐内残留白色的粉块。浙江湖州菁山宋墓出土荷叶形盖罐<sup>⑩</sup>（图 4-4-17），荷叶形盖盖面刻饰对称均匀的叶脉纹，上亦有叶蒂形钮，器底錾刻竖行楷书款"李铺戳记"，罐高 6.5、口径 6.1、底径 4.1 厘米。福建许峻墓出土的银盖罐<sup>⑭</sup>（图 4-4-18），瓜叶形器盖，盖中心一叶梗弯作钮，罐口径 6.6、高 8.4 厘米。安徽六安宋墓出土的荷叶盖粉盂<sup>⑮</sup>（图 4-4-19），小口方唇，矮颈溜肩，圆鼓腹，平底，覆式荷叶形盖，盖顶有叶梗形钮，下附子口，腹四周錾刻牡丹、栀子、菊花等折枝花纹，通高 5.5、口径 4.5、底径 4.0 厘米。

其二为覆钵盖形。陕西蓝田吕氏家族墓出土的小银罐<sup>⑩</sup>（图 4-4-20），由盒盖、盒身两部分组成，盖呈微隆平顶，折立沿，母口，身小口，广折肩，深弧腹，平底。盖顶、沿相交处一侧原应焊接有一小环，肩部亦有一小环，有链条将小环连接，以免罐盖遗失，现环及链条均失。盖面錾刻折枝花纹，以鱼子纹为地，盖立沿饰二方连续卷草纹，器身光素无纹，通高 2.7、盖高 0.6、盒高 2.5、腹径 4.1 厘米。安徽六安花石咀宋墓出土的银胭脂罐<sup>⑰</sup>（图

图 4-4-15　湖南益阳八字哨窖藏出土银如意纹盒

图 4-4-16　福建福州茶园山北郊端平二年宋墓出土荷叶盖罐

图 4-4-17　浙江湖州菁山宋墓出土荷叶形盖罐

图 4-4-18　福建福州茶园山南宋许峻墓出土银盖罐

图 4-4-19　安徽六安花石咀宋墓出土银粉盂

图 4-4-20　陕西蓝田吕氏家族墓出土小银罐

4-4-21），小口，溜肩，鼓腹，盖为大口覆钵形，盖内中心焊接有直柄小勺，用于挖取脂粉，通高 5.0、口径 2.0、底径 4.5 厘米。元张士诚母墓出土的两只银罐[⑩]，大的为荷叶盖罐，小的广肩小底，覆钵形盖，器盖下也连有一小勺。

其三为平顶盖小罐。如浙江湖州三天门宋墓出土的银盖罐[⑩]（图 4-4-22），罐身直口，溜肩，弧腹，平底，盖顶微弧，有圆柱形盖钮，盖下焊接有银圈，与罐口盖合无隙，口径 5.0、底径 5.4、通高 6.2 厘米。无独有偶，南京博物院藏元代"沈二郎造"银罐（图 4-4-23）与其形制十分相似，该小罐素面，直口，平顶盖，盖有扁圆形钮，折肩，平底，底有"沈二郎造"工匠款，高 5.0、腹径 8.4 厘米。需要说明的是，这类小银盖罐的功能并不固定，除了盛放脂粉，有时也可作盛放面油、头油的"油缸"用。

图 4-4-21　安徽六安花石咀宋墓出土银胭脂罐

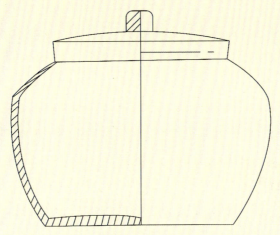

图 4-4-22　浙江湖州三天门宋墓出土银盖罐线描图

图 4-4-23　南京博物院藏"沈二郎造"团花银罐

### 纹饰与工艺

漆木金银类粉盒以素面无纹类为多，有纹样装饰的多为如意云纹、花卉纹、双凤纹、柳斗纹等。安徽六安花石咀宋墓出土的银奁、银粉盒、胭脂罐[⑩]等妆具上均饰折枝花纹，纹饰以錾头较为锋利的錾具錾刻而成，细腻柔美，其中的银胭脂罐罐身饰萱草、芙蓉、秋葵、栀子花等花卉纹，纹样穿插缠绕，疏密有序，清新雅致，奁盖及粉盒盖錾刻首尾相连的双凤对飞纹，奁盖尺寸较大，双凤周围又有花卉枝叶环绕。如意云纹也是银粉盒上常见的装饰纹样，多为錾刻而成。宋代是我国剔犀工艺的发展期，剔犀纹饰主要以如意云纹为主，银粉盒剔犀云纹应是借鉴于漆器，江苏江阴夏港镇宋墓便出土有一只剔犀漆盒[⑪]，圆形弧腹，木胎，用红黑两种颜色的漆逐层堆叠，然后用刀剔刻出如意云纹，此盒与云纹银盒相比尺寸较大，腹径 13.5、底径 8.5、通高 7.0 厘米。与剔犀云纹相比，以錾刻工艺形成的银器云纹视觉上虽不如前者层次细腻丰富，但由于银材质本身的特殊性，通过錾刻所形成的纹理有凹凸变化，器表更加富有绚丽多变、饱满圆润的光泽美。剔犀如意纹盒也称为"犀盒"，该盒多作为定情之物，如汤显祖《南柯记》写瑶芳公主与淳于棼相会定情："巧金钗对凤飞斜，赛暖金一枚犀盒。"[⑫] 犀盒作定情之物或因"犀"字与"心有灵犀"相关，即唐李商隐《无题》诗所谓"身无彩凤双飞翼，心有灵犀一点通"。

## 第五节　雅俗共赏

明清小盒的用途较为宽泛，可作印泥盒、香盒、粉盒、胭脂盒等。关于印泥的最早起源，目前学术界尚无定论，不过可以肯定的是，明清时期，印泥已是常见的书房用品，与之相应的便是印泥盒制作的发展与成熟。香盒一般用来盛放焚香所用的物品，"炉瓶三事"是明清流行的香具组合，即香炉、香盒、箸瓶。《红楼梦》第五十三回："这边贾母花厅之上共摆了十来席，每一席傍边设一几，几上设炉瓶三事，焚着御赐百合宫香。"下文中阐述的小盒大部分可以肯定其盛放妆品的用途，有一些小盒功能并不能确定，但因其存在作脂粉盒之用的可能性，故也一并收录。

一、民间用粉盒

明清的脂粉盒亦可分为"民样""宫样"两大类。"民样"粉盒以瓷质最为多见。《红楼梦》第四十四回写道："宝玉忙走至妆台前，将一个宣窑瓷盒揭开，里面盛着一排十根玉簪花棒，拈了一根递与平儿，又笑向他道：'这不是铅粉，这是紫茉莉花种，研碎了兑上香料制的。'"玉簪花棒状的脂粉便是装在宣窑瓷盒里的。明代瓷粉盒的造型多样，有圆形、方形、方胜形、银锭形、多边形、仿生形以及联体盒等，装饰工艺有印花、青花、褐彩、粉彩、素面等。德化窑、景德镇窑等在明代依旧是生产各类生活用瓷器的重要窑口。广东好普艺术博物馆藏明代"南澳一号"沉船出水的一件青花粉盒⑩（图4-5-1），圆形弧腹，有矮圈足，直径10.0厘米，青花色泽鲜艳，花卉纹布满器身，风格自然写意。此馆还藏有越南窑仿明代瓷器生产的几件粉盒（图4-5-2、图4-5-3、图4-5-4），有盝顶圆盒、瓜棱形粉盒等，装饰手法有白釉点褐彩、青花、素蓝釉等，造型规整，纹饰淡雅古朴。

台北故宫博物院收藏的几件明代越南青花小盒（图4-5-5、

图 4-5-1  明青花粉盒

图 4-5-2  明越南素蓝釉瓜棱形粉盒

图 4-5-3　明越南白釉点褐彩粉盒

图 4-5-4　明越南青花开窗花卉纹粉盒

图 4-5-6、图 4-5-7），有瓜果式、八方式、罐式等，纹饰有青花花卉、跃马、海水、莲花瓣等。瓜果及八方形小盒通高 3.5 厘米左右，十分小巧。小罐缺盖，罐身为小口、平肩、直圆腹，有矮圈足，通高 6.7 厘米，此小罐可作盛放面油或头油之用。

"南澳一号"明代沉船出水的明五彩四开光花卉飞马纹瓷粉盒[14]（图 4-5-8），馒头形盖，碗状底，有矮圈足，盖及身以红、黄、绿色釉描绘花卉及飞马纹，并用金泥勾线，此器纹饰及工艺均较为简单，应为民间用粉盒。宋元流行的仿生联体瓷盒在明代亦可见，如浙江省博物馆藏明代青釉柿形三联盒（图 4-5-9），三个柿子形小粉盒相连，盖顶贴饰柿蒂形钮，纵 10.0、高 5.0、口径 4.0、底径 2.2 厘米。再如明白瓷三联荔枝盒[15]（图 4-5-10），三枚荔枝相连，器身及盖施白釉，口沿及底无釉，通体外壁饰荔枝表皮肌理纹，盒盖连接处贴饰荔枝叶，长 13.5、宽 8.4、通高 5.8 厘米。

除此，还有多层瓷粉盒，如上海何家瑞家族墓出土的青花瓷人物缠枝莲纹盒[16]（图 4-5-11），灯笼式三屉套盒，盖面中心绘仕女图，往外一圈莲瓣纹，盖沿饰一周回纹，器身绘缠枝莲纹，器底由上往下饰一圈回纹及一圈莲瓣纹，高 12.9 厘米，口径 9.2 厘米，此盒从尺寸上来看，作粉盒或香盒的可能性较大。观复博物馆藏清康熙落花流水纹瓷套奁[17]（图 4-5-12），青花矾红描金落花流水纹香盒，四层一盖，盒身绘落花流水纹，盖面绘水仙一枝，上书"一种色异香"五字，盒底书"大明万历年制"六字，直径 7.1、高 6.4 厘米，根据盒面所书文字，该奁应也作妆盒或香盒之用。盒底所书应为寄托款，寄托款是在明清瓷器中存在的一种现象，即在瓷器上不题写本朝年款或堂名款，而题写前代的款识，以表达对前代工艺水平的一种崇敬。

图 4-5-5 明代越南青花花卉小盒

图 4-5-6 明代越南青花八方小盒

图 4-5-7　明代越南青花小罐

图 4-5-8　明五彩四开光花卉飞马纹瓷粉盒

图 4-5-9　明代青釉柿形三联盒

图 4-5-10　明白瓷三联荔枝盒

图 4-5-11    上海何家瑞家族墓出土青花瓷人物缠枝莲纹盒

图 4-5-12    观复博物馆藏清康熙落花流水纹瓷套奁

清代"民样"瓷粉盒在造型上并无特别之处,有圆形、方形、多边形等,有单层及多层等,其出彩之处主要为装饰工艺及纹样的表现。瓷盒的装饰工艺有青花、釉里红、三彩、五彩、斗彩等。此时瓷粉盒上各类人物纹增多,有仕女图、婴戏图、母子嬉戏图、五子登科图等,有些粉盒上还装饰有"囍"字。江西景德镇落马桥红光瓷厂窑址明清遗存发现的两件清代粉彩粉盒盖[18](图4-5-13),其一为圆形,直壁,平顶,盖面绘婴戏图,盖直沿外壁绘蝴蝶花卉纹,纹饰立体感较强,仿刺绣的艺术效果,盖面直径9.6、高3.2厘米。其二为圆拱形盖面,残缺,盖面绘母子二人,童子手持拨浪鼓,母亲正在逗其玩耍,盖口径9.6、高3.9厘米。

黑龙江瑷珲历史陈列馆藏清代粉彩五子登科瓷节盒[19](图4-5-14),三层一盖,每一节腹壁以粉彩绘瓜果、蝴蝶及"囍"字纹饰,盖顶绘"五子登科"图,节盒可存放脂粉、口红、香料等物品。同馆藏另一件清粉彩五子登科瓷胭脂盒[20],为圆形,图案与前者相似,盒盖面绘"五子登科"图案,盒体绘瓜果、"囍"字纹,高5.5厘米,口径8.5厘米。这类绘有"囍"字及登科图的瓷粉盒,具有浓郁的民俗意味,应为清代聘礼、嫁妆等新婚用品。

再如几件民间收藏的清代青花、粉彩瓷粉盒[21]。青花瓷粉盒为蒸饼形(图4-5-15),盖面中心青花绘一"囍"字,其余部分则以青花绘缠枝纹、水波纹等,口径8.9、高4.0厘米。粉彩瓷粉盒身有圆腹平底、直腹平底两种,盒盖均为圆形平板状,盖下有子口,盖面所绘纹样分别有母子嬉戏图、渔夫垂钓图、花蝶图、婴戏图等,盖沿尺寸与器口尺寸一致或略大于器口,粉盒口径均在5厘米左右,高为3厘米上下(图4-5-16)。重庆中国三峡博物馆

图 4-5-13　江西景德镇落马桥红光瓷厂窑址明清遗存出土两件清代粉彩粉盒盖

图 4-5-14　黑龙江瑷珲历史陈列馆藏清代粉彩五子登科瓷节盒、瓷胭脂盒

图 4-5-15　清代青花瓷粉盒

图 4-5-16　清代粉彩瓷粉盒

也藏有多件清代瓷粉盒[22]，均为圆形，有青花、粉彩、青釉等（图
4-5-17 至图 4-5-21）。

　　除了常见的瓷粉盒，明清民间亦有漆、银、玉、珐琅等粉
盒。明清漆盒的使用十分普遍，明人编纂日用小百科《世事通考》
中的"漆器"类里有：缄装、果盒、馔盒、酒箱、食箱、皮匲、
镜匣、帽匣、帽盝（原小字注：音禄）、花盝、食盒、拜帖匣、头
巾箱等等。"缄装"也称检装或拣妆，为妆盒。漆粉盒以雕漆、螺
钿嵌、百宝嵌小盒为多。观复博物馆藏明晚期紫檀木百宝嵌小盒
（图 4-5-22），椭圆形，盖面以白、红、黄等玉石镶嵌梅花纹，
纹饰凸出，右上角错银"冰肌玉骨"四字，底嵌"吴门周柱"四
字，长 7.3、宽 5.7、高 4.5 厘米，此盒为百宝嵌中的顶级品，从纹
饰寓意看应作粉盒之用。

　　除了单层的，亦有多层、多格式样的粉盒。明杜堇所绘《仕
女图》（图 4-5-23）中一位贵妇正手持铜镜整理妆容，旁边仕女
双手捧一盘，盘上有小罐、多节盒等物，多节盒应为髹朱漆盒，
从大小来看，作粉盒之用较为合适。首都博物馆藏明捧奁女俑
（图 4-5-24），头梳双髻，髻束红色发带，细眉小眼，面露微笑，
显得温顺而乖巧。身穿白色窄袖衫，外罩黑色小翻领对襟盘扣比
甲，比甲领襟边沿包裹红边，下着翠绿色长裙。左臂抱一件四
层红色套盒，右手隐于长袖之中轻轻托扶盒底，身份应是一位侍
女。此侍女手捧之奁盒应也为漆质，不过从体量上来看，不适合
做粉盒，而是妆盒。

　　清代的银器工艺在前代的基础上有了显著的进步，一改传
统银器的古朴之风，展现出工整华丽、细致精工的艺术特点。清

图 4-5-17 重庆中国三峡博物馆藏清青釉瓷粉盒

图 4-5-18 重庆中国三峡博物馆藏清青花人物纹小盒

图 4-5-19　重庆中国三峡博物馆藏清青花缠枝双喜纹小盒

图 4-5-20　重庆中国三峡博物馆藏清青花人物纹小盒

图 4-5-21　重庆中国三峡博物馆藏清粉彩人物纹小盒

图 4-5-22　观复博物馆藏明晚期紫檀木百宝嵌小盒

图 4-5-23　明杜堇所绘《仕女图》

图 4-5-24　首都博物馆藏陕西长安韦曲北街朱公镀
墓出土明捧奁女俑

代不仅民间的银器贸易十分活跃，银器产品更是远销海外，尤其
是广州地区制作的银器得到西方人的推崇与喜爱。工匠们在大量
生产销往西方的日用生活银器的同时，也提升了银器制作的技术
水平，从而反哺国内的银器市场。清代民间的银粉盒中也不乏精
品。如《中国银楼与银器》收录清代的梅花、南瓜形银粉盒[123]（图
4-5-25），前者盒盖及盒体分别錾刻蝴蝶纹、梅花纹，纹饰为高
浮雕效果，有纹饰处采用烧蓝工艺，填以红、绿、蓝、紫等珐琅
彩。后者盒体錾刻南瓜叶及藤蔓，纹饰为浅浮雕效果，生动写
实。《清代银器鉴赏》中收录的两件小盒[124]（图 4-5-26），一件为
圆形，有玻璃内胆，表面以镂雕工艺满饰海棠花，盒高 7.2、径
7.2 厘米。另一件为八边形，盒面浮錾相卜纹，阴线饰地砖纹，
围框内阴錾菱形连续纹，盒高 3.5、宽 6.8 厘米。再如清代一件桃
形银粉盒[125]（图 4-5-27），以银为质，盒盖上以烧蓝工艺饰桃枝、
桃花和桃叶，盒体四周有如意云头、盘长、寿字、蝙蝠等纹。此

图 4-5-25　清代的梅花、南瓜形银粉盒

图 4-5-26　清代两件小银盒

图 4-5-27　清代桃形银粉盒

盒一共有三层，上层盒盖与盒体间有合页相连，可向上打开，第二层中间分格，可左右分别打开，下层不分格，可向右旋开。此粉盒设计容多层与分格为一体，共有四个盛物空间，设计合理又精巧。

　　元代便已经出现的掐丝珐琅工艺在明代逐渐成熟。掐丝珐琅器制作时先用柔软的铜扁丝掐成花纹，焊接于铜质的胎型上，然后把珐琅质的各种色釉填充在花纹内进行烧制。因其在明景泰年间盛行，制作技艺成熟，使用的珐琅釉多以蓝色为主，故又称作"景泰蓝"。由于材料昂贵、工艺复杂，多为皇家贵族使用，又以闺阁之物为多。曹昭的《格古要论》载："大食窑器皿……以铜作身，用药烧成五色花者，与佛郎嵌相似。尝见香炉、花瓶、合儿、盏子之类，但可妇人闺阁之中用，非士大夫文房清玩也。"⑱可知这类铜胎珐琅盒多为闺阁所用之物。清代时珐琅器较明代更为普及，民间也多见其身影，如《百姓收藏图鉴》里收录的香港佳士得2003年拍卖的一件清雍正铜胎珐琅节盒⑲（图4-5-28），通高12.0厘米，表面通体以珐琅绘蝙蝠、桃花及蝴蝶纹。此盒纹样装饰富丽雅致，蝶恋花也多为女子喜爱的装饰题材，十分适合作为粉盒之用。玉粉盒在明清民间虽不多见，但也不乏精品，如厦门博物馆藏清青白玉粉盒（图4-5-29），圆形直腹，盒体较深，子母口，上下盖合紧密，通体素面无纹，玉质温润细腻，高3.3、径5.5厘米。再如福建博物院藏木嵌玉蝴蝶盒（图4-5-30），盒体为展翅蝶形，盒盖镶嵌一只玉蝴蝶，雕刻精细，通长8.5、通宽5.0、高4.0厘米。

图 4-5-28　清雍正铜胎珐琅节盒

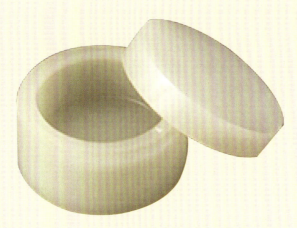

图 4-5-29　厦门博物馆藏清青白玉粉盒

图 4-5-30　福建博物院藏清乂化工紫兰木镶玉蝴蝶形盒

## 二、宫廷用粉盒

明清是我国宫廷工艺集大成时期，帝王妃嫔们使用的脂粉盒也代表了当时手工业产品的最高水平。这些脂粉盒工艺包括金银打造、粉彩、掐丝珐琅、染牙、玉雕等。

### 明代宫廷粉盒

明代宫廷用粉盒以定陵出土孝端皇后棺内漆盒之中的八棱形子母口金粉盒⑫最具有代表性（图 4-5-31）。金粉盒有圈足，盒盖平顶，盒内有一金粉扑盖，其上錾刻二龙戏珠纹，宝珠巧做盖钮，边缘錾出一周小孔，连缀棉絮绒粉扑，出土时粉扑上尚有残留白色香粉。器盖錾刻一坐龙和江崖海水纹、云纹，器腹与盖壁上下对应分为八格开光，每格开光内錾刻一行龙纹，通高 5.1、口径 9.7、圈足径 7.4、盖径 9.6 厘米，粉扑径 8.2 厘米。在孝端皇后棺内的漆盒内，还发现一小圆瓷胭脂盒（图 4-5-32），扁圆形，盖与身扣合，器盖为平顶弧壁，器身平口深腹，弧壁平底，瓷盒

图 4-5-31 定陵孝端皇后墓出土金粉盒

图 4-5-32 定陵孝端皇后墓出土青花瓷胭脂盒

通高 2.4、口径 3.2 厘米，器壁及盖壁各绘一两条行龙及海水江崖纹，盖面绘一行龙纹，底部以青花书"大明万历年制"，出土时里面尚有红褐色胭脂。

再如明郢靖王朱栋与其王妃合葬墓出土的金粉盒[⑫]（图 4-5-33），形制与孝端皇后墓出土的瓷胭脂盒相似，器底外有阴刻铭文二十六字"承奉司永乐九年十二月内成造粉盒一个盖全九成色金伍两重"，盒通高 6.4、口径 9.0、腹深 3.8、底径 6.9 厘米。北京海淀区青龙桥董四墓村明皇妃墓出土的银镀金花卉纹三节粉盒[⑬]（图 4-5-34），器型规整简洁，两层一盖，底有外撇式圈足，盒身外部錾刻杂宝吉祥花卉纹，盖顶錾刻荷叶形叠瓣花纹，下层盒内残留粉状物，中节盒内存有消灾解厄小铜钱。盒高与口径尺寸一致，均为 6.3 厘米。明荆敬王墓出土的小银盒[⑭]（图 4-5-35），为喇叭花型，盖与身有合页连接，盒身内分大小不同的四小格，盖面浅刻婴戏图，盒身外壁也浅刻有缠枝纹，长 6.5、厚 0.7 厘米，盒内还有残存的黑色物质，应为眉黛。此盒每格可分别盛放眉黛、口脂、胭脂等。故宫博物院藏明宣德款錾胎珐琅缠枝莲纹盒（图 4-5-36），圆形，直壁，平顶平底，器身及盖以錾胎珐琅工艺饰莲花蔓枝纹，此盒制作技法与掐丝珐琅不同，线条比较粗犷，是以金属錾花技法，在铜胎表面先錾刻出纹样，然后在凹下去的纹饰处填施各色珐琅，最后经焙烧、鎏金和打磨而成。底心署"宣德年造"款，并以款为中心环绕两周填彩釉的莲瓣装饰，高 5.5 厘米，直径 11.3 厘米。

### 清代宫廷粉盒

清代宫中所用脂粉盒以故宫博物院、沈阳故宫博物院、首都

图 4-5-33　明郢靖王朱栋与王妃合葬墓出土明代金粉盒

图 4-5-34　北京海淀区青龙桥董四墓村明皇妃墓出土银镀金花卉纹三节粉盒

图 4-5-35　明荆敬王墓出土的小银盒

图 4-5-36　明宣德款錾胎珐琅缠枝莲纹盒

博物馆等馆的藏品⑩为代表，这些粉盒造型别致，工艺精湛，表现技法在明代宫廷手工艺的基础之上又有了新的创造。

其一是金银工艺类粉盒。如清金累丝龙纹椭圆胭脂盒（图4-5-37），盒盖累丝饰一游龙，四周累丝饰云纹及八宝纹，盖沿累丝云纹一周，盒身侧面累丝回纹两周，间饰卷草纹。盒长7.5、宽6.3、高2.1厘米，盒内存两件玉匕，应作挖取胭脂之用，也可作点唇之用。又清中期铜镀金刻花镶玛瑙委角形粉盒（图4-5-38），粉盒形似如意头，前启盖，盖及底各嵌欧洲彩石一块，石呈褐色，间晕白色，盒周围刻欧洲流行的贝壳卷叶花纹，这种纹饰常用于当时广东产器物上，极具地方特点。盒长7.0厘米，宽5.3厘米。

晚清时期粉盒中又多镶嵌有小玻璃镜，如清晚期铜镀金四方委角粉盒（图4-5-39），盖前开启式，内安玻璃镜，盒内中隔为二，盒四面均装饰有透雕花卉图案，盖面中间透雕五蝠捧寿纹，长6.3、宽6.5、高2.6厘米。银质粉盒可见银桃式盒（图4-5-40），以蝙蝠捧桃为造型，分为左右两格，盒盖中间安置合页，盖錾刻盘长、方胜、"卍"字纹，以万字曲水纹为底纹，高3.6、长10.5、宽10.0厘米。再如故宫博物院藏银镀金双蝶纹"囍"字粉盒（图4-5-41），整体为椭圆形，盖面中间錾刻"囍"字，"囍"两侧为花卉纹，两只对飞蝴蝶围绕"囍"上下。

金银工艺的踵事增华便是在金银上嵌石镶宝，由此方能体现出宫中所用之物的奢侈豪华。如清代金嵌石胭脂盒（图4-5-42），圆形，弧壁，平顶平底。盒体为九成金质打造而成，盖面及盒身嵌粉、绿、蓝、红各色碧玺组成的云朵、蝙蝠、菊花纹图

图 4-5-37　清金累丝龙纹椭圆胭脂盒

图 4-5-38　清中期铜镀金刻花镶玛瑙委角形粉盒

图 4-5-39 清晚期铜镀金四方委角粉盒

图 4-5-40 清代银桃式盒

图 4-5-41　故宫博物院藏银镀金双蝶纹"囍"字粉盒

图 4-5-42　清代金嵌石胭脂盒

案，盖的折沿处及盒身底边錾刻变形的"卍"字组成的连续纹，盒底部有"宝华""足金"戳记，通高4.1、径7.5厘米。此盒錾刻工艺精致，用材昂贵，碧玺色泽颇为符合女性审美喜好，应为后妃用胭脂盒。再如金嵌宝石盖青玉桃式脂粉盒（图4-5-43），桃形，盒身为青玉质，盒盖为金质，并錾刻花纹，镶嵌红绿宝石，长13.5、宽9.0、厚3.0厘米。又金累丝嵌松石花卉纹盒（图4-5-44），四瓣海棠形，盒体以累丝工艺满饰连钱纹，盖以绿松

图4-5-43　清代金嵌宝石盖青玉桃式脂粉盒

图4-5-44　清代金累丝嵌松石花卉纹盒

石嵌饰寿字纹、花卉纹，器身以绿松石嵌饰兰花纹，绿松石有浅绿、深绿两色，高 5.0、长 8.3、宽 7.0 厘米，此盒多作放耳环、戒指等小件首饰用。

其二为银烧蓝工艺小盒。银烧蓝是清代中晚期民间较为流行的工艺品种，主要用于制作女子梳妆用具和摆设装点的各式瓶、罐之属。清代中期银烧蓝累丝圆盒（图 4-5-45），扁圆体，有矮圈足，以粗银丝做骨架，再以细或较细的两种银丝累、掐而成。盒体累丝工艺饰卷草纹，中缀八瓣掐丝菊花，花瓣内填烧蓝、绿亮色透明硬珐琅，口径 9.5、足径 6.1、高 3.9 厘米。清晚期银烧蓝花卉纹瓜式胭脂盒（图 4-5-46），花纹疏朗，色彩淡雅，盒为八棱南瓜形，盖中心有带叶瓜蒂形钮，盒体为银鎏金质，其上施以绿、粉、蓝等珐琅彩饰折枝花朵、竹、兰等纹，通高 3.5、直径 4.5 厘米。

其三为粉彩瓷盒。清晚期黄地粉彩花卉纹团寿字纹粉盒（图 4-5-47），呈馒头形，子母口套合，有矮圈足。盒内施白釉，外壁为黄地粉彩花卉纹装饰，上下口边和圈足外墙均以蓝料彩为地，以黄彩绘变形回纹，盖顶以矾红彩写一篆书团"寿"字，外底白釉地上以矾红彩写篆书"体和殿制"四字双行款，通高 6.7、口径 8.8、足径 5.1 厘米。"体和殿制"款的粉彩瓷，是晚清官窑瓷器特有品种，此盒应为清光绪十年（1884）景德镇御窑厂专门为慈禧太后五十大寿烧造的祝寿用瓷。这种五彩绘小型瓷盒，是当时官窑中的精品，多为宫内女眷所用脂粉盒。故宫博物院藏晚清黄地五彩花四寸见圆小盒图样（图 4-5-48），纸本设色，纵 38.5 厘米，横 25.5 厘米。右黄签题："照此样四寸见圆黄地五彩盒一对，

图 4-5-45　清代中期银烧蓝累丝圆盒

图 4-5-46　清晚期银烧蓝花卉纹瓜式胭脂盒

图 4-5-47　清晚期黄地粉彩花卉纹团寿字纹粉盒

图 4-5-48　晚清黄地五彩花四寸见圆小盒图样

照此样四寸见圆黄地水墨花盒一对。"左黄签题："照此样四寸见圆粉地青花小盒一对。"清宫御窑除了提供宫中日常生活用瓷器，还需生产一些特别用瓷，比如皇帝大婚、生日等，这些特殊瓷器生产之前需先由画师绘制纸样图式，并详细标注器物尺寸，清宫档案记载："皇帝大婚，皇后大妆奁内需用瓷器等件……为此谨奏请旨：拟交广饶九南道制办五彩瓷百子大果盘二对、五彩瓷百子

大瓶二对……因奉此职关，遵查历次传办瓷件，均奉发给细绘纸
样图式，详注尺寸照办在案。"⑬这类瓷粉盒也兼有盛放药品及茶叶
的功能。明代项元汴《历代名瓷图谱》收录了明代成化窑黄地绿
纹胭脂盒："盒制甚小，款式亦佳，黄地绿纹，璀错可喜，此亦出
之内府，乃宫人等盛贮口脂面药之器耳……以之贮香茶、槟榔，
制半夏、香药最宜。"

其四为珐琅彩粉盒，有铜胎珐琅、瓷胎珐琅等。故宫博物院
藏清晚期画珐琅蝴蝶纹蝴蝶式盒（图 4-5-49），盒做展翼的蝴蝶
式，盒内分出左右两格，可分别放置小件首饰或其他物品，盖面
中心纵向安设合页，可从两侧向中间开启，盖面纹样模仿蝴蝶自
身的纹理色泽，以珐琅彩绘制，盒高 3.0、长 11.8、宽 8.5 厘米。
"蝴蝶"谐音"福""耋"，寓意"福寿安康"。另一件清宫旧藏康
熙款掐丝珐琅菊石纹圆盒（图 4-5-50），扁圆形，盖面微隆，平
底。盖面以蓝色珐琅为地饰菊花秀石景致，菊花一红一蓝，活泼
自然，盒底中心阴刻楷书"大清康熙年制"六字款，高 2.9、口径
8.0、足径 8.3 厘米。又沈阳故宫博物院藏清瓷胎画珐琅花卉粉盒
（图 4-5-51），覆钵式盖，器身弧壁浅腹，有矮圈足。通体在白
色珐琅釉地上装饰缠枝花卉纹，外底中部双方框内有"乾隆御制"
款，高 3.5、口径 6.2 厘米。

其五为玻璃粉盒。清代造办处玻璃厂建于康熙三十五年
（1696），雍正年间，圆明园六所又新建玻璃厂，称作"六所"。
清宫玻璃厂的生产在乾隆前二十余年间达到极盛，之后便发展缓
慢。造办处玻璃厂主要为皇家服务，生产的玻璃器一方面仿造西
洋玻璃，另一方面又有所创新，追求如宝石般的质地与色泽。其

图 4-5-49    清晚期画珐琅蝴蝶纹蝴蝶式盒

图 4-5-50    清宫旧藏康熙款掐丝珐琅菊石纹圆盒

图 4-5-51    清瓷胎画珐琅花卉粉盒

玻璃生产工艺主要有缠丝玻璃、玻璃胎画珐琅彩、雕花玻璃、戗金玻璃、琢玉玻璃等。清代的玻璃粉盒以沈阳故宫博物院的藏品最为丰富，如麻玻璃描金透花粉盒（图4-5-52），白色麻玻璃制成，铝盖口及盖面有描金圈，腹部花卉图案以描金为轮廓，底部有铜质兽头形三足，全高9.9、口径8.5、足高2.0厘米。再如白玻璃粉彩镜盖粉盒一对（图4-5-53），粉盒为玻璃制成，口底边沿镶嵌铜饰，上部盒盖为水银凸镜镜面，镶嵌齿状铜扣与盒口铜饰相配。盒身为小罐状，以磨砂玻璃制成，为浮白色，盒腹部以粉彩描金工艺饰一周花叶纹，盒底边镶嵌以铜饰，并有兽头三足，盒全高9.7、口径7.8、腹径8.7厘米。除此，还有玻璃粉彩双环耳描金粉盒（图4-5-54）、粉玻璃葡萄花双环耳粉盒（图4-5-55）、红玻璃粉彩花鸟纹粉盒（图4-5-56）等。

其六为玉质粉盒。一般来说，物品的包装是与其价值成正比的。《红楼梦》第四十四回中平儿看见的上好的、如玫瑰膏子似的胭脂便是盛在一只白玉盒子里。首都博物馆藏1962年北京密云董各庄清乾隆皇子墓出土白玉鸳鸯柄圆盒（图4-5-57），圆形盒身，盒体开合连接处圆雕一对鸳鸯，口、胸部相连。盒为子母口，鸳鸯亦为对剖，即打开盒体后分为两对鸳鸯。此盒鸳鸯柄处有镂空，应可系结悬挂佩戴。此盒设计构思与西安曲江唐代宫城遗址出土的唐代鸳鸯玉盒十分相似，系结处设计亦为鸳鸯形，可知鸳鸯一直都是粉盒设计中喜爱的装饰题材。

三、穿心盒

除了以上常见的粉盒样式，明清时还有一种环形小盒，在宫廷及民间均较为流行，这类环形小盒又称作穿心盒、串铃盒、串

图 4-5-52    清代麻玻璃描金透花粉盒

图 4-5-53    清代白玻璃粉彩镜盖粉盒

图 4-5-54 清代玻璃粉彩双环耳描金粉盒

图 4-5-55 清代粉玻璃葡萄花双环耳粉盒

图 4-5-56　清代红玻璃粉彩花鸟纹粉盒

图 4-5-57　清乾隆皇子墓出土白玉鸳鸯柄圆盒

珠盒。《长物志·器具》"香盒"条载小型的香盒便有蔗段、串铃二式。穿心盒既有瓷质的，亦有金银的。明项元汴《历代名瓷图谱》中绘有明宣窑积红穿心盒[⑱]（图4-5-58），盒中间的穿心孔为方形，以红釉写"宣德通宝"四字于盒盖上，盒身及盖外周以红釉饰带状卷草纹。书中对此盒说明文字为："合甚奇，全仿宣德制钱之式，中心贯通，可以穿之手巾角上，白底红字作'宣德通宝'四字于盒盖上，特此为异，合内两花精甚，宣窑诸器俱已臻妙绝，即此些微小物尚复精工不苟，实食具小物中之珍秘，今幸为余所藏。"

湖北明代藩王博物馆藏明荆恭王墓出土的金穿心盒（图4-5-59），孔径由外向内渐小，盒体錾刻游龙祥云纹，直径3.0、高1.6厘米。首都博物馆藏清花卉纹金穿心盒[⑲]（图4-5-60），小盒通体錾刻缠枝牡丹纹，小孔周边錾刻莲瓣纹，直径3.5厘米。穿心盒亦有玉质的，《养心殿造办处史料辑览》载："十三日外郎郎正培来

图4-5-58　《历代名瓷图谱》中所绘明宣窑积红穿心盒

图 4-5-59    湖北明代藩王博物馆藏明荆恭王墓出土金穿心盒

图 4-5-60    首都博物馆藏清花卉纹金穿心盒

说，太监胡世杰交汉玉斧珮一件随紫檀木匣、汉玉穿心盒一件。
传旨：将如意馆收贮甘黄玉一块，着照汉玉斧珮样做甘黄玉斧珮
二件；汉玉穿心盒一件，着上亮。钦此。"⑯其实穿心盒在唐代时
便已经出现，如观复博物馆藏唐越窑青釉环形盒（图4-5-61），
又日本大和文华馆藏一件时代约为晚唐的鸿雁纹环形银盒⑰（图
4-5-62），形制与前者一致。天津蓟县独乐寺塔出土辽代银环形盒
一件⑱，盒外径12、内径9.6、高2.6厘米。

　　穿心盒适合佩系随身携带，佩系时以丝织物或系带穿过环中
小孔，如黑龙江阿城金齐王墓男性墓主人怀中的汗巾⑲，巾角以丝
绦穿有一个菱形白玉坠，玉坠下边便系有环形小玉盒，盒内有残

图4-5-61　观复博物馆藏唐越窑青釉环形盒

图4-5-62　日本大和文华馆藏鸿雁纹环形银盒线描图

留的白色粉末。女主人的穿心盒置于腰间，丝绦一端系盒，盒内盛装白色粉末，一端为圆形黑色物质，考古人员推断这是女性化妆用的粉黛。

明清的穿心盒内所装之物可依据个人所需，更为多样化，如盛装香茶等。《金瓶梅》第五十九回说西门庆从袖中取出的汗巾，一头拴着三事儿，一头便束着金穿心盒，郑爱月儿以为盒内所装为香茶，但其内所装却是西门庆平日所服补药。此处穿心盒内所装虽是秘药，但从郑爱月儿对盒用途的认识来看，可知此盒平常多是用来盛放香茶的。清代时环形盒又出新样，如故宫博物院藏清和田玉镂雕山水人物香囊（图4-5-63），亦为穿心盒式，只是表面镂空纹样，可作香囊之用。

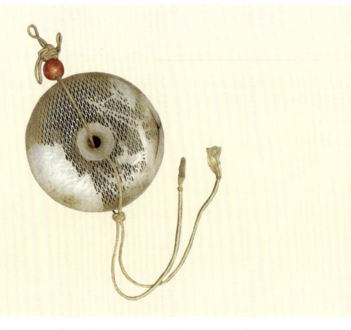

图4-5-63　故宫博物院藏清和田玉镂雕山水人物香囊

## 第六节　玲珑油盒

　　油盒多作盛装面油或梳头油之用。我国早在汉代就有润发用品，刘熙《释名·释首饰》曰："香泽者，人发恒枯悴，以此濡泽之也。"这里的"香泽"便是润发之物。唐代油盒整体形制与粉盒较为相似，两者最大的不同在于器口，粉盒盛放的多为凝脂、膏状物质，器口较大，多为直口；油盒盛放的为液体，所以器口多向上凸起，收敛为小口，油装在盒内，拿动时不容易溢出。如浙江临安晚唐钱宽夫人水邱氏墓出土的青瓷粉盒[⑭]（图 4-6-1），圆拱形盖顶，口径9.2、高2.2厘米。同墓出土的青瓷油盒缺盖，盒身如水盂，子口以上内敛成小口，口径4.3、足径5.5、高6.0厘米。此油盒形制与冯先铭《中国陶瓷史》中对油盒的描述一致："长沙窑早期盒子与金银器的造型相同，盒体较高，上下平分二等分，盖面和器底坦平，转角处弧度较小。另一种与上述式样相同，盒

图 4-6-1 · 浙江临安晚唐钱宽夫人水邱氏墓出土青瓷粉盒

盖面上有褐彩自书'油合'二字，盒下半部如水盂，小口，油装在盒里，拿动时不易溢出，是盛装妇女梳发用油的盒。"⑩

　　这种装饰"油合"二字的瓷盒多见于长沙窑瓷器，如 1975 年发掘的扬州唐城遗址出土的一件黄釉瓷盒⑫（图 4-6-2），盒盖面以绿彩草书"油合"二字，盒径 10.4、高 2.8 厘米。上海博物馆陈列的唐代长沙窑油盒盖上的"油合"二字虽已模糊（图 4-6-3），但仍可看出字的印迹。唐代油盒亦有带流者，扬州凯运天地商业广场唐墓出土的一件带流油盒⑭（图 4-6-4），造型较为独特，此油盒由两部分组成，上层为盖，下层为盒体，盖隆起，呈馒头状，敞口圆唇，口沿较高，折肩，盒体直腹，矮圈足，外底有旋削痕，中心有一微凸鸡心，外壁腹部有流，流身上翘，圆筒形，斜直口，通高 7.0、腹径 8.6 厘米，盖中心釉下褐彩自书"油合"二字。此油盒因为有流，具备了盒与壶的双重功能，使用起来更为方便。另《长沙窑·综述卷》里记载的一例"坛形灯"⑭，从器型上看应也是带流油盒，只是缺盖。长沙窑兴起于八世纪中叶，至五代而衰，宋代后则销声匿迹，其瓷器产品主要针对国内大众以及境外市场。彩绘是长沙窑最重要的装饰特征，在瓷器上题写文字也是彩绘内容之一，这些文字包括广告语、诗文、器物用途说明等。值得一提的是，于油盒器盖加文字装饰以说明盒的用途，其原因除了装饰之用，应该也有实用的考虑，如由于存在部分粉盒与油盒盖合完整时外形相似的情况，标注文字说明后可方便使用者，妆扮时不必打开器盖，便可区分两只外形相似的瓷妆盒何为脂粉盒，何为油盒。

　　器盖上无"油合"二字标记的唐代油盒亦十分多见，如绍兴

图 4-6-2　扬州唐城遗址出土黄釉瓷盒

图 4-6-3　上海博物馆藏长沙窑油盒

图 4-6-4　扬州凯运天地商业广场唐墓出土带流油盒

博物馆藏唐越窑青瓷油盒[⑬]（图 4-6-5），器身扁圆，小口内敛、平沿，盒盖平顶，斜肩，直壁，盖上刻花卉纹，口径 3.7、底径 7.5、通高 4.0 厘米。再如宁波博物院收藏的两件唐代越窑油盒[⑭]（图 4-6-6、图 4-6-7），两件均为盖碗状，其中一件器盖造型独特，呈帽式，盖面正中置一圆钮，方便抓取。

　　随着长沙窑在宋代的没落，标有"油合"二字的瓷盒也基本不见。成都市博物馆新址地层出土一件宋代带流油盒[⑮]（图 4-6-8），简报称其为执壶，按其形制及大小看，应归为油盒或水盂类。该带流油盒缺盖，小口鼓腹，平底短流，口径 2.6、底径 3.3、通高 5.0 厘米。宋元用于盛装面油或发油的容器以小型银盖罐最具代表

图 4-6-5　绍兴博物馆藏唐越窑青瓷油盒

图 4-6-6　宁波博物院藏唐越窑油盒

图 4-6-7　宁波博物院藏唐越窑油盒

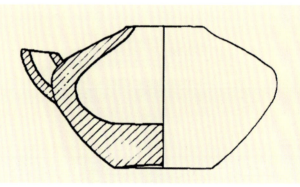

图 4-6-8　成都市博物馆新址出土带流油盒线描图

性。这类银盖罐又称作"油缸"，南宋刻本《碎金·家生篇》"妆
奁"一条有"油瓯"一事，油瓯即油缸。宋代油缸一般为有盖小
罐，敛口，圆肩，收腹，有子口，能够与罐口紧密结合，有利于
罐内之物的储存。比较特别的是小罐罐盖下通常连有小勺，这样
的设计一是方便使用，使用时只需抓住盖钮便可舀出发油，同时
将小勺与器盖相连，也便于小勺的保管，此类带勺小罐在上述宋
代粉盒内容中已有讲述。元代油缸又一别致的例子为吕师孟墓出
土的银柿形小罐[⑬]（图 4-6-9），形如柿子，鼓腹小口，有柿蒂形
盖，一弯叶梗作钮，柿蒂下边连一个小勺，高 3.4、腹径 6.1 厘米。

　　明清的油盒又可称作"抿头缸"。清震钧《天咫偶闻》卷一
中录光绪大婚之妆奁有"金漱口盂成对，金抿头缸成对"，抿头缸
应是用来盛放梳头油、刨花水的容器，刨花水为用桐木刨花浸泡
而稍带黏性的水，清代时使用比较普遍。日本学者青木正儿所著
《北京风俗图谱》中的"梳妆器具图"[⑭]（图 4-6-10），妆台上绘有
一把抿子，正放置于抿头缸内。

图 4-6-9　元吕师孟墓出土银柿形小罐

图 4-6-10　《北京风俗图谱》梳妆器具图

**注释**

① 王轩：《山东邹县七家岭村出土的西周铜器》,《考古》, 1965 年第 11 期。

② 河南省文物考古研究所、三门峡市文物工作队 :《三门峡虢国墓》, 文物出版社, 1999 年, 第 251 页。

③ 孙秉君等 :《陕西韩城梁带村遗址 M26 发掘简报》,《文物》, 2008 年第 01 期。

④ 王保平等 :《陕西澄城刘家洼春秋芮国遗址东Ⅰ区墓地 M49 发掘简报》,《文物》, 2019 年第 07 期。

⑤《广州日报》2021 年 2 月 5 日官方微博《中国春秋时期已有男性美白化妆品》。

⑥ 苏昭秀等 :《枣庄市东江周代墓葬发掘报告》,《海岱考古》第四辑。

⑦ 尹秀娇等 :《山东枣庄徐楼东周墓发掘简报》,《文物》, 2014 年第 01 期。

⑧ 郭移洪等 :《河南淇县宋庄东周墓地 M4 发掘简报》,《华夏考古》, 2015 年第 04 期。

⑨ 固始侯古堆一号墓发掘组 :《河南固始侯古堆一号墓发掘简报》,《文物》, 1981 年第 01 期。

⑩ 前揭《山东枣庄徐楼东周墓发掘简报》。

⑪ 李则斌 :《江苏盱眙县大云山西汉江都王陵一号墓》,《考古》, 2013 年第 10 期。

⑫ 安徽省文物考古研究所等 :《巢湖汉墓》, 文物出版社, 2007 年, 第 126 页。

⑬ 刘林 :《江西南昌市东吴高荣墓的发掘》,《考古》, 1980 年第 03 期。

⑭ 刘江生 :《湖北襄樊樊城菜越三国墓发掘报告》,《考古学报》, 2013 年第 03 期。

⑮ 张立东 :《美国麦克林氏藏前凉郭富贵衣物疏》,《西域研究》, 2017 年第 02 期。

⑯ 吴勇 :《新疆尉犁县营盘墓地 1999 年发掘简报》,《考古》, 2002 年第 06 期。

⑰ 傅举有 :《湖南资兴晋南朝墓》,《考古学报》, 1984 年第 03 期。

⑱ 高至喜：《长沙南郊的两晋南朝隋代墓葬》，《考古》，1965 年第 05 期。

⑲ 南京市文物保管委员会：《南京象山东晋王丹虎墓和二、四号墓发掘简报》，《文物》，1965 年第 10 期。

⑳ 吴业恒等：《洛阳涧西区唐代墓葬发掘简报》，《文物》，2011 年第 06 期。

㉑ 中国社会科学院考古研究所：《偃师杏园唐墓》，科学出版社，2001 年，第 201、198 页。

㉒ 陕西省考古研究院等：《法门寺考古发掘报告》，文物出版社，2007 年，彩版五七。

㉓ 李京华：《河南上蔡县贾庄唐墓清理简报》，《文物》，1964 年第 02 期。

㉔ 安徽省文物局、安徽省文物鉴定站：《鉴江淮珍存　品八皖文明——安徽文物鉴定 40 年》，安徽美术出版社，2018 年，第 346 页。

㉕ 前揭《偃师杏园唐墓》，第 224 页。

㉖ 浙江省文物考古研究所等：《晚唐钱宽夫妇墓》，文物出版社，2012 年，第 74 页。

㉗ 齐东方：《丁卯桥和长辛桥唐代金银器窖藏刍议》，《文博》，1998 年第 02 期。

㉘ 前揭《偃师杏园唐墓》，第 224 页。

㉙ 前揭《偃师杏园唐墓》，第 201 页。

㉚ 上海博物馆：《宝历风物：“黑石号”沉船出水珍品》，上海书画出版社，2020 年，第 273 页。

㉛ 前揭《宝历风物：“黑石号”沉船出水珍品》，第 270 页。

㉜ 王炬等：《洛阳关林镇唐墓发掘报告》，《考古学报》，2008 年第 04 期。

㉝ 司马国红：《洛阳市东明小区 C5M1542 唐墓》，《文物》，2004 年第 07 期。

㉞ 李峰等：《河南宝丰小店唐墓发掘简报》，《文物》，2020 年第 02 期。

㉟ 高明涛等：《唐李倕墓发掘简报》，《考古与文物》，2015 年第 06 期。

㊱ 前揭《晚唐钱宽夫妇墓》，第 69 页。

㊲ 前揭《宝历风物：“黑石号”沉船出水珍品》，第 242 页。

㊳ 呼林贵等：《西安东郊唐韦美美墓发掘记》，《考古与文物》，1992 年第

05 期。

㊴ 前揭《偃师杏园唐墓》，第 130、149 页。

㊵ 前揭《洛阳市东明小区 C5M1542 唐墓》。

㊶ 赵国璧 :《河南巩县石家庄古墓葬发掘简报》,《考古》，1963 年第 02 期。

㊷ 王永平 :《从土贡看唐代的宫廷饮食（上）》,《饮食文化研究》，2004 年第 03 期。

㊸ 前揭《宝历风物 :“黑石号”沉船出水珍品》，第 270 页。

㊹ 王文华等 :《巩义铝厂唐墓发掘简报》,《中原文物》，2004 年第 14 期。

㊺ 尚巧云等 :《洛阳龙门张沟唐墓发掘简报》,《文物》，2008 年第 04 期。

㊻ 沈小敏 :《新郑市郑韩故城内近年发现的几座唐墓》,《中原文物》，2006 年第 01 期。

㊼ 刘呆运等 :《西安西郊唐代小型墓葬发掘简报》,《考古与文物》，2017 年第 05 期。

㊽ 张南等 :《扬州市东风砖瓦厂唐墓出土的文物》,《考古》，1982 年第 03 期。

㊾ 刘松林 :《江苏扬州广陵区凯运天地商业广场唐代墓葬群发掘简报》,《东方文化》，2020 年第 02 期。

㊿ 秦宗林等 :《江苏扬州南唐田氏纪年墓发掘简报》,《文物》，2019 年第 05 期。

(51) 付国静 :《长安春——走进文物世界中的大唐盛世》,《收藏》，2018 年第 10 期。

(52) 李则斌 :《扬州新近出土的一批唐代文物》,《考古》，1995 年第 02 期。

(53) 周世荣 :《湖南古墓与古窑址》，岳麓书社，2004 年，第 350 页。

(54) 图片采自湖南博物院官网。

(55) 以下表中器物图片未说明来源者，均采自马未都《百盒 千合 万和》（紫禁城出版社，2009 年）。

(56) 北京市文物管理处 :《近年来北京发现的几座辽墓》,《考古》，1972 年第 03 期。

(57) 潘六坤 :《浙江省海宁县东山宋墓清理简报》,《文物》，1983 年第 08 期。

○58 陕西省考古研究院等 :《蓝田吕氏家族墓园》,文物出版社,2018 年,第 728 页。

○59 前揭《蓝田吕氏家族墓园》,第 851 页。

○60 前揭《蓝田吕氏家族墓园》,第 264 页。

○61 图片采自苏州吴文化博物馆官网。

○62 图片采自故宫博物院官网。

○63 安徽省博物馆 :《安徽省博物馆藏瓷》,文物出版社,2002 年,第 93 页。

○64 章伟云 :《幽兰神采 沉鱼落雁——江西抚州市博物馆馆藏元代青花粉盒鉴赏》,《南方文物》,2013 年第 02 期。

○65 王磊 :《西安长安区郭杜镇清理的三座宋代李唐王朝后裔家族墓》,《文物》,2008 年第 06 期。

○66 前揭《浙江省海宁县东山宋墓清理简报》。

○67 前揭《湖南古墓与古窑址》,第 382 页。

○68 笔者摄于镇江博物馆。

○69 图片采自苏州吴文化博物馆官网。

○70 刘勤等 :《江苏仪征都市枫林唐宋墓群发掘简报》,《东南文化》,2010 年第 04 期。

○71 前揭《江苏仪征都市枫林唐宋墓群发掘简报》。

○72 浙江省博物馆、定州市博物馆 :《心放俗外——定州静志、净众佛塔地宫文物》,中国书店,2015 年,第 233 页。

○73 前揭《心放俗外——定州静志、净众佛塔地宫文物》。

○74 笔者摄于镇江博物馆。

○75 图片采自扬州博物馆官网。

○76 笔者摄于苏州博物馆。

○77 沈芯屿 :《粉黛香盒——女性文物之唐宋瓷粉盒研究》,《美育学刊》,2014 年第 05 期。

○78 前揭《安徽省博物馆藏瓷》,第 97 页。

○79 笔者摄于镇江博物馆。

⑧　笔者摄于苏州博物馆。

⑧　陈峰:《绍兴博物馆藏唐宋越窑青瓷》,《东方博物》,2018 年第 02 期。

⑧　新加坡收藏家学会:《新加坡藏瓷》,广西美术出版社,2000 年, 第 62 页。

⑧　前揭《新加坡藏瓷》,第 68 页。

⑧　前揭《新加坡藏瓷》,第 71 页。

⑧　福州市文物管理局:《福州文物集粹》,福建人民出版社,1999 年, 第 103 页。

⑧　前揭《安徽省博物馆藏瓷》,第 100 页。

⑧　前揭《安徽省博物馆藏瓷》,第 99 页。

⑧　前揭《蓝田吕氏家族墓园》,第 739 页。

⑧　前揭《蓝田吕氏家族墓园》,第 933 页。

⑨　前揭《蓝田吕氏家族墓园》,第 385 页。

⑨　齐小光等:《辽耶律羽之墓发掘简报》,《文物》,1996 年第 01 期。

⑨　《北京文物精粹大系》编委会、北京市文物局:《北京文物精粹大系·金银器卷》,北京出版社,2004 年, 第 58 页。

⑨　内蒙古自治区文物考古研究所、哲里木盟博物馆:《辽陈国公主墓》,文物出版社,1993 年, 图版五、图版六。

⑨　辽宁省文物考古研究所等:《朝阳北塔——考古发掘与维修工程报告》,文物出版社,2007 年, 第 77 页。

⑨　陈晶等:《江苏武进村前南宋墓清理纪要》,《考古》,1986 年第 03 期。

⑨　陈子凤等:《湖州菁山宋墓》,《东南文化》,2007 年第 04 期。

⑨　邵建白:《安徽六安县花石咀古墓清理简报》,《考古》,1986 年第 10 期。

⑨　前揭《湖州菁山宋墓》。

⑨　李科友等:《江西德安南宋周氏墓清理简报》,《文物》,1990 年第 09 期。

⑩　郑辉:《福州茶园山南宋许峻墓》,《文物》,1995 年第 10 期。

⑩　湖南省博物馆:《湖南宋元窖藏金银器发现与研究》,文物出版社,2009 年, 第 267 页。

⑩　前揭《福州文物集粹》,第 66 页。

⑬ 前揭《湖州菁山宋墓》。

⑭ 前揭《福州茶园山南宋许峻墓》。

⑮ 前揭《安徽六安县花石咀古墓清理简报》。

⑯ 前揭《蓝田吕氏家族墓园》，第 741 页。

⑰ 前揭《安徽六安县花石咀古墓清理简报》。

⑱ 郭远谓：《苏州吴张士诚母曹氏墓清理简报》，《考古》，1965 年第 06 期。

⑲ 陈兴吾：《浙江湖州三天门宋墓》，《东南文化》，2000 年 09 期。

⑳ 前揭《安徽六安县花石咀古墓清理简报》。

㉑ 高振卫等：《江苏江阴夏港宋墓清理简报》，《文物》，2001 年第 06 期。

㉒ 上海辞书出版社文学鉴赏辞典编纂中心：《汤显祖曲文鉴赏辞典》，上海辞书出版社，2013 年，第 85 页。

㉓ 许建林等：《沉睡的文明：好普艺术博物馆"海捞珍瓷展"》，《收藏》，2017 年第 10 期。

㉔ 崔勇：《广东汕头市"南澳Ⅰ号"明代沉船》，《考古》，2011 年第 07 期。

㉕ 陈丽芳：《十至十九世纪德化窑外销粉盒的时代特征》，《东方收藏》，2010 年第 11 期。

㉖ 何继英：《上海明墓》，文物出版社，2009 年，第 75 页。

㉗ 马未都：《百盒 千合 万和》，紫禁城出版社，2009 年，第 185 页。

㉘ 江建新等：《江西景德镇落马桥红光瓷厂窑址明清遗存发掘简报》，《文物》，2020 年第 11 期。

㉙ 图片采自瑷珲历史陈列馆官网。

㉚ 图片采自瑷珲历史陈列馆官网。

㉛ 余继明编著：《中国瓷器图鉴·印盒类》，浙江大学出版社，2002 年，第 42—45 页。

㉜ 图片采自重庆三峡博物馆官网。

㉝ 陈志高：《中国银楼与银器·总述》，清华大学出版社，2015 年，第 51 页。

㉞ 董洪全：《清代银器鉴赏》，西泠印社出版社，2012 年，第 121 页。

㉟ 沈雁：《略论清民国时期多格银粉盒的三种样式》，《大众文艺》，2020 年第

20 期。

㉖ [明] 曹昭撰，[明] 王佐补：《新增格古要论》，中国书店，1987 年。

㉗ 欣弘：《百姓收藏图鉴：金银器、琉璃器、珐琅器》，湖南美术出版社，2009 年，第 90 页。

㉘ 北京市文物局：《北京文物精粹大系·金银器卷》，北京出版社，2004 年，第 14 页。

㉙ 湖北省文物考古研究所：《郢靖王墓》，文物出版社，2016 年，第 101 页。

㉚ 前揭《北京文物精粹大系·金银器卷》，第 22 页。

㉛ 胡涛：《明荆敬王墓金银玉器的清洗及修复》，《文物修复与研究》，2012—2013 年合集。

㉜ 以下粉盒图片大都采自故宫博物院、沈阳故宫博物院以及首都博物馆官网。

㉝ 故宫博物院：《官样御瓷》，紫禁城出版社，2008 年，第 53—54 页。

㉞ [明] 项元汴编，[英] 卜士礼编译：《历代名瓷图谱》，浙江人民美术出版社，2016 年，图 75。

㉟ 前揭《北京文物精粹大系·金银器卷》，图 268。

㊱ 张荣：《养心殿造办处史料辑览》第七辑，故宫出版社，2016 年，第 81 页。

㊲ 韩伟：《海内外唐代金银器萃编》，三秦出版社，1989 年，图二四三。

㊳ 天津市历史博物馆考古队等：《天津蓟县独乐寺塔》，《考古学报》，1983 年第 01 期。

㊴ 郝思德等：《黑龙江阿城巨源金代齐国王墓发掘简报》，《文物》，1989 年第 10 期。

㊵ 前揭《晚唐钱宽夫妇墓》，第 65 页。

㊶ 冯先铭等主编：《中国陶瓷史》，文物出版社，1982 年，第 139 页。

㊷ 南京博物院发掘工作组等：《扬州唐城遗址 1975 年考古工作简报》，《文物》，1977 年第 09 期。

㊸ 前揭《江苏扬州广陵区凯运天地商业广场唐代墓葬群发掘简报》。

㊹ 长沙窑编辑委员会：《长沙窑·综述卷》，湖南美术出版社，2004 年，第 88 页。

⑭ 前揭《绍兴博物馆藏唐宋越窑青瓷》。

⑭ 图片采自宁波博物院官网。

⑭ 颜劲松等:《成都市博物馆新址发掘简报》,《成都考古发现》,2009 年。

⑭ 魏彩苹:《吕师孟墓金银器考察》,《东南文化》,1994 年第 03 期。

⑭ [日]青木正儿编图,[日]内田道夫解说,张小钢译注:《北京风俗图谱》,东方出版社,2019 年,第 132 页。

第五章

梳具琳琅

古人由于秉持着「身体发肤受之父母」的观念，无论男女都留长发，梳理头发的工具自然必不可少。与现代梳具相比，古代的梳具类别更为多样，功能也更为丰富。具体来看，古代梳具的种类有梳、篦、抿、掭、梳刷、帚、剔篦、拨、扁针等，这些梳具分别承担着梳理、清洁头发，以及梳刷头油、分拨发隙、清理梳篦污垢等功能。

# 第一节　梳子与篦子

## 一、史前梳篦

梳、篦是古代梳理头发的主要工具，两者的区别在于齿部，梳齿较粗且齿距较疏，篦齿较细且齿距较密；两者分工也有不同，梳用作梳顺头发，而篦用作清洁头发。明末清初文学家、戏剧家李渔《闲情偶寄·声容部》"盥栉"条对梳篦的功能说得十分详细："善栉不如善篦，篦者，栉之兄也。发内无尘，始得丝丝现相，不则一片如毡，……故善蓄姬妾者，当以百钱买梳，千钱购篦。篦精则发精，稍俭其值，则发损头痛，篦不数下而止矣。篦之极净，始便用梳。"早在新石器时代，人们便开始使用梳子，篦较梳要出现得晚一些，约在春秋时出现。考古发现，年代较早的梳子大都用兽骨、牛角、象牙或玉石制成。最早的梳子多为五齿，为模仿人手形态而成。如甘肃永靖县张家咀遗址[①]、浙江嘉兴吴家浜 M5[②]（图 5-1-1）、江苏邳县刘林新石器时代遗址[③]（图5-1-2）出土的骨梳和象牙梳，均为五齿。

史前梳篦的造型一般有长方形、梯形、钺形、鱼尾形等，梳子的尺寸高多大于宽，梳背的高度多大于梳齿的高度（或两者高度接近），梳齿多为扁宽形。山西襄汾陶寺新石器时代墓葬就出土有石梳和玉梳[④]，石梳呈钺形（图 5-1-3），有梳齿二十个，梳背上端钻一圆孔，通高 9.4、齿端宽 7.9 厘米。玉梳为长方形，梳齿十一个，通高 10.2、宽 6.5 厘米。

浙江海盐周家浜 M30 出土的梳子是史前保存得最为完整的象

图 5-1-1　浙江嘉兴吴家浜 M5 出土象牙梳

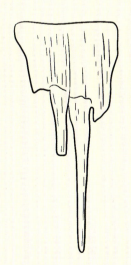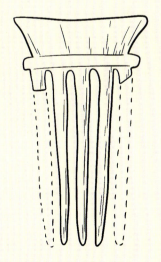

图 5-1-2　江苏邳县刘林新石器时代遗址出土骨梳线描图

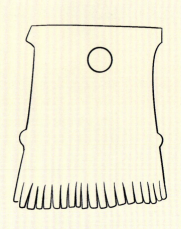

图 5-1-3　山西襄汾陶寺新石器时代墓葬出土钺形石梳线描图

牙梳[⑤]（图 5-1-4），该梳由象牙梳身与玉"冠状饰"镶嵌组合而成，象牙梳身饰席纹与云雷纹组合纹样，有梳齿六个，梳子通高10.8、顶宽 6.4 厘米。中国国家博物馆藏 1959 年山东泰安大汶口出土的象牙梳（图 5-1-5），造型美观，工艺精致，是迄今为止远古时期保存最为完好的梳子。梳略呈倒梯形，背厚齿薄，上端钻三个圆孔，边缘刻有四个沟槽，似为镶嵌之用。主体部分镂雕出由三行条孔组成的"8"字旋纹图案，并内填"T"形镂空花纹，梳长 16.2 厘米。

　　新石器时代的梳子纹样题材有神人兽面纹、自然气象纹、几何纹样等。其中神人兽面纹最具代表性，如浙江余杭反山[⑥]、瑶山[⑦]良渚墓地出土的多件神人兽面纹玉质梳背（图 5-1-6），梳背纹样镂雕或阴刻，将不同形态的人或兽抽象后神化表现，代表原始

图 5-1-4　浙江海盐周家浜 M30 出土象牙梳及局部纹饰

图 5-1-5　中国国家博物馆藏山东泰安大汶口出土象牙梳

图 5-1-6　浙江余杭反山、瑶山良渚墓地出土神人兽面纹玉质梳背

宗教的信仰崇拜。从当时出土的梳梳冠之上多有对穿小孔的设计
看，其可能作随身系佩之用，并不是单纯梳理头发，且梳子表面
装饰的人神结合的形态，被看作当时的"神徽"符号，代表人神
交流的美好愿望，是一种身份标识，或为权力、地位的象征。

　　二、商周梳篦

　　商代的梳子以妇好墓出土的最为精美[⑧]。此墓出土有两件玉
梳，其一梳背雕一对站立状、鸟头相对的鹦鹉（图 5-1-7），梳
背中部有一小圆孔，梳面近似扇形，有梳齿十五个，梳齿为扁宽
状，高 10.4、宽 5.1 厘米。其二梳面近似长方形（图 5-1-8），

图 5-1-7　妇好墓出土对鹦鹉梳

图 5-1-8　妇好墓出土八齿玉梳

梳背较窄，梳面较宽，背顶中部有一长条形小突，稍下有一小圆孔，有八个扁宽形梳齿，梳背饰饕餮纹，高 7.1、宽 4.4—4.9 厘米。同墓出土的另一把骨梳（图 5-1-9），长方形，齿残，梳背刻兽面纹、波折线纹，背脊中间饰一小鸟，并设对穿小孔。

上海博物馆藏一件商代晚期玉梳（图 5-1-10），长 8.3、宽 6.7 厘米，整体呈倒梯形，梳背饰弦纹，中间有孔，下有梳齿八根。中国国家博物馆藏商代玉梳（图 5-1-11），梳背光平，形似斧钺，上端凸出处穿孔。水沁呈白色，表面残留朱砂，梳原有九枚齿，今残一枚，齿与背相连处两面对刻横线两道，梳长 9.7、宽 5.7 厘米。

西周发现的梳子较少，这一时期的梳子造型以长方形为多，梳脊上部流行装饰钮形突，同时，这一时期还出现了篦。首都博物馆藏北京市房山区琉璃河遗址出土的西周象牙篦（图 5-1-12），长方形，梳背与篦齿高度相近，篦齿细密，梳背上雕刻对称的勾云纹，梳背顶部中间有一钺形钮。陕西宝鸡竹园沟 M13 出土的一把铜梳[9]（图 5-1-13），梳背较矮，背脊上有埤楼状钮，有九个梳齿，M7 出土的一把铜梳[10]（图 5-1-14），梳背为倒月牙形，下接梳齿十一根，梳背顶部中间有一环形钮。

东周时期的梳子发现较多，其造型也开始多样化，梳齿的形状开始由粗向细发展，并且梳齿数目开始增多。东周时期发现较多的一种梳子是对鸟梳（篦）（图 5-1-15），此类梳篦的材质主要有兽骨、象牙等，其背脊两端均雕刻对称状的鸟，部分对鸟的中间饰有卷曲状蟠虺，此外梳背两侧多设有圆鼓中空的对穿孔，其梳齿两侧上窄下宽，形似鱼尾。

图 5-1-9　妇好墓出土骨梳

图 5-1-10　上海博物馆藏商代晚期玉梳

图 5-1-11    中国国家博物馆藏商代玉梳

图 5-1-12    北京市房山区琉璃河遗址出土西周象牙篦

图 5-1-13　陕西宝鸡强国墓地竹园沟 M13 出土铜梳

图 5-1-14　陕西宝鸡强国墓地竹园沟 M7 出土铜梳

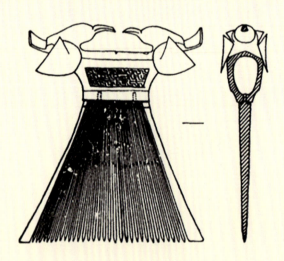

图 5-1-15　东周对鸟梳及线描图

除了对鸟梳，还有对兽梳。山东临淄范家墓地战国墓出土有三枚象牙梳、一枚象牙篦[11]（图5-1-16）。三枚象牙梳，其一为马蹄形；其二为亚字形，背脊两侧有二兽首相背；其三亦为亚字形，梳背上部有十字形长柄，柄首弯曲。象牙篦为鱼尾形，顶有一对后肢站立、前肢曲卧、背相对之兽形饰。

此时也有一些造型较为简洁的梳篦。山西长治分水岭春秋墓M270出土的一件竹篦[12]（图5-1-17），是目前发现较早的竹篦，该墓年代为春秋晚期，篦残长5.0厘米，篦脊平直，双肩外侈，向下收敛后外展呈鱼尾形。湖北随县曾侯乙墓出土的一枚玉梳[13]（图5-1-18），略呈梯形，厚度由上至下渐薄，梳背中间有一小孔，两面阴刻斜线纹和云雷纹，梳齿共二十三个，长9.6、齿口宽6.5厘米。浙江绍兴三〇六号战国墓出土的一件玉梳[14]（图5-1-19），整体呈长方形，背略上鼓，双肩外侈，正背两面阴刻云纹，有梳齿十八个，梳高7.7、宽6.6、厚0.5厘米。

战国中晚期，马蹄形梳篦开始出现并一直流行至汉代。马蹄形梳篦梳背为半圆形，齿面为长方形，梳背及梳齿的高度基本接近，且背部厚、齿部薄。马蹄形梳篦曲线与直线相结合，造型简洁而不失柔美，与前代梳篦相比，弧形梳背与手掌更为贴合，实用性增强。早期的马蹄形梳篦集中发现于湖北江陵、湖南长沙、河南信阳等地的楚墓中。这类马蹄形梳篦多为竹木材质，湖北荆门包山二号战国晚期楚墓出土的四件木梳篦均为马蹄形，素面一对，透雕一对[15]（图5-1-20），透雕者为于梳背镂空雕饰相对而立的凤鸟一对，高8.5、宽6.9厘米。

战国时期马蹄形梳篦梳背的装饰也十分丰富，工艺有彩绘、

图 5-1-16　山东临淄范家墓地战国墓出土象牙梳、篦

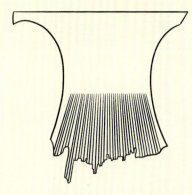

图 5-1-17　山西长治分水岭春秋墓 M270 出土竹篦线描图

图 5-1-18　湖北随县曾侯乙墓出土玉梳

图 5-1-19　浙江绍兴三〇六号战国墓出土玉梳

图 5-1-20　湖北荆门包山二号战国晚期楚墓出土透雕凤纹梳

镂雕、浅浮雕等，纹样则有云纹、雷纹、螭纹、凤纹、鹿纹、神兽纹等，纹样题材与同时期青铜器、玉器等器物装饰纹样具有一致性。纹样造型在尊重原型的基础之上，又运用省略、夸张等装饰手法，高度提炼外形特征，极富装饰性。如湖北江陵九店五二六号墓出土的战国方马蹄木梳⑯（图 5-1-21），梳背饰一神兽，翘臀回首，张口瞠目，头部有角，身躯呈横向的 S 状，三足抬起，朝上方迈进，动感十足。再如湖北荆州天星观楚墓出土的高马蹄形梳⑰（图 5-1-22），梳背透雕两只鹿，鹿首回顾，长鼻，张口屈颈，尖耳后立，鹿首相向，鹿身相背，鹿尾相连，前肢微屈，后肢抬起且交错，作奔行状，形象饱满肥硕。河北平山战国

图 5-1-21　战国方马蹄木梳线描图

图 5-1-22　战国高马蹄形梳

中山国墓出土的两件玉梳[18]（图 5-1-23），均为马蹄形。其一梳背透雕两相向凤鸟，梳背上边框饰圆首尖勾纹，下边框饰中山玉器常出现的纵横排列网格纹。其二梳背中下部收腰，透雕四对抽象鸟首，上部边框阴刻 S 形纹，其间填充细密的网格纹。

新疆地区出土的先秦梳子也颇具特色，如新疆五堡墓出土的一枚商周时期木梳[19]（图 5-1-24），梳柄为羊角形，梳柄中间有一孔，孔内穿系一皮质系带，齿面为长方形，有梳齿七根。新疆哈密市艾斯克霞尔墓出土的距今约三千年的一件组合型木梳[20]（图 5-1-25），梳柄由两块侧板及一块背板组合成槽状，内嵌有梳齿十九根，附边齿，以胶粘合，梳高 5.2、宽 6.5 厘米。先秦新疆地区的梳子以鄯善县洋海一号墓地群出土数量最多[21]（图 5-1-26），共出土木梳二十件，时间大约为西周中晚期。这批梳子均经打磨加工，制作十分精细，梳子的造型有瘦长形（柄部亚腰）、长方形（竖式）、长方形（横式）等，可知当时新疆地区梳子的造型设计更为丰富多样。

图 5-1-23　河北平山战国中山国墓出土两件玉梳

图 5-1-24　新疆五堡墓出土商周时期木梳

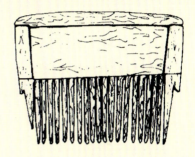

图 5-1-25　新疆哈密市艾斯克霞尔墓
出土组合型木梳线描图

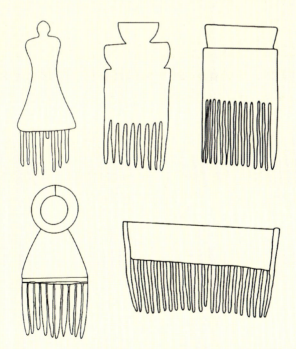

图 5-1-26　新疆鄯善县吐峪沟乡洋海墓群出土梳篦线描图

三、秦汉梳篦

秦汉时期，梳篦的材质主要有木、牙、角等，以木质最为常见，马蹄形梳篦在此时得以普及，且流行一梳一篦配套使用。马王堆一号汉墓出土的双层九子奁中，下层放的七件器物中包括一件木梳及一件木篦，其中的黄杨木篦，仅有 5 厘米宽，却有七十四枚篦齿，制作十分精细。黄杨木质地较硬，对其进行雕刻难度较大，此篦篦齿如此细密，可知西汉初期的手工业生产水平已经十分先进了。亦有梳、篦、笓三件一套的，《说文解字·竹部》："笓，取虮比也。"笓齿较篦齿更为细密。山东临沂金雀山周氏墓出土十件梳篦[22]，均为马蹄形，其中梳为四件，每件梳齿均为十个；篦为六件，亦作马蹄形，齿数从三十四至五十不等；齿数最密者应为笓。无论是三件套或二件套梳具均可成为"疏比一具"，马王堆一号墓遣册之 236 号简文中便有"疏比一具"的记载。顺带提及的是，马王堆出土的梳子有木质和角质两种，《礼记·玉藻》曰："日五盥，沐稷而靧粱，栉用樿栉，发晞用象栉。"说的是用淘稷的水洗发，用淘高粱的水洗面，刚洗后的湿发可以用樿木梳子梳理，而晾干的头发容易滞涩打结，则需要改用质地细腻的象牙梳。角质梳与象牙梳质地相似，汉墓角质梳与木质梳的一同出土，说明当时人们对于不同材质梳篦的功能特性已经十分了解。

马蹄形梳篦形制的发展总体上具有由高到低、长宽比逐渐缩小的特点。秦及汉代早期流行高马蹄形梳篦，汉代中期以后则流行方马蹄形梳篦。如山东临沂银雀山西汉墓（西汉早期）出土的四件木梳[23]均为高马蹄形。马王堆一号汉墓（西汉早期）九子奁内木梳纵高 8.5、横宽 5.0 厘米，木篦纵高 8.8、横宽 5.0 厘米，均为长马蹄形。山东临沂金雀山周氏墓（西汉中期）出土的十件梳篦[24]，纵高在 7.0 厘米左右，横宽在 5.3—5.5 厘米之间，高宽比已经有所缩小。江苏邗江姚庄一〇一号西汉墓（西汉晚期）出土的马蹄形素面木梳[25]高 7.0 厘米，宽 6.0 厘米，篦高 7.0 厘米，宽 6.0 厘米，长宽比已经很接近了。需要说明的是，方马蹄形梳篦在战国时期也有存在，如湖北荆门包山二号墓出土的战国马蹄形素面木梳[26]，长 7.9、宽 8.4 厘米。除了马蹄形梳篦，秦代及西汉早期还流行一种竖长形梳篦，此类梳篦梳背一般有似城墙的装饰，如马王堆三号汉墓出土的木梳[27]（图 5-1-27），纵高 8.8、横宽 5.2 厘米，梳背似由三层相叠组成，每层均有弦纹将其分隔成上、中、下三个部分，中腰收束，两边有呈梯形的凹槽。相同式样的角篦与角梳在湖南长沙望城坡西汉渔阳墓[28]（图 5-1-28）也有发现。再如湖北江陵凤凰山西汉墓出土木篦背上有四柱五层装饰[29]（图 5-1-29），每层皆刻划纹样，高 8.5 厘米。

秦汉梳篦以素面为多，亦有少部分装饰纹样者，纹样的类别有龙、神兽、社会生活、几何纹等。如 1978 年湖北云梦睡虎地四十七号墓出土的西汉木梳[30]（图 5-1-30），高 9.0、宽 6.3、最大厚 1.45 厘米，梳背两面浮雕，一面为鸟首兽身的奔马，另一面为吞食动物的怪兽。

湖北江陵凤凰山秦墓出土的木梳及木篦彩绘人物故事纹[31]（图 5-1-31），木梳梳背两面彩绘的为宴饮图及歌舞图，木篦篦背两面彩绘的则为送别图及相扑图，人物动态准确，比例合理，向我们展现了当时人们宴饮娱乐生活的情景。

图 5-1-27　马王堆三号汉墓出土梳篦

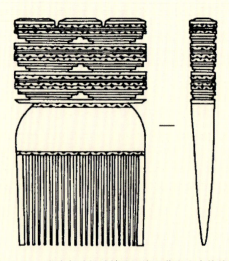

图 5-1-28　湖南长沙望城坡西汉渔阳墓出土木梳线描图

图 5-1-29　湖北江陵凤凰山西汉墓出土木梳篦

图 5-1-30　湖北云梦睡虎地四十七号墓出土西汉木梳

图 5-1-31　湖北江陵凤凰山秦墓出土木梳及木篦彩绘人物故事纹

## 四、魏晋南北朝梳篦

魏晋时期出土的梳篦实物较少，此时梳篦形制依旧以马蹄形为主，不过与前代相比，在造型上已经出现了一些新的变化，体现为梳篦长与宽的比例进一步接近，且梳齿两侧由垂直变为略微外侈，为马蹄形向箕形梳篦过渡的时期，如江西南昌火车站东晋

墓出土的六件木梳篦便为此类样式[32]（图 5-1-32）。江苏南京仙鹤
观东晋墓出土的两件木篦[33]，均为圆首方形，一件宽 7.7、高 7.2 厘
米，另一件宽 5.9、高 5.4 厘米。青海西宁北朝凌江将军墓出土的
一件象牙梳[34]（图 5-1-33），从残存样式看，已接近箕形，齿部和
梳背已部分残坏，梳高 7.4、残存宽度 6.9、齿长 3.9 厘米，梳的断
面呈三角形，背厚 0.8 厘米。梳背一面雕刻双龙戏珠纹，另一面雕
刻双凤衔结纹，梳背边沿则饰三角形连续纹。值得一提的是，唐
代所盛行的插梳装饰之风在此时已经出现。陕西咸阳平陵十六国
墓出土的一批女俑[35]，脑后头发整齐地梳贴于头（图 5-1-34），顶
端倒插一把小梳，小梳的形制为马蹄形。

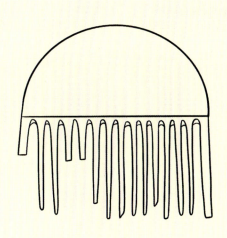

图 5-1-32　江西南昌火车站东晋墓出土木梳线描图

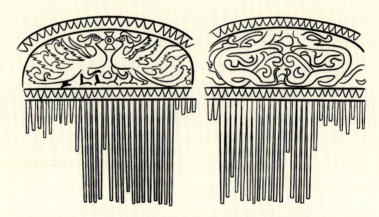

图 5-1-33　青海西宁北朝凌江将军墓出土象牙梳线描图

图 5-1-34　陕西咸阳平陵十六国墓出土女俑头部

五、唐宋梳篦

唐代是我国梳篦发展的繁盛期，梳篦在材质、工艺及装饰上都呈现出与前代不一样的风貌。考古发现的唐代梳篦材质以金、银、玉为多，亦有角质、铜质等。唐代梳篦整体多为箕形，在制作方法上既有整体制作者，亦有梳背与梳齿分体制作再组合者。此时盛行插梳之风，王建《宫词》中写道："玉蝉金雀三层插，翠髻高丛绿鬓虚。舞处春风吹落地，归来别赐一头梳。"反映的就是当时宫女头上遍插发梳的情形，因此，梳篦兼具实用与装饰的功能。插梳作发饰之用，梳齿插入发内，露出梳背，所以梳背作为视觉审美中心，其装饰就尤显重要。唐代箕形梳根据梳齿外侈角度不同，分为两式：其一为窄箕形，梳背弧度平缓，下端梳齿外侈角度小；其二为宽箕形，梳背略高，弧度平缓，下端梳齿外侈角度大，近似梯形。窄箕形梳如江苏扬州三元路出土的唐代镂空奏乐飞天纹金梳[36]（图1-2-3），以0.2—0.4毫米厚的金箔整体打造而成，纵高12.5厘米，横宽14.5厘米，梳背采用镂空工艺，周围纹饰可分五层，由外至里，第一层为镂空的缠枝梅花与蝴蝶，第二、第四层饰弦纹夹联珠纹，第三层为镂空鱼鳞纹，第五层也就是梳背中心，以卷云形蔓草纹为地，中间饰一组如意云纹，上方錾刻一对奏乐的飞天，身系飘带，一手持笙，另一手持拍板，此件金梳可称是至今唐代梳篦中制作最为精美者。安徽六安文物局藏六安唐卢夫人墓出土的银梳[37]（图5-1-35），亦为窄箕形，纵高8.2、上宽8.5、下宽9.8厘米，梳背以浅浮雕工艺饰折枝菊花。湖南保靖县四方城唐墓出土的箕形银梳[38]（图5-1-36），纵高12厘米，横宽13.4厘米，齿长4厘米，虽整体也为窄箕形，但梳背

图 5-1-35　安徽六安文物局藏唐代菊纹银梳

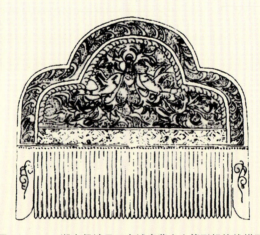

图 5-1-36　湖南保靖县四方城唐墓出土箕形银梳线描图

并非半圆形，而是作云头形。此梳梳背较高，双面模压相同的纹饰，梳背中心饰双凤朝阳纹，以连枝草叶纹作地纹，联珠纹作间隔界限，外圈边沿饰单叶草纹，下部边沿饰以菱形纹，齿边有简单的缠枝纹装饰。

　　宽箕形梳可见江苏丹徒丁卯桥唐窖藏出土的素面角梳[39]（图5-1-37），三件齿稍残，两件稍大，横宽10.0—13.3、纵高8.5厘米，另两件横宽7.8—10.7、纵高6.0厘米。又观复博物馆藏一件唐代白玉箕形梳（图5-1-38），梳背较矮，上浮雕花卉卷草纹，此梳梳齿下方排列为弧线的设计较为特别。甘肃省博物馆藏武威市出土的唐代鎏金铜梳[40]（图5-1-39），长14.4、宽12.2厘米，梳背浮雕有对蝶纹。长沙市博物馆藏桃花岭中南工大一号墓出土的一对唐代金梳亦为宽箕形（图5-1-40），对梳大小纹饰均相同，纵高3.1、横宽4.5厘米，梳背以高浮雕工艺装饰纹样，边沿部饰联珠纹，中间饰莲花莲蓬纹。此梳形制异常小巧，唐代插梳讲究对称及大小梳搭配，唐周昉《挥扇仕女图》、张萱《捣练图》中均可见此类妆扮，元稹《恨妆成》："满头行小梳，当面施圆靥。"此对小金梳与唐诗及绘画作品中的人物头饰妆扮十分吻合。

　　上述唐代金、银、玉及角质梳均为整体打造，除此，亦有分体制作的梳篦。分体制作的梳篦的梳背材质一般为金银或玉，梳齿材质则多为木质，所以发现时基本仅存梳背。如江苏镇江唐代墓葬出土的龟凤纹鎏金银梳背[41]，弧背平口，正反两面相合，内夹木质梳的梳齿已朽。唐代金梳背最著名的便是陕西历史博物馆藏何家村出土的金梳背（图1-2-4），梳背长7.9、高1.5、厚0.34厘米，纯金质地，小半月形。金梳背的底部中空，内部可以

图 5-1-37　江苏丹徒丁卯桥唐窖藏出土素面角梳

图 5-1-38　观复博物馆藏唐代玉梳

图 5-1-39　甘肃省博物馆藏武威市出土唐代鎏金铜梳

图 5-1-40　长沙市博物馆藏唐代金梳

固定梳齿。梳背以顶端相连的两层半月形金片为基质，两面掐丝焊接出花纹。梳背中心为对称的卷枝花草，卷枝花草由金丝坠焊的多重卷枝和金框内填金珠的花苞构成，边框是金丝编结的绳索纹，下沿另加一条由小金珠坠焊的联珠纹。梳脊部用两股金丝编结成卷云式纹样，加圆形外框和联珠边饰，折叠装饰在梳背脊部的两面，形成了垂幔式的装饰效果。1988年陕西咸阳底张湾唐贺若氏墓出土的金框宝钿金梳背[42]（图 5-1-41），与唐代常见的半月形梳背不同，此梳背呈梯形，周边饰金扁丝编成的联珠纹，其中心部位一面饰以金扁丝编成的双鹊戏荷图，另一面饰以金扁丝编成的荷花双梅图，主图之外均焊有密集的小金珠，图案形成的金框内原镶嵌有宝石，大部分已缺失，梳齿为象牙质，也基本残失。

　　中国国家博物馆藏多件唐代玉梳背，这些玉梳背多为半月形，上部呈弧形，下部平直，长在 12—14 厘米之间，高在 5 厘米上下，厚 0.2 厘米左右，且下部薄平，磨出内棱，用以嵌入梳槽。梳背浅刻纹样，纹样有海棠花、双鸟等（图 5-1-42）。如双鸟纹玉梳背，长 14.0、宽 5.6、厚 0.2 厘米，两面正中阴刻双鸟纹，纹饰大致相同。两只鸟作展翅飞翔状，相互呼应。以粗线将羽翅分为三部分，并用细斜阴线表示羽毛，尾向上飘卷，周围饰三组祥云纹。再如海棠花玉梳背，中部雕刻三朵盛开的海棠花，左右两侧及下部雕刻花叶纹，两面纹饰相同。花蕊用细密的网格纹表示，花瓣用圆形凹坑雕刻，叶纹也用细密的阴刻线雕刻，充分展现出唐代玉雕工艺之高超。陕西历史博物馆还藏有多件唐代玉梳背，这些玉梳背大都来自西安及其近郊唐墓，其中有一件迦

图 5-1-41　1988 年陕西咸阳底张湾唐贺若氏墓出土金框宝钿金梳背

图 5-1-42　中国国家博物馆藏唐双鸟纹、花卉纹玉梳背

陵频伽纹玉梳背较为独特（图 5-1-43），梳背两面纹饰相同，雕一对相向而飞的迦陵频伽鸟，双手持笙作演奏状，面庞丰腴，身姿灵动。南方出土的唐代玉梳背较少，1980 年浙江临安明堂山唐天复元年（901）水邱氏（钱宽夫人）墓出土者是一例[43]（图 5-1-44），梳背长 14.5、宽 5.7 厘米，一面刻三朵盛开的荷花和一对相向而立的鸳鸯，另一面刻三朵含苞欲放的荷花，两侧各刻一条鱼化龙，纹饰极其精美，制作细致。可贵的是该玉梳背出土时下接牛角篦，齿残，玉脊与角篦作企口套合，出土时夹有斜插着的刻

图 5-1-43　陕西历史博物馆藏迦陵频伽纹玉梳背

图 5-1-44　水邱氏墓出土玉梳背角篦

花錾金银钗一支。玉背角篦出土时位于死者头部，更加可以确定其作头饰的功能。从唐代金梳背、玉梳背出土的地域看，主要是长安、洛阳等唐京畿地区，其他地区则较为少见。唐代服饰礼仪制度规定，只有皇室贵族或一品以上的官员才能使用纯金或纯玉制成的饮食器皿，如果违反了这个法令，就要受到"杖一百"的处罚[44]。可知纯金及纯玉器十分贵重，一般官员及平民是不能使用的。长安、洛阳等唐京畿地区是唐代皇室贵族及高级官员的聚集区，金玉梳背多出土于该地区，也正说明了其当时多为贵族妇女妆饰之物。

六、五代与辽宋金元梳篦

五代及宋是我国梳篦形制转变的一个关键时期。唐代及之前的梳篦大多高度大于宽度，梳背与梳齿面积相近，且梳背与梳齿之间为直线分割，而宋代梳篦整体一般为半月形，宽度明显大于高度，梳背则作拱形，形似一座彩虹桥，梳背与梳齿之间为弧线分割，梳背面积明显小于梳齿面积。这种改变在节约原材料的同时增大了梳齿面积，梳齿面积的增加，一是更加有利于梳理头发，二是作为插梳能使其插戴于发髻时更加牢固，不易脱落，同时圆弧形的梳齿上缘与头部也更为贴合。后代梳篦样式基本继承了宋制。

五代时插梳之风依然比较盛行，此时梳篦造型也是箕形与半月形皆有。故宫博物院藏玉花鸟纹梳（图5-1-45），时代为唐至五代，半月式，梳背虹桥式，镂空花鸟纹，中部为三朵花，两侧各有一鸟，梳齿集于下弦，齿密而间距细小，底端平齐，长10.5、宽3.5、厚0.4厘米。江苏连云港海州区张庄M21五代墓出土的鎏金银梳较为小巧<sup>⑮</sup>（图 5-1-46），残高 3.5、宽 4.4 厘米，整体为箕形，梳背为半月形，中间錾刻菊花纹，外一圈联珠纹，再外一圈小菊花纹，最外一圈联珠纹，窄缘。同墓还出土有银钗、银簪等首饰。

　　江苏连云港五代吴大和五年（933）墓出土的木梳和木篦形制较为多样<sup>⑯</sup>，出土的五把木梳篦，虽有破损，但从残存形制看，有箕形、半月形、五边形（梳背呈梯形，梳齿两侧边沿外侈）等。

图 5-1-45　故宫博物院藏玉花鸟纹梳

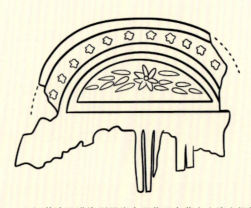

图 5-1-46　江苏连云港海州区张庄五代至宋墓出土鎏金银梳线描图

　　五代的木梳以江苏扬州地区出土的较为多见，扬州南唐田氏纪年墓出土的木梳[47]（图5-1-47），残半，半月形，齿较细密，上端厚，下端窄，宽9.7、高7.0厘米。扬州四季金辉M1南唐墓出土的木梳[48]（图5-1-48），亦残半，半月式，只是肩部略呈折角，残存部分宽8.5、高7.0厘米。

　　进入宋代，梳篦形制则基本都为半月式，梳背为虹桥式。宋代虽然还保留有头戴插梳的风习，但与唐代相比，插梳之风已逐渐式微。宋代的插梳多梳背与梳齿分体制作，偶见整体打造者。江西彭泽北宋易氏夫人墓出土的双狮戏球纹银梳便为整体制作[49]（图5-1-49），银梳以一枚银片打造而成，并以另一枚银片包裹梳背边沿，梳齿的高度小于梳背弧高。梳背纹饰自内向外可分为四层装饰带：第一层浅刻花瓣纹，正中刻"周小四记"，为工匠款识；第二层为高浮雕梅花纹，底地錾刻鱼子纹；第三层镂刻双狮戏球纹饰，对弯的两端各錾刻牡丹纹；第四层以另一银片錾刻出联珠纹、四叶纹包裹梳背边缘。江苏南京江宁镇建中村出土一把南宋玉梳亦为整体打造[50]（图5-1-50），玉梳为半月形，虹桥形梳背上镂刻莲花五朵，并衬以镂空花叶形底纹。

　　宋代插梳更多见的是分体式制作，即金银单独打造中空式梳背，并于两端各做出一个包角，与原梳梳背紧密扣合。梳背的样式又分为两式：一式梳背肩部弧度平滑，为常见样式，江西永新县北宋刘沆墓出土的银鎏金缠枝花卉纹梳背[51]即属此类；另一式为梳背肩部两端带有一定弧度的折角，这一样式比较少见，如江苏南京幕府山宋墓出土的卷草连梅花纹金丝梳背[52]（图5-1-51）。除此，亦有以金箔或金珠装饰梳背的设计。前者如江苏武进礼河

图 5-1-47　江苏扬州南唐田氏纪年墓出土木梳

图 5-1-48　江苏扬州四季金辉 M1 南唐墓出土木梳线描图

图 5-1-49　江西彭泽北宋易氏夫人墓出土双狮戏球纹银梳

图 5-1-50　江苏南京江宁镇建中村出土南宋玉梳

图 5-1-51　江苏南京幕府山宋墓出土的金丝梳背

宋墓出土的包金梳背木梳[53]（图 5-1-52），及福建茶园山端平二年（1235）宋墓出土的包金梳背牛角梳[54]（图 5-1-53），后者如江苏武进南宋墓出土的镶珠黄杨木梳[55]（图 5-1-54）。宋代插梳形制较唐代要大一些，唐代的那些高或宽在 5 厘米左右的小插梳，宋代已经基本没有。与唐代满头插戴小梳子的风习不同，宋代女子多于发间插一到两把梳子，且梳子形制较大。苏轼《於潜女》诗："青裙缟袂於潜女，两足如霜不穿屦。觕沙鬢发丝穿柠，蓬沓障前走风雨。""蓬沓"即为银梳，苏轼自注云："於潜妇女皆插大银栉，长尺许，谓之蓬沓。"[56] 陆游在《入蜀记》中也描述未嫁女性"率为同心髻，高二尺，插银钗至六只，后插大象牙梳，如手大"。

　　宋代的素面梳子材质上有牛角、黄杨木等。江苏江阴北宋瑞昌县君孙四娘子墓[57]（图 5-1-55）、福建福州南宋黄昇墓[58]、福州端平二年宋墓出土的半月形梳篦[59]，均为牛角质。江西德安南宋周氏墓出土的三把梳子[60] 则为木质，一大两小。

　　宋代篦子样式的一个重要变化是联背式篦开始普及。联背式篦外形似"非"字，两边的篦齿共用中间的篦背。联背式篦因有两面篦齿用于清洁头发，在使用效率上较只有单面齿的篦要高，较短的篦齿也更加易于受力，清除发垢。联背形梳篦其实早在汉代便已经出现，新疆塔里木盆地的托和沙赖古坟曾经发现了两件木质联背栉（汉晋时期）[61]，一边齿细密，另一边齿稀疏（图 5-1-56）。宋代联背形篦多为竹质，如江苏武进村前南宋墓出土的竹篦[62]（图 5-1-57），两面篦齿细密，中间由两片竹质篦梁将篦齿及篦档夹住，辅以棉线捆绑固定。福州端平二年南宋墓出土的三把竹篦[63] 制作方式与前者相似（图 5-1-58）。梳篦在宋代还经常制成明

图 5-1-52　江苏武进礼河宋墓出土包金梳背木梳

图 5-1-53　福建茶园山端平二年宋墓出土包金梳背角梳

图 5-1-54　江苏武进南宋墓出土镶珠黄杨木梳

图 5-1-55　江苏江阴北宋瑞昌县君孙四娘子墓出土角篦

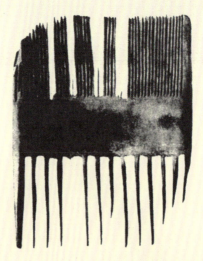

图 5-1-56　新疆托和沙赖古坟出土汉晋时期联背形栉

图 5-1-57　江苏武进村前南宋墓出土竹篦

图 5-1-58　福建福州端平二年南宋墓出土竹篦

器随葬，如江西德安南宋周氏墓出土的纸梳与纸篦 [64]，纸梳为半月式，纸篦为联背式。

辽金时依旧流行插梳装饰发间，如河北蔚县东坡寨辽代壁画墓北壁墓主夫妇并坐像 [65]（图5-1-59），女主人居右，面庞浑圆，恬静安详，头戴装饰华丽的花冠，花冠两侧各插一支红色云头簪，簪头下悬一圆珠，额角两边各插一片蓝色墨心花叶形饰，额前两侧各插一把弓背红色梳，中间插一把直背绿色梳。辽金梳篦样式也以半月形为多见，如河北易县大北城窖藏发掘出簪钗与梳篦数十件，其中的两件金插梳均为半月形 [66]（图5-1-60），梳背为虹桥式，一件梳背錾刻满池娇纹，一件錾刻毬路纹。北京通州金代墓葬出土有七件骨梳 [67]（图5-1-61），均残，质薄，半月形，梳背与梳齿之间直线分割，梳背有对穿孔十多个，残高3.0、宽6.0厘米，复原一件，梳背小孔可能用于固定金玉类装饰物。

河南许昌文峰路金墓出土一件玉梳 [68]（图5-1-62），梳齿残，整体呈半圆形，背部较厚，梳脊呈竹节状，有二十一齿，两边宽齿下部各有一小孔，长6.5、高3.6、厚0.7厘米。同墓还出土有金钗、银簪等首饰，该玉梳也应作头饰之用。梳背作竹节形也是宋金梳子常见的样式，如江西南昌齐城岗出土的一对金梳背便为竹节形 [69]（图5-1-63）。

元代依旧保留有插梳的习俗，元散曲也多有关于此类妆扮的描述，如"包髻金钗翠荷叶，玉梳斜，似云吐初生月""一个带玉钗，一个插犀梳""一个白罗帕兜映遮尘笠，一个乌云髻斜簪压鬓梳"等。江苏无锡钱裕墓出土的六把梳子均为半月形 [70]，其中一把梳背包有银边。湖南沅陵元黄氏夫妇墓出土的金双鸾纹包背玳瑁

图 5-1-59　河北蔚县东坡寨辽代壁画墓北壁墓主夫妇并坐像

图 5-1-60　河北易县大北城窖藏出土两件辽代金梳

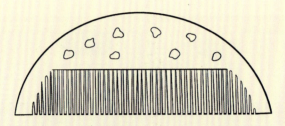

图 5-1-61　北京通州金代墓葬出土骨梳线描图

图 5-1-62　河南许昌文峰路金墓出土玉梳

图 5-1-63　江西南昌齐城岗出土金梳背

梳[71]（图 5-1-64），梳体为玳瑁质，另打造金梳背包镶梳背一面，金梳背中间镂雕双凤、花朵纹，上下边沿焊接联珠纹，为元代插梳中的精品制作。辽宁阜新蒙古族自治县塔营子元代金银器窖藏出土的两件金梳背[72]，一件梳背顶部打作浮雕牡丹、蜀葵、山茶、菊花纹，花朵之间穿插卷草纹（图 5-1-65）。另一件以金累丝制作，梳背顶部有六个圆形、椭圆形相间的碗，梳背正反面围成花朵、花苞、叶片、蝴蝶等形状，梳背上原有的镶嵌宝石已不存（图 5-1-66）。元代也多见一梳一篦的配合使用，如苏州元张士诚母墓银奁下层盛有银梳、银篦各一件，梳作半月形，梳齿疏朗，梳背鎏金，长 14.0 厘米。篦为联背式，齿稠密，长 8.1 厘米。

图 5-1-64　元金双鸾纹包背玳瑁梳

图 5-1-65　元花卉纹金梳背

图 5-1-66  元累丝嵌宝金梳背

### 七、明清梳篦

明代首饰与前代相较，在样式上有了很大的改变。此时流行佩戴狄髻，并围绕狄髻簪戴挑心、分心、掩鬓、满冠、钿儿等各类首饰，由此形成一副完整的头面，插梳则不再流行，不过依旧留有余声。明代插梳多采用金银包镶梳背的装饰方法，江苏地区有多枚明代金银梳背出土，如南京中华门外明墓出土的竹节形金梳背[73]（图 5-1-67）、常州万福桥镇明墓出土的如意纹金梳背[74]（图 5-1-68）等。

结合当时首饰流行镶宝嵌玉的设计手法，部分明代金银梳背上的装饰分外奢华。如无锡大墙门出土的金镶宝包背木梳[75]（图 5-1-69），以金片包镶木质梳背，梳脊之上镶嵌五颗彩色宝石。又无锡安镇出土明金镶玉嵌宝包背木梳（图 5-1-70），梳脊中间镶嵌镂雕花卉纹青玉一块，两侧各镶嵌宝石一颗。亦有稍显朴

图 5-1-67　南京中华门外明墓出土金梳背

图 5-1-68　常州万福桥镇明墓出土金梳背

图 5-1-69　无锡大墙门出土金镶宝包背木梳

图 5-1-70　无锡安镇出土金镶宝包背木梳

素的插梳，如上海明李氏墓出土一把包银木梳⑦（图 5-1-71），梳背上有包银装饰，银片梳脊部分錾刻牡丹、菊花、梅花及花叶等纹饰，纹饰自然流畅，呈高浮雕效果。上海明墓出土的多把木梳中唯此一把有装饰，亦可看出梳篦作头饰之用在当时已不占主流。

大概由于梳篦不再注重装饰，人们便更多地关注形制，明代梳篦新增了很多样式，如璜形、半桃形、扁方形等，《上海明墓》一书中收录了各类样式的明代梳子。璜形梳即上端圆弧，下端亦圆弧，双肩斜直内收，梳齿下端弧线与梳脊弧线平行（图 5-1-72）。半桃形梳梳背为弧形，一头大一头小，形如半个桃子（图 5-1-73）。扁方形梳梳脊平或微弧，直角肩，梳齿下端齐平或微弧，呈横向的扁平式（图 5-1-74）。除此，半月式、半圆式梳（图 5-1-75）依旧十分常见。同时，明人对于梳篦样式的追求，也不仅仅局限于常规样式，往往在梳篦设计的细微之处体现出多样化、个性化的审美追求。

上海宛平南路明墓出土的几把木梳（图 5-1-76），基本都为扁方形，但细微之处又略有不同，如其中一把梳背微弧，梳齿两侧微侈，梳齿下端呈与梳背相对的弧线。另一把则梳背平直，肩为直角，梳齿下端呈微微内凹的弧线。明代也多见梳篦搭配使用的，且梳子尺寸较篦子要大一点，如上海明顾从礼夫人墓，上海明道士顾守清、张永馨墓，李先芳夫妇墓出土的梳篦均大者为梳，小者为篦。亦流行玳瑁梳与木梳的搭配使用，上海明顾东川夫人墓出土梳四把，其中两把为玳瑁梳，两把为木梳。联背形篦在此时已得到广泛的使用，上海市南中学墓、明武略将军杨四山家族墓出土的篦，均为联背式，前者为竹篦，后者为木篦。

图 5-1-71　上海明李氏墓出土包银木梳

图 5-1-72　明代璜形梳

图 5-1-73　明代半桃形梳

图 5-1-74　江苏淮安明孙氏墓出土扁方形梳

图 5-1-75　明代半圆式梳

图 5-1-76　上海宛平南路明墓出土木梳

　　明代梳篦与前代相比，除了形制的不同，便是梳篦数量及搭配组合方式的增多。富贵人家通常一人使用的梳篦有五件以上，这些梳篦大小不一，样式丰富。此外，梳理头发的用具还有抿、刷、帚等，为了配合理发用具的增多，通常会单独配一只梳妆盒，用于盛放此类物件。这种现象首先与明代注重养生的风俗有关，明人认为经常梳理头发具有养生保健、延年益寿的功能，《遵生八笺》："发宜多梳气宜炼，齿宜数叩津宜咽。""养生论曰：'春三月，每朝梳头一二百下，至夜卧时，用热汤下盐一撮，洗膝下至足，方卧，以泄风毒脚气，勿令壅塞。'"明清梳子的材质，金银的很少，多为木质，又以黄杨木为多。黄杨木是制作梳篦的优良木材，《本草纲目》木部第三十六卷载："世重黄杨，以其无火也。""其木坚腻，作梳、剜印最良。"同时，人们还认识到旧梳相较新梳更为好用，李渔《闲情偶寄·声容部》"盥栉"条曰："梳之为物，则越旧越精。'人惟求旧，物惟求新。'古语虽然，非为论梳而设。求其旧而不得，则富者用牙，贫者用角。新木之梳，即搜根剔齿者，非油浸十日，不可用也。"

清代梳篦在样式上更为多样化，新增了把梳、八字形梳、扇环形梳等。把梳在明代就已经出现，只是当时尚未普及。1980 年山东莒县于家庄出土一把明代玉梳[⑰]（图 5-1-77），梳体为半月形，梳背一端向外弯曲成回首的夔龙为梳柄，梳通长 11.5 厘米。

与民间普通人家使用的梳篦相比，清代宫廷梳篦更具特点。帝后妃子们所用梳具的典型代表是故宫博物院藏广东造描金夔龙凤象牙什锦梳篦（图 5-1-78），其中有梳子九把，篦子两把，梳的样式有半圆式、扇环式、璜式、联背、带把等，梳多为象牙质，篦则为竹质，篦档为牙质，篦梁为木质。梳背、篦梁及篦把上施描金花或彩绘工艺，有夔龙凤、卷草花卉等纹饰。这些大小、形状不同的梳子分工也不相同。清宫后妃以梳"两把头"为时尚，当满头散发时，长方形梳子可大面积通发；在梳两把头至垂于颈下的燕尾时，中等的月牙形梳子较为合适；梳至发梢、鬓发时宜用把梳、八字形小梳。《清俗纪闻》中又将带把梳称作"斜掠"[⑱]（图 5-1-79），想是用于梳理鬓角碎发或刘海。皇帝使用的梳具又与后妃们有所不同，如故宫博物院藏清代描金花象牙梳具（图 5-1-80），共有六件弓背梳子、一件带把梳、一件八字形梳、大小刷五件、一件联背式篦。八字形及带把小梳也可用于梳理胡须，梳背、篦梁采用雕刻填金工艺，饰卷草花卉纹，整套梳具金光灿灿，雍容华贵。值得一说

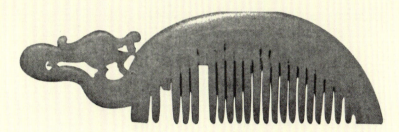

图 5-1-77　1980 年山东莒县于家庄出土明代玉梳

图 5-1-78　故宫博物院藏广东造描金夔龙凤象牙什锦梳箆

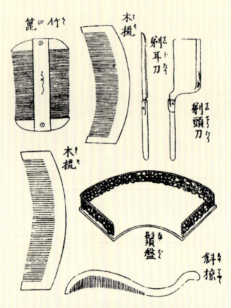

图 5-1-79 《清俗纪闻》中所绘梳篦

图 5-1-80 故宫博物院藏清代描金花象牙梳具

的是，清光绪年间始，常州成为梳篦专门生产基地，其产品在继承传统"雕、描、刻、烫"工艺的同时，不断推陈出新，既实用又独具美感。苏州官员每年都到常州定制一批精品梳篦，作为御用品，送进京城宫廷，故常州梳篦一直享有"宫梳名篦"的美誉，清代宫廷用黄杨木梳便多为常州生产。

清代还有一种用于梳理胡须的胡梳，其材质有象牙、白银、紫檀、黄铜等，多可佩系作饰物。如《中国民间美术全集·饰物》中收录的清代河北地区的胡梳[⑦]（图 5-1-81），长约 10、宽约 3 厘米，为联背式，梳梁一端向外伸展为柄，并配有精致刺绣花纹、流苏的梳套，缀以翡翠玛瑙，为当时男子的心爱之物。除了传统的木、玉、象牙、玳瑁等材质，清代也出现了化学材质的梳篦，由于化学材质梳篦梳发易有静电，在养生功能上不如传统天然材质的梳篦，所以在当时的使用并不普遍。

图 5-1-81　清代胡梳

## 第二节　抿弗与其他

### 一、抿

古人梳发通常会用到鬓水或发油，抿便为蘸取发油或水涂抹于发的小刷子，又可称作"抿子""抿刷"等。汉代时应就有梳妆用的小刷子，晋张敞《东宫旧事》云："太子纳妃，有漆画猪发犀刷大小三枚。"[⑧]《安禄山事迹》中载安禄山收到的生日礼物有"犀角梳篦刷子一"，说明唐代时梳篦是和发刷搭配使用的。考古发现较早的抿的使用为辽宋时期。内蒙古巴林左旗滴水壶辽代壁画墓北壁绘备妆图[⑧]（图 5-2-1），一位辽代女子正俯首打开一带盖小罐，放小罐的圆盘里还有梳子一、刷子一，以及另一带盖小罐。其中的刷柄为细圆形，较长，参考画中人手的尺寸，应有 30 厘米左右。

图 5-2-1　内蒙古巴林左旗滴水壶辽代壁画墓所绘备妆图

此刷的用途应有两种，即作牙刷或发刷，鉴于其长度作牙刷不太合理，笔者认为此刷应作发刷之用。江苏常州武进村前南宋墓戗金漆奁内出土有竹柄丝刷两件[82]（图 5-2-2），柄为竹质，刷毛为丝织品，长 10.2—12.0 厘米，其中一件柄端修成斜刃，或可用于掠发。福建福州南宋黄昇墓出土的漆奁第三层中有梳、篦、棕毛刷、竹签、竹刮刀等物[83]（图 5-2-3），其中的棕毛刷，柄为竹质，有四行棕毛，上还沾有发丝和油垢，残长 15.5 厘米，应作抿之用。

　　元明清时期抿的使用则更为常见，元末明初朝鲜人编汉语教材《朴通事》中有一段对话："'卖刷子的将来。这帽刷、靴刷各

图 5-2-2　江苏常州武进村前南宋墓
戗金漆奁内出土竹柄丝刷

图 5-2-3　福建福州南宋黄昇墓
出土棕毛刷

一个，刷牙两个、掠头两个怎么卖？''这的有甚么商量处，将二百个铜钱来。哥，我与你这一个刷牙、一个掠头。'"可知刷子有帽刷、靴刷、牙刷、发刷（掠头）等。仇英《清明上河图》中卖杂货的商店门口挂着的幌子上也标有"女工、钢针、梳具、刷掁、剪刀、牙尺俱全"的字样（图5-2-4）。苏州元张士诚母墓出土的一套银梳妆用品中，有两件刷，一大一小，大者为宽柄，小者为簪形柄，大者或作掁之用，小者则为刷牙之用。上海明李氏墓出土有梳妆盒一件，其内有木梳两把、木刷一把，其中的木刷造型独特（图5-2-5），刷柄收腰，柄端呈莲花状，长19.5厘米，此刷应也为发刷。

明代墓葬多见一大一小刷的出土，如江苏无锡明华师伊夫妇墓女墓出土的两把刷[84]，其一刷毛较长（图5-2-6），其二刷毛较短。上海卢湾区李惠利中学明墓出土的两把刷[85]（图5-2-7），一

图5-2-4　仇英《清明上河图》中卖刷掁等杂货的商店

图 5-2-5　上海明李氏墓出土刷子

图 5-2-6　江苏无锡明华师伊夫妇墓女墓出土长毛刷

图 5-2-7　上海卢湾区李惠利中学明墓出土两把刷

长毛刷，一短毛刷，前者棕毛高 1.8、后者棕毛高 0.8 厘米。一般
刷毛较长的作抿发用，明代《三才图会·器用十二卷·刷皿梳帚
说》："刷与刡，其制相似，俱以骨为体，以毛物妆其首，刡以掠
发，刷以去齿垢，刮以去舌垢，而帚则去梳垢，总之为栉沐之具
也。"[86] 并绘有"梳帚刷皿"图，只是并未一一对应标注器物具体名
称（图 5-2-8）。从《清俗纪闻》中所绘"抿子"看，刷毛较长[87]
（图 5-2-9）。清代的抿典型例子则可见故宫博物院藏象牙描金带
彩什锦梳具盒中的刷，盒中共有刷八把，其中大一点的长柄刷应
作抿发之用。再如故宫博物院藏清代牙柄抿子[88]（图 5-2-10），造
型与牙刷相似，柄为四方柱形，柄中间略收用以握手。

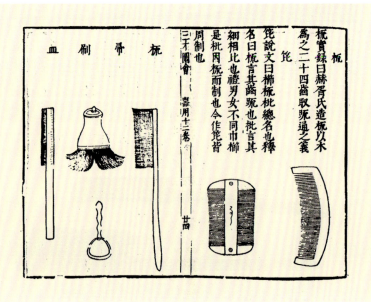

图 5-2-8　《三才图会》所绘梳帚刷皿

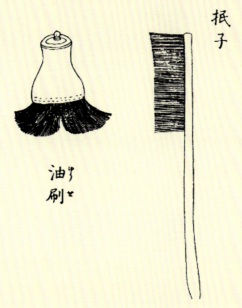

图 5-2-9　《清俗纪闻》中所绘抿子

图 5-2-10　故宫博物院藏清代牙柄抿子

## 二、莿、梳刷、帚、剔篦

古人由于很少洗头发，梳篦用久了便容易积垢，此时就需要用到清理梳篦污垢之用具。马王堆一号墓出土的三件"莿"（五子漆奁一件，九子漆奁两件），为短柄刷，柄为长圆形，柄端收细，刷通长约 15 厘米，柄长约 7 厘米，刷毛长约 8 厘米。因其中一件"莿"刷毛被染成红色，有学者认为此刷为敷粉之用，不过从刷毛较硬的质地看，不太适合作为敷粉之刷。因与其放置在一处的多为梳篦，加之其形制及刷毛的质地，笔者认为此刷或为清理梳篦污垢之刷，刷毛的红色或是因为脂粉不小心沾染所致。又湖北荆州谢家桥一号汉墓出土的两把棕刷[⑨]（图 5-2-11）盛于漆奁内，以丝线相连，刷棕毛齐整，上半部以棕丝紧绑，外髹黑漆，表饰朱红窄带纹，顶端均有穿孔半圆纽，纽内穿丝绳。其一体粗短，穿绳较粗，刷长 15.2、径 2.7—3.1 厘米。其二体细长，穿绳较细，刷长 31.2、径 0.9—1.5 厘米，这两把棕刷或也作梳刷之用。宋

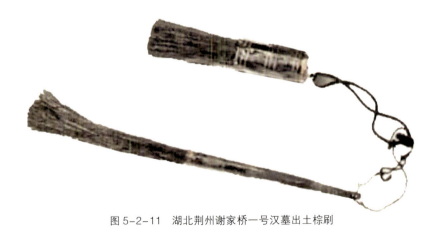

图 5-2-11    湖北荆州谢家桥一号汉墓出土棕刷

元时随梳篦而出的一些刷子，笔者认为其功能应据刷毛的材质而定，刷毛较硬者为梳刷，较软者则可作发刷，如江苏武进村前南宋墓所出棕刷[90] 刷毛较硬（图 5-2-12），应作梳刷之用。而此时妆奁中常见的竹签等物或也可作剔除梳齿污垢之用。明代时梳刷的材质与形制则较为明确，如上海明杨四山家族墓出土的梳妆盒中[91]（图 5-2-13），装有木梳、木篦、竹刷、骨笄各一件，其中的竹刷

图 5-2-12　江苏武进村前南宋墓出土棕毛刷

图 5-2-13　上海明杨四山家族墓出土梳妆盒

或为清理梳篦污垢之"帚"，刷用细竹丝成把结成束状，柄以棕丝或藤丝缠绕固定，通长 14.5 厘米。清代专用的清除梳篦污垢之物则有剔篦，如故宫博物院梳篦盒中的两把剔篦（图 5-2-14），一为长方形木柄，一为象牙柄，一端均衔接七根剔齿。

图 5-2-14　故宫博物院藏清代剔篦

### 三、拨与扁针

古代女子梳理秀发时，往往需要将头发分成几组，再梳理成各色各样的发髻，同时还需要在发髻间簪戴各类首饰，若直接插入容易将头发弄乱，需在插戴前拨出缝隙，再插入头饰，这时候就需要用到拨缝隙、松发的工具，这类工具可称作"拨"，亦可称作"鬓枣"。《玉台新咏》卷七南朝梁简文帝萧纲《戏赠丽人》诗："丽妲与妖嫱，共拂可怜妆。同安鬓里拨，异作额间黄。"清吴兆宜注："妇女理鬓用拨，以木为之，形如枣核，两头尖尖，可二寸长，以漆光泽，用以松鬓，名曰鬓枣。"考古发现"拨"的实物并不多，马王堆一号汉墓五子漆奁中有一件角质棒，中间粗，两头尖，长 9.5 厘米，出土报告认为其作固发之笄用。五子漆奁出自西汉初期轪侯夫人墓[②]，轪侯夫人尸身头部插有三枚发笄，材质分别为玳瑁与竹，扁长形，一端有细密的长齿，这种发笄又称作擿。参考这种发笄的形制，则这件角质棒作发簪之用的可能性不大，或为拨发之"鬓枣"。安徽六安花石咀宋墓出土的银奁第三层有一件铜粉具[93]，为长条形，一端尖，另一端扁平刃，长13.8厘米，应也可作拨发之用。清代拨发、披发之物又称作扁针，为扁长条形，两端为弧形。事实上，梳发时如没有专用的拨发之物，也可用发簪代替，大多数发簪尾端都为锥形。

## 第三节　梳匣与梳袋

梳篦作为整理头发的重要物件，通常也拥有一个独立的收纳容器，如汉代的马蹄形子奁，便多为盛放梳篦之用。汉代新疆地区出土的栉袋也十分有特点，这类栉袋通常为椭圆形，中腰开口成兜，可对折，两边兜内放置梳篦及小铜镜。如新疆维吾尔自治区博物馆、新疆文物考古研究所收藏的汉代栉袋[94]（图5-3-1、图5-3-2），均为织锦制作而成，锦袋边缘镶边加固，上下两端加系

图5-3-1　新疆维吾尔自治区博物馆藏东汉铜镜木梳刺绣锦袋

图 5-3-2　新疆文物考古研究所藏动物纹锦梳袋

带，可以扣系。

　　由唐至元发现的梳篦盒、梳篦袋不多见，此时的梳篦多单独盛放于妆奁的某一层内。梳篦盒却是明清时常见之物，如《琵琶记》插画《对镜梳妆》中（图 3-3-53），桌案之上摆放的梳妆用具从右往左依次为：水盂、带三个支腿的菱花铜镜、发刷、粉盒、圆形小套奁、长方形梳妆盒。其中发刷及女子手上的发簪应放于长方形梳妆盒内，粉盒、水盂则应放于套奁内。图中所绘长方形梳妆盒带有握手，这类梳篦盒在上海地区明墓中出土较多，1959年浦东高桥程家宅明墓出土雕漆盒[⑨]，长方形，盖与盒身由合页连接，前端有大口，两边装金属握手，盒内有屉盘，同出有铜镜、梳篦等物，应也为梳妆盒。与此相似的有观复博物馆藏明晚期黄花梨百宝嵌花鸟纹盒[⑩]（图 5-3-3），盒内分上下两格，上层为一浅盘，盖与身子母口扣合，口沿处镶嵌有以银丝做成的回纹图案。盖面以青

图 5-3-3　观复博物馆藏明晚期黄花梨百宝嵌花鸟纹盒

金、绿松、玛瑙、彩石等多种材质镶嵌出洞石牡丹锦鸡图案。

　　上海明潘允徵原配赵氏墓出土的竹胎漆梳妆盒<sup>⑰</sup>（图 5-3-4），为正方形，子母口，有矮圈足，盒边长 18 厘米，里面有两把木梳。上海明李氏墓出土的梳妆盒<sup>⑱</sup>（图 5-3-5），长方形，盒盖为插盖，盒内装木梳两把、木刷一把，盒长 19、宽 10、高 7 厘米。明代的梳篦盒还可见江苏江阴叶家宕明墓出土的梳匣<sup>⑲</sup>（图 5-3-6），明顾从礼夫人墓（图 5-3-7）、朱守城夫妇墓出土梳妆盒<sup>⑳</sup>（图 5-3-8）。由此可见，明代除了形制较大、兼具照容与收纳功能的镜台，亦有一些小型的梳妆用品收纳之物，如梳匣、小套奁等，这类妆具与前者相较，携带更为方便。清代宫中的梳具匣的例子也有很多，与民间相比，帝王后妃们不仅梳具的材料更为高档，形制也更为多样，有方形梳、梯形梳、帚形梳、月牙形梳、把梳等，另外还有篦、刷、抿等，这些大小不一的梳具，被有序地放在梳匣内。

图 5-3-4　上海明潘允徵原配赵氏遗物竹胎漆梳妆盒

图 5-3-5　上海明李氏墓出土梳妆盒一件

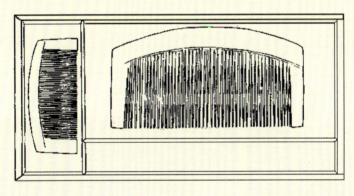

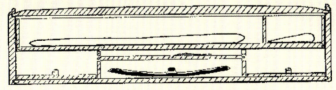

图 5-3-6 江苏江阴叶家宕明墓出土梳匣

图 5-3-7    明顾从礼夫人墓出十漆梳妆盒

图 5-3-8    明朱守城夫妇墓出土紫檀梳妆盒

## 注释

① 黄河水库考古队甘肃分队：《甘肃永靖县张家咀遗址发掘简报》,《考古》,1959 年第 04 期。

② 杨晶：《中华梳篦六千年》, 紫禁城出版社, 2007 年, 第 32 页。

③ 尹焕章等：《江苏邳县刘林新石器时代遗址第一次发掘》,《考古学报》, 1962 年第 01 期。

④ 高天麟等：《山西襄汾县陶寺遗址发掘简报》,《考古》, 1980 年第 01 期。

⑤ 浙江省文物考古研究所：《浙江考古精华》, 文物出版社, 1999 年, 第 104 页。

⑥ 王明达：《浙江余杭反山良渚墓地发掘简报》,《文物》, 1988 年第 01 期。

⑦ 芮国耀：《余杭瑶山良渚文化祭坛遗址发掘简报》,《文物》, 1988 年第 01 期。

⑧ 前揭《中华梳篦六千年》, 第 103 页。

⑨ 卢连成、胡智生：《宝鸡强国墓地》, 文物出版社, 1988 年, 第 80 页。

⑩ 前揭《宝鸡强国墓地》, 第 120 页。

⑪ 王会田等：《山东淄博市临淄区范家墓地战国墓》,《考古》, 2016 年第 02 期。

⑫ 边成修等：《长治分水岭 269、270 号东周墓》,《考古学报》, 1974 年第 02 期。

⑬ 湖北省博物馆：《曾侯乙墓（上）》, 文物出版社, 1989 年, 第 430 页。

⑭ 牟永抗：《绍兴 306 号战国墓发掘简报》,《文物》, 1984 年第 01 期。

⑮ 图片采自湖北省博物馆官网。

⑯ 陈振裕：《中国古代漆器造型纹饰》, 湖北美术出版社, 1999 年。

⑰ 前揭《中华梳篦六千年》, 第 146 页。

⑱ 张守中等：《河北省平山县战国时期中山国墓葬发掘简报》,《文物》, 1979 年第 01 期。

⑲ 刘国瑞：《哈密古代文明》, 新疆美术摄影出版社, 1997 年, 第 21 页。

⑳ 周金玲等：《新疆哈密市艾斯克霞尔墓地的发掘》，《考古》，2002 年第 06 期。

㉑ 新疆文物研究所：《鄯善县洋海一号墓地发掘简报》，《新疆文物》，2004 年第 01 期。

㉒ 沈毅：《山东临沂金雀山周氏墓群发掘简报》，《文物》，1984 年第 11 期。

㉓ 徐淑彬等：《临沂银雀山西汉墓发掘简报》，《文物》，2000 年第 11 期。

㉔ 前揭《山东临沂金雀山周氏墓群发掘简报》。

㉕ 印志华等：《江苏邗江姚庄 101 号西汉墓》，《文物》，1988 年第 02 期。

㉖ 湖北省荆沙铁路考古队包山墓地整理小组：《荆门市包山楚墓发掘简报》，《文物》，1988 年第 05 期。

㉗ 湖南省博物馆等：《长沙马王堆二、三号汉墓发掘简报》，《文物》，1974 年第 07 期。

㉘ 宋少华等：《湖南长沙望城坡西汉渔阳墓发掘简报》，《文物》，2010 年第 04 期。

㉙ 长江流域第二期文物考古工作人员训练班：《湖北江陵凤凰山西汉墓发掘简报》，《文物》，1974 年第 06 期。

㉚ 图片采自湖北省博物馆官网。

㉛ 前揭《中国古代漆器造型纹饰》，第 181 页。

㉜ 赵德林等：《南昌火车站东晋墓葬群发掘简报》，《文物》，2001 年第 02 期。

㉝ 王志高等：《江苏南京仙鹤观东晋墓》，《文物》，2001 年第 03 期。

㉞ 卢耀光等：《青海西宁市发现一座北朝墓》，《考古》，1989 年第 06 期。

㉟ 刘卫鹏等：《咸阳平陵十六国墓清理简报》，《文物》，2004 年第 08 期。

㊱ 前揭《中华梳篦六千年》，第 156 页。

㊲ 安徽省文物局、安徽省文物鉴定站：《鉴江淮珍存 品八皖文明——安徽文物鉴定 40 年》，安徽美术出版社，2018 年，第 345 页。

㊳ 湖南省文物考古研究所、湖南省考古学会：《湖南考古 2002（上）》，岳麓书社，2004 年，第 298 页。

㊴ 刘建国等：《江苏丹徒丁卯桥出土唐代银器窖藏》，《文物》，1982 年第

11 期。

㊵ 图片采自甘肃省博物馆官网。

㊶ 刘建国 :《江苏镇江唐墓》,《考古》, 1985 年第 02 期。

㊷ 刘云辉 :《北周隋唐京畿玉器》, 重庆出版社, 2000 年, 第 143 页。

㊸ 浙江省文物考古研究所等 :《晚唐钱宽夫妇墓》, 文物出版社, 2012 年, 第 81 页。

㊹ 卢兆荫等 :《略论唐代仿金银器的玉石器皿》,《文物》, 2004 年第 02 期。

㊺ 朱良赛等 :《江苏连云港海州区张庄五代至宋墓葬发掘简报》,《东南文化》, 2021 年第 02 期。

㊻ 屠思华 :《五代——吴大和五年墓清理记》,《文物参考资料》, 1957 年第 03 期。

㊼ 秦宗林等 :《江苏扬州南唐田氏纪年墓发掘简报》,《文物》, 2019 年第 05 期。

㊽ 张敏 :《扬州四季金辉南唐墓和宋墓考古发掘简报》,《江汉考古》, 2017 年第 01 期。

㊾ 彭适凡等 :《江西发现几座北宋纪年墓》,《文物》, 1980 年第 05 期。

㊿ 前揭《中华梳篦六千年》, 第 80 页。

(51) 彭适凡等 :《北宋刘沆墓发掘简报》,《文物工作资料》, 1964 年第 01 期。

(52) 朱兰霞 :《南京幕府山宋墓清理简报》,《文物》, 1982 年第 03 期。

(53) 陈晶等 :《江苏武进村前南宋墓清理纪要》,《考古》, 1986 年第 03 期。

(54) 福州市文物管理局 :《福州文物集粹》, 福建人民出版社, 1999 年, 第 93 页。

(55) 前揭《江苏武进村前南宋墓清理纪要》。

(56) [ 宋 ] 苏轼 :《苏轼诗集》, 中华书局, 1982 年。

(57) 苏州博物馆、江阴县文化馆 :《江阴北宋“瑞昌县君”孙四娘子墓》,《文物》, 1982 年第 12 期。

(58) 福建省博物馆 :《福州南宋黄昇墓》, 文物出版社, 1982 年, 第 77—79 页。

(59) 福建省博物馆 :《福州市北郊南宋墓清理简报》,《文物》, 1977 年第 07 期。

⑥⓪ 李科友等：《江西德安南宋周氏墓清理简报》，《文物》，1990 年第 09 期。

⑥① 前揭《中华梳篦六千年》，第 130—131 页。

⑥② 前揭《江苏武进村前南宋墓清理纪要》。

⑥③ 前揭《福州文物集粹》，第 93 页。

⑥④ 前揭《江西德安南宋周氏墓清理简报》。

⑥⑤ 王彪等：《河北蔚县东坡寨辽代壁画墓发掘简报》，《文物春秋》，2019 年第 01 期。

⑥⑥ 扬之水：《辽代金银饰品知见录》，《湖南省博物馆馆刊》第十六辑。

⑥⑦ 刘精义等：《北京市通县金代墓葬发掘简报》，《文物》，1977 年第 11 期。

⑥⑧ 朱石楼等：《许昌文峰路金墓发掘简报》，《中原文物》，2010 年第 01 期。

⑥⑨ 扬之水：《奢华之色——宋元明金银器研究（卷一）》，中华书局，2010 年，第 107 页。

⑦⓪ 钱宗奎：《江苏无锡市元墓中出土一批文物》，《文物》，1964 年第 12 期。

⑦① 湖南省博物馆：《湖南宋元窖藏金银器发现与研究》，文物出版社，2009 年，第 322 页。

⑦② 徐沂蒙等：《阜新蒙古族自治县塔营子元代金银器窖藏（上）》，《文物天地》，2021 年第 05 期。

⑦③ 李蔚然：《南京中华门外明墓清理简报》，《考古》，1962 年第 09 期。

⑦④ 常州博物馆：《常州博物馆 50 周年典藏丛书·漆木金银器》，文物出版社，2008 年，第 70 页。

⑦⑤ 前揭《奢华之色——宋元明金银器研究（卷一）》，第 63 页。

⑦⑥ 何继英：《上海明墓》，文物出版社，2009 年，第 23 页。

⑦⑦ 刘云涛等：《莒县博物馆馆藏古代玉器》，《文物春秋》，2000 年第 02 期。

⑦⑧ ［日］中川忠英著，方克、孙玄龄译：《清俗纪闻》，中华书局，2006 年，第 333 页。

⑦⑨ 程大利：《中国民间美术全集·饰物》，吉林美术出版社，2002 年，第 70 页。

⑧⓪ ［唐］虞世南撰，［清］孔广陶校注：《北堂书钞》，学苑出版社，1998 年。

⑧ 王未想:《内蒙古巴林左旗滴水壶辽代壁画墓》,《考古》,1999 年第 08 期。

⑧ 前揭《江苏武进村前南宋墓清理纪要》。

⑧ 前揭《福州南宋黄昇墓》,第 77—79 页。

⑧ 冯普仁等:《江苏无锡县明华师伊夫妇墓》,《文物》,1989 年第 07 期。

⑧ 何民华:《上海市李惠利中学明代墓群发掘简报》,《东南文化》,1999 年第 06 期。

⑧ [明]王圻、王思义:《三才图会》,上海古籍出版社,1988 年,第 1335 页。

⑧ 前揭《清俗纪闻》,第 334 页。

⑧ 王依农:《掠发而泽——略论同治大婚瓷中的"刡头缸"》,《收藏》,2021 年第 10 期。

⑧ 王明钦等:《湖北荆州谢家桥一号汉墓发掘简报》,《文物》,2009 年第 04 期。

⑨ 前揭《江苏武进村前南宋墓清理纪要》。

⑨ 前揭《上海明墓》,第 20 页。

⑨ 李芽等:《"摘"考》,《故宫博物院院刊》,2019 年第 10 期。

⑨ 邵建白:《安徽六安县花石咀古墓清理简报》,《考古》,1986 年第 10 期。

⑨ 赵丰:《中国美术全集·纺织品》,黄山书社,2010 年,第 54、82 页。

⑨ 上海博物馆:《千文万华——中国历代漆器艺术》,上海书画出版社,2018 年,第 19 页。

⑨ 图片采自观复博物馆官网。

⑨ 前揭《上海明墓》,第 106 页。

⑨ 前揭《上海明墓》,第 23 页。

⑨ 高振威等:《江苏江阴叶家宕明墓发掘简报》,《文物》,2009 年第 08 期。

⑩ 前揭《上海明墓》,第 64 页、第 125 页。

第六章

杂项缤纷

古代的化妆用品主要有脂、泽、粉、黛等，这些化妆品有一些并不是直接用手在面部或头发上涂抹的，需要兑水调和、研磨，再配合粉扑、笔、刷等工具使用。如朱砂，其成分主要为硫化汞，将其研磨成粉状，便可以化妆，亦可与脂调和，方便粘附的同时可以润唇护肤。再如画眉之「眉黛」。汉代刘熙《释名》「黛，代也。灭眉毛去之，以此画代其处也。」眉黛其实是一种质地细腻的矿石，又称「黛石」「画眉石」。北京地区产黛石之地，一在门头沟斋堂村，一在冷泉画眉山、樱桃沟也有少量出产。《帝京景物略》卷五记载：「画眉山产石，墨色，浮质而腻理。入金宫为『眉石』，亦曰『黛石』。」这类黛石使用前需将其在黛砚上研磨成粉末状，再加水调和，然后用眉笔涂描于眉部。辽耶律羽之墓出土的一枚海兽纹铜镜①，外圈有三十二字楷体铭文一周：「练镜神冶，莹质良工，如珠出匣，似月停空，当眉写翠，对脸傅红，绮窗绣晃，俱含影中」。其中「当眉写翠、对脸傅红」便是对当时化妆过程的形象描写。用于研磨妆品的用具主要有黛砚、调色盘、妆盘、水盂、水滴等。除此，亦有配套的挖脂用具，如匕、勺等。用于上妆的用具则有眉笔、粉扑、粉刷、点唇棒等。对于这类调脂上妆的妆具，笔者将其归为杂项，另有香囊亦归为此类。香囊虽不能给人的容貌上带来明显的变化，但因其可赋予人体特定的香味，潜移默化中对人的外貌也起到一定的修饰作用，所以本书也将其归为妆具一类。此外，本章的内容还有剪镊及指剔。

## 第一节　黛砚与妆盘

　　黛砚与妆盘都为研磨调和脂粉的用具，这类用具其实早在商代就已经出现了。商代妇好墓出土的一件石臼和一件石杵②应该是目前考古发现最早的研磨胭脂的用具（图6-1-1），石臼平沿厚壁，下腹内收，小平底，中心有深孔，内壁呈朱红色，晶莹光亮似镜面，孔周及口面上均粘有朱砂。石杵呈圆柱形，头端较粗，圆而光滑，柄端呈扁圆形，腰部微收，上有极光滑的弦纹。妇好墓还出土有另一套玉质妆具，品种有梳、调色盘、匕等。其中调色盘呈箕形（图6-1-2），盘底染满朱砂，盘后雕一对勾喙大眼、短翅长尾的站立状鹦鹉，鹦鹉两尾相连处，设有一个带孔圆钮，用于悬挂。出土的玉匕有两件，其中一件为扁平长条舌形，柄端中部有一小圆孔，用于悬挂，匕与调色盘应为调胭脂时配套使用。

　　战国时发现的最著名的调脂妆具为1968年河北满城中山靖王刘胜之妻窦绾墓出土的朱雀衔环杯③（图6-1-3），此杯据孙机先生考证为调脂用的豆。该调脂豆通高11.2、宽9.5厘米，以朱雀衔环蠹立于两高足杯之间的兽背上，兽为匍匐状，四足分踏在两高足杯底座上，朱雀展翅翘尾，神采飞扬，喙部衔一能自由转动的白玉环。整器通体错金，朱雀的颈、腹与两杯的表面嵌有圆形、心形绿松石共十三颗，出土时两杯内尚存朱红色痕迹，推测为化妆品。

　　汉代黛砚发现较多，此时的黛砚一般为长方形，材质上以石质为多，与其相配套的往往还有黛砚盒。这种砚石既可作研磨眉

图 6-1-1　商代妇好墓出土石臼和石杵

图 6-1-2　商代妇好墓出土玉调色盘

图 6-1-3　河北满城中山靖王刘胜之妻窦绾墓出土朱雀衔环杯

黛之用，也可磨墨及颜料，一般来说，与铜镜同出或置于妆奁中的砚石为黛砚。山东日照海曲西汉墓出土一件长方形黛砚④（图6-1-4），器表漆面压印波折纹，盒内刻出长方形和圆形凹槽，分别盛放研子和砚板，长 23.4、宽 7.1、高 2.0 厘米。江苏姚庄一○一号西汉墓出土的一件黛砚⑤，外有漆盒包装，漆盒为抹角长方形，外表彩绘动物、火焰及云气纹，内置长方形黛板石和圆形石研子。湖南长沙望城坡西汉渔阳墓出土的漆黛砚砚盒为木质⑥（图6-1-5），长 19.5、宽 18.5 厘米，接近正方形，盒盖为盝顶，子母口，盒身中间嵌一块圆形砚石，盒身平面一角有一凹槽，应为置笔之用。

　　江西南昌火车站东晋墓发现的一件黛砚⑦亦为正方形，上下两

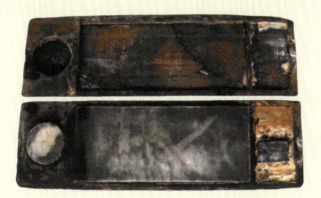

图 6-1-4　山东日照海曲西汉墓出土漆黛砚

图 6-1-5　湖南长沙望城坡西汉渔阳墓出土漆黛砚

端为弧形，中间有一正方形池，其上有一正方形小池，用于放置研子。黛砚不仅可以研磨眉黛，亦可研磨妆粉。江苏南京仙鹤观东晋墓出土的一件石黛板[8]，石板上尚存一层厚约0.1厘米的黑色粉状物和零星红色粉状物。化妆之风在魏晋时期的男性中也十分盛行，这不仅从大量的文献中可以考证，如《三国志·魏书·王粲传》注引《魏略》描写曹植与邯郸淳初次会面："植初得淳，甚喜，延入坐，不先与谈。时天暑热，植因呼常从取水，自澡讫，傅粉。"出土实物中也有体现，南京人台山东晋兴之夫妇墓出土有两件石板[9]，分别来自男性墓及女性墓墓主，男性墓的石板出自男棺前部的漆匣内，与之同出的包括铜镜、叉形铜饰件等，这枚石板或也为描眉化妆用之黛板。东晋时期还有一种蜡质黛板，江苏江宁下坊村东晋墓出土的一件蜡质黛板[10]，一面尚残留少量的红色粉状物，同墓出土的还有漆奁盒等物。东汉末年，我国的制瓷技术得到大力发展，由此给日用器具的设计带来质的飞跃，饮食、文房、梳妆等器具中开始出现大量的陶瓷制品，陶瓷材质的黛砚也在此时得以普及。魏晋至唐的陶砚以浅盘圆形多足砚为主，这类形制的砚又称作辟雍砚或璧雍砚，一般为圆形，砚堂凸起，与砚缘之间形成一环形沟槽，即砚池。湖南长沙南郊南朝墓出土的一件青釉五足砚[11]，圆形底内凹，下有五蹄形足，口径14.1、高4.8厘米，与其同出土的还有粉盒、铁剪等物，此砚或为化妆用之黛砚。

　　唐代的砚虽然发现较多，但明确作为黛砚或有黛砚功能的却不多，主要原因可能是这时画眉的材料较前代有了新的发展，如"螺子黛""铜黛"等。宋传奇小说《大业拾遗记》载"殿脚女"吴绛仙由于擅画长蛾眉，赢得隋炀帝喜爱，帝遂将出自波斯的每颗价值千金的螺子黛赐予绛仙。这种画眉材料不仅画眉效果好，使用也很方便，无需研磨，只要蘸水便可化开。不过传统需研磨的眉黛一直至清代晚期都有使用，明清遗存的砚台众多，确定为画眉之用者却很少，福建博物院藏一件清珊瑚叶形画眉小砚是一例[12]（图6-1-6），此砚珊瑚石质，质地细滑，呈粉红色，随形状，器表有一不规则砚池，砚上端浮雕叶瓣纹，砚面随形状边有一周阴刻窄缘，砚长8.0、宽4.0、厚1.0厘米。又西泠印社藏清代沈寿铭文的画眉小歙砚（图6-1-7），砚为圆形，径5.8、高0.9厘米，配有砚盒。砚底边沿有一圈铭文："媚人秀夺远山姿，螺黛争夸善画眉。沈寿。"砚背线刻美人对镜图，刻工精细入微，纤毫毕现。沈寿为清末苏州刺绣大家，砚所刻铭文为隶书，字体秀雅。

　　妆盘为调和脂粉的小碟，这种小碟子唐代就已经出现了，从唐代出土妆具的组合来看，与铜镜、粉盒等物同出的常为小碗、浅盘、浅碟等。河南偃师杏园李景由墓漆奁之中的小银碗[13]、五代吴大和五年（933）墓葬出土圈足瓷奁中的三瓣口形盘[14]等，应是作兑水调和脂粉或眉黛之用。江苏南京市区建筑工地出土一件唐代青釉小碟[15]，口径8.5、高1.8厘米，背面有墨书："朱家烟（胭）焰（脂），输卖主故（顾），使用方知，每个十文。"墨书的内容把这枚小碟的用途交代得十分清楚。唐王贞白《白牡丹》诗"异香开玉合，轻粉泥银盘"则说明了将妆粉在银盘里调和成泥状的化妆步骤。这种用于调和胭脂妆粉的容器，到了宋代又有了固定的名称"妆盘"。妆盘的名称，见于百爵斋本和故宫本《碎金·家生篇》的"妆奁"一项之下[16]。江西德安南宋周氏墓出土的六瓣菱花形银小碟[17]，被发现时里面尚有浸有胭脂的丝罗一块，可以确定此碟作

图 6-1-6    福建博物院藏清珊瑚叶形画眉小砚

图 6-1-7    西泠印社藏清代沈寿铭画眉小歙砚

妆盘的用途。

　　调和脂粉时需要有工具将妆粉从粉盒中盛出放在妆盘中，这种具有挖取、调和功能的小工具为勺或匕形，多与粉盒、奁一起出土。安徽巢湖放王岗一号汉墓出土的一件角匕[18]（图6-1-8），出土时放在漆奁内，同出的还有小圆盒一件。匕整体似琵琶形，下端作铲状，上端柄首部雕刻并列的两个长方孔眼，供系带之用，长4.3、柄部宽0.7厘米。陕西蓝田吕氏墓出土的一件银挑勺[19]（图6-1-9），勺体残缺，以细银条锤揲成形，为银粉盒中的配套挑勺。江西德安南宋周氏墓出土的一件银粉盒内有铜质小勺一件，勺体为海棠形，柄端为鱼尾形，通长仅6厘米，小巧雅致。故宫博物院藏清金累丝龙纹胭脂盒（图4-5-37），盒内存两件玉匕，

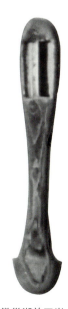

图6-1-8　安徽巢湖放王岗一号汉墓出土角匕　　图6-1-9　陕西蓝田吕氏墓出土银挑勺

应也是作挑取胭脂之用。《红楼梦》第四十四回宝玉向平儿介绍胭脂制作和使用注意事项时说道："那市卖的胭脂都不干净，颜色也薄。这是上好的胭脂拧出汁子来，淘澄净了渣滓，配了花露蒸叠成的。只用细簪子挑一点儿抹在手心里，用一点水化开抹在唇上，手心里就够打颊腮了。"

## 第二节　水盂与水滴

调和眉黛、脂粉等需用水、露、胶等液体，由于要把控水量的大小，盛装此类液体的容器通常尺寸较小，有水盂、水滴之类。考古发现的水盂、水滴之类器物，能确定作梳妆用具者并不多，多为文房用具，而与粉盒、粉罐等同出土者可以基本确定其作梳妆之用。此类小盂的发现以唐宋墓最为常见，如江苏扬州城北东风砖瓦厂、黄巾坝花木场唐墓所出的青瓷小盂[20]，同出的便有青瓷、白瓷粉盒，两墓出土的小盂均为小口、鼓腹、平底，其中一只小盂腹作四瓣瓜棱造型。宋代作梳妆之用的水盂的实物发现更多，如安徽马绍庭夫妇合葬墓出土的瓷水盂[21]，与粉盒、木梳等一同盛放于漆奁中。陕西蓝田北宋吕氏墓出土的青白釉小盂[22]，通体素面，与其同出的还有白釉圆形小粉盒一件。宋代除了常见的瓷水盂，亦有梳妆用的银水盂，浙江湖州三天门宋墓出土的银盂[23]（图 6-2-1）及安徽六安花石咀古墓出土的银盂[24]，均与妆奁、粉盒等物同出。值得注意的是，这两件小银盂盂身均作柳斗纹，柳斗纹是宋代金银器及瓷器上较为常见的装饰纹样，内蒙古多伦县小王力沟辽代贵妃墓发现的一件青瓷小钵[25]（图 6-2-2），外壁亦模

印工艺柳斗纹，此钵内壁残留有白色粉状物，出土报告并未说明
白色粉状物为何物，不过亦可猜测此钵可能作调和或盛装妆粉之
用。柳斗纹为模仿柳条编织而形成的纹饰，其质朴古雅的视觉效
果与宋代文人的审美喜好相吻合，或也是其在这一历史时期得以
流行的重要原因。

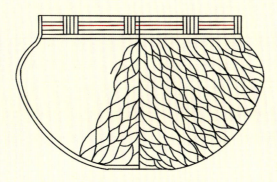

图 6-2-1 浙江湖州三天门宋墓出土柳斗纹银盂线描图

图 6-2-2 内蒙古多伦县小王力沟辽代贵妃墓出土青瓷钵

　　除了水盂，宋代还有一种颇具女性审美之风的小型水滴，亦可作为妆具使用。安徽博物院藏宋景德镇窑影青釉水滴（图6-2-3），釉色呈浅湖绿色，底无釉，水滴呈扁壶形，壶身呈半椭圆形，长方形平底，弧形柄与流持平，流口边贴塑一朵小花装饰，壶身前后两面满饰乳钉纹，中部堆塑四瓣花一朵，通高5.5厘米。此器造型柔美，小花的装饰也吻合了女性审美喜好，多也是作为妆具之水滴用。与其样式相似的还有江苏扬州三星村宋墓出土的瓷水注 ⑯（图6-2-4），器身同为扁壶状，正面左上部有一圆直流，顶部有一桥形钮，器身中部一面模印草叶纹，另一面模印古钱纹，其四周为乳钉纹，通高4.2厘米。又镇江博物馆藏镇江市南站出土景德镇窑青白釉水滴（图6-2-5），圆形身，弧形执柄，流作龙首状，造型别致可爱。

图6-2-3　安徽博物院藏宋景德镇窑影青釉水滴

图 6-2-4　江苏扬州三星村宋墓出土青白瓷水注

图 6-2-5　镇江博物馆藏景德镇窑青白釉水滴

## 第三节　眉笔与粉扑

### 一、眉笔与眉刷

眉黛研磨好后，需用眉笔沾染，将其描画于眉部。《汉书·张敞传》载张敞为其妻子画眉之事："然敞无威仪，时罢朝会，过走马章台街，使御史驱，自以便面拊马。又为妇画眉，长安中传张京兆眉妩。"想来张敞是以眉笔蘸染研磨好之眉黛为其妻描眉。目前发现最早的眉笔实物为汉代眉笔，汉代眉笔的笔柄多为铜质，整体为一字形，笔杆端部呈锥形，通长一般不超过 10 厘米。江苏盱眙大云山江都王陵二号墓发掘出四件铜刷[27]（图 6-3-1），形制一致，为一字形，刷毛已朽，柄端为龙首形装饰，龙嘴伸长上翘作耳挖状，另一端有圆形銎，刷通长 7.1、銎径 0.6 厘米，这四件铜刷柄或为眉笔柄。江苏扬州西汉刘毋智墓出土两件一字形铜刷[28]（图 6-3-2），圆管状铜刷头，圆锥形铜柄首，刷头与铜柄之间穿连木柄，其中一件保存完好，通长 9.2、銎径 0.7 厘米。

江苏徐州东甸子西汉墓 M1 发现漆眉笔三支[29]，圆柱状，硬木质，内有铁芯，外刷漆，施红彩。汉代新疆地区出土的眉笔较为独特，这种眉笔为砂岩质，圆锥形体，一头尖，通体磨光，伴随出土的往往有石墨块，其上有凹槽，描眉时先用尖端在石墨上研磨，将尖端染黑后便可画眉。新疆察吾乎大型氏族墓地一号墓便出土有这样的画眉棒五件[30]，同出土有黑色眉石两块，其上有用化妆棒磨出的深槽（图 6-3-3）。

汉之后眉笔实物的发现较少，一是由于毛笔多为竹木质，不易保存，二是由于此时毛笔作为文房书写用具已十分普及，制作

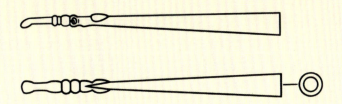

图 6-3-1 江苏盱眙大云山江都王陵二号墓出土一字形铜刷线描图

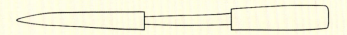

图 6-3-2 江苏扬州西汉刘毋智墓出土一字形铜刷线描图

图 6-3-3 新疆察吾乎大型氏族墓地一号墓出土的化妆棒及画眉石

技术也日趋成熟，书写之毛笔亦可作画眉之用，与漆奁、粉盒等同出的毛笔自然就减少了。安徽合肥北宋马绍庭夫妻合葬墓 M2 为马绍庭之妻墓，墓中出土有漆奁一件[31]，其内置漆粉盒、瓷粉盒、瓷盂、木梳等物。除此，M2 还出土有一件化妆用之圆形砚、一件文具盒，文具盒内有毛笔五支、墨一块。毛笔笔杆及笔套均为竹制，墨面模印阳文楷书"九华朱觐墨"五字，底两端模印阳文"香"字，中部模印对鸟图案，似为油烟墨。油烟墨可用于画眉，宋陈元靓《事林广记》中载用于画眉之"画眉集香圆"，也是油烟墨，而且同出有化妆用之砚，因此，文具盒中的毛笔可以写字绘画外，亦可作眉笔之用。明清时表现画眉场景的图像较多，尤其是明清时期仕女画及人物故事画，以画眉为主题的绘画作品并不少见，如《明刻历代百美图》中的莹娘、吴绛仙均手持眉笔，作画眉状（图 1-2-8、图 1-2-9）。南昌博物馆藏一件清代外销瓷"张敞画眉图盘"，盘面中心描绘的正是张敞画眉图（图 6-3-4）。值得一提的是，故宫博物院藏描金夔龙凤象牙什锦梳具盒内有眉刷两件，眉刷与点唇棒共同置于一小格内，眉刷柄为象牙材质，细扁长形，前段刷毛为黑色，较短。冯梦龙所编吴地民谣集《山歌》中，有一首"私情长歌"《木梳》，其中有"眉刷弗住介掠来掠去"，可见眉刷为明清女性妆匣中的常备之物。

二、粉扑、粉刷、点唇棒

敷粉需用粉扑或粉刷。粉扑多为圆形，以绸及丝绵类织物制成，考古发现的实物并不多。马王堆一号汉墓出土的九子奁中的一件圆形子奁内盛有白色脂粉及丝绵粉扑。新疆尉犁县营盘东汉至魏晋墓地 M6、M7 出土的漆奁内均有红色棉粉扑以及白粉等

图 6-3-4 南昌博物馆藏清代外销瓷所绘张敞画眉图

物<sup>㉜</sup>。宋代的粉扑在福建地区发现较多，福建南宋黄昇墓出土的一件圆形漆粉盒内有粉扑一枚<sup>㉝</sup>，扑背面用褐色罗编织成鳞状细尖形花瓣，钮作花心，扑身残留白色脂粉少许。福州北郊茶园村端平二年（1235）南宋墓发现的丝绢粉扑出土时置于银粉盒内<sup>㉞</sup>（图6-3-5），圆形，以土黄色丝绢制成，盖面以同色丝线刺绣植物花卉纹，绣工精致。福州茶园山南宋许峻墓出土的方形漆奁盒的小抽屉内也有粉扑一件<sup>㉟</sup>，此漆奁盒出自中室许峻棺内，可知宋代时男性也可傅粉妆扮。江西德安南宋周氏墓出土的一件如意云纹银粉盒内有丝绵做的粉扑及白粉（图4-4-13）。

无锡元代钱裕夫妇墓出土的一件粉扑放在漆奁下层<sup>㊱</sup>（图6-3-6），背为素绸，绣牡丹花纹，中心有两朵绸花作钮，面缝丝绵作扑。苏州元张士诚母墓出土的一件圆形银粉盒内也有一黄绸做

图 6-3-5　福州茶园村端平二年南宋墓出土粉扑

图 6-3-6　钱裕墓出土粉扑

的粉扑。明定陵孝端皇后墓出土的粉扑颇有特点（图 4-5-31），做工格外精巧，粉扑背面以金片制成，其上刻二龙戏珠纹，中间有小圆钮，周围有小孔，以线缀连棉絮，沾粉扑面，此粉扑盛放于金制粉盒内，显示出宫中后妃用物的名贵奢华。

　　傅粉用具除了常见的粉扑，亦有粉刷。通常作面部粉刷之用的刷刷毛较短，且质地需柔软，以柔软又有韧性的动物毛制成为多，如马尾毛、羊毛、貂毛等。江苏盱眙大云山江都王陵二号墓出土了多件铜刷[37]（图 6-3-7），其中有两件铜刷，柄呈山字形，柄端有镂空装饰，另一端有扁圆形銎，銎内刷毛已朽，此刷刷柄较短，銎内刷毛应也不会太长，应为胭脂刷。江苏明代华师伊墓出土的一件牛角质圆柄毛刷[38]（图 6-3-8），整体似一只收腰小花瓶，刷柄为圆形，柄端平头，由下往上渐展，柄口略收，刷柄长度与刷毛长度相近，通长 6.5、圆柄最大径 2.0 厘米。此刷出自华师伊妻张氏墓，出土报告没有说明刷毛的材质，从图片看，似为动物鬃毛，应作脂粉刷之用。又如前所述清宫旧藏描金夔龙凤象牙什锦梳具盒内，有两件方形短刷，刷柄为方形，柄与刷毛的长度相近，这两件方形短刷应也作粉刷之用。

　　口脂则多直接用手指尖蘸后点涂于嘴唇。白居易《和梦游春诗一百韵》：“半卷锦头席，斜铺绣腰褥。朱唇素指匀，粉汗红绵扑。”唐代口脂的种类应和现代类似，有单纯用于护唇的润唇膏、肉色口脂之类，亦有既能护唇又有美唇效果的口红之类。口脂的颜色也较为多样，唐人王焘《外台秘要方》卷三十二“崔氏烧甲煎香泽合口脂方”载：“若作紫口脂，不加余色；若造肉色口脂，着黄蜡、紫蜡各少许；若朱色口脂，凡一两蜡色中，和两大豆许

图 6-3-7　江苏盱眙大云山江都王陵二号墓出土粉刷线描图

图 6-3-8　江苏无锡明华师伊夫妇墓出土牛角质圆柄毛刷

朱砂即得。"可见，唐代口脂的颜色有紫色、朱色、肉色等。除了
用手指点唇，亦可用毛笔画唇、点唇，只不过古代用于画唇的唇
笔几乎没有实物发现。古代各个时期女子的唇妆样式各不相同，
总体来说比较流行丰润娇小的"樱桃小口"唇妆，唐宋诗词中多
有关于樱桃小口的描绘，如白居易《本事诗·事感》"樱桃樊素
口，杨柳小蛮腰"、宋代贺铸《攀鞍态》词"逢迎一笑金难买，
小樱唇，浅蛾黛"等等。同一历史时期的唇妆样式也较为丰富，
就唐代来说，女子的唇妆样式有花瓣形、马鞍形、菱形、半圆形
等，具体画唇时可先于抹妆粉时将嘴唇一并抹上，然后再于嘴唇
中部画出需要的唇形样式，给人以莹润丰满又小巧可人之感。

　　唐代时应已经有管状口脂，唐人元稹《莺莺传》写崔莺莺收
到张生从京城捎来的妆饰物品后给张生回信，信中说："兼惠花胜
一合，口脂五寸，致耀首膏唇之饰。"从"口脂五寸"这句话可看
出，当时或许已有管状口脂，不过如需画出轮廓清晰的各种唇妆，
笔者猜测还需唇笔、唇刷的辅助。清代时，为了迎合唇妆审美需
求，又有如胭脂棍、玉簪之类的物件可以用于点唇，故宫藏清代描
金夔龙凤象牙什锦梳具中有胭脂棍两根，一端为广口圆形塞满红丝
绒的象牙头，圆头直径约 0.5 厘米，点唇时将其沾染胭脂，便可于
唇中间点出所需唇妆。清代《宫女谈往录》中讲到胭脂的用法：
"用的时候，小手指把温水蘸一蘸洒在胭脂上，使胭脂化开，就可
以涂手涂脸了，但涂唇是不行的，涂唇是把丝绵胭脂卷成细卷，
用细卷向嘴一转，或是用玉搔头在丝绵胭脂上一转，再点唇。"涂
嘴唇的时候，"嘴唇要以人中作中线，上唇涂得少些，下唇涂得多
些，要地盖天，但都是猩红一点，比黄豆粒稍大一些"[39]。

## 第四节　镊剪与指剔

### 一、环首刀、小刀

我国环首刀起源于先秦，两汉逐渐定型，三国至唐则盛极一时。环形柄首是环首刀最为明显的特征，它可作兵器、生活用具（削刀、书刀）以及佩饰等用。一般来说，发现于妆奁之中的环首刀，或与铜镜、梳篦之类同出的环首刀，具有修眉剃须的整容功能，如用于修眉，其长度在 10 厘米左右较为合适。湖北枣阳九连墩一号楚墓出土的便携式梳妆盒中所置铜环首刀，出土报告中并未交代该环首刀的尺寸大小，根据梳妆盒的尺寸用绘图软件测量，该环首刀通长为 10.5、刀体宽 1.0 厘米，作修眉用较为合适。商代妇好墓出土有多件小型玉刀，有小刀、刮刀、梯形刀及小刻刀等，这些小玉刀通长在五六厘米左右，有些有使用过的痕迹，根据此墓出土的其他梳妆用具看，妇好是一位十分注重仪表与容貌修饰的商代贵族女性，因此，不排除其中部分小玉刀有刮眉之用。长沙马王堆一号西汉墓出土的单层五子漆奁中，也有大小不同的环首刀三件，长度分别为 20.2、15.5、10.4 厘米，不过这三件环首刀均为角质，明显不具备实用性，而是作佩饰用，即作装饰及礼仪用的"容刀"。南京象山东晋王丹虎墓出土有两件铁刀[40]（图 6-4-1），均出自漆盒中，其中一件长 15.8 厘米，刀环上残留有螺旋状绳痕，上端有四个连环小铁圈，小铁圈一端连有钳状铁器以及佩件。另一件小刀与剪刀银链相连，刀外有黄色骨制的刀鞘，鞘长 8.8、宽 1.5 厘米。这两件小刀应都可作修眉之用。江苏连云港海州区张庄五代墓出土的铜质修容刀还配有磨刀

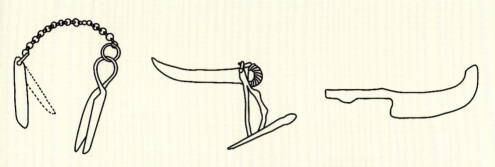

图 6-4-1　南京象山东晋王丹虎墓出土铁刀线描图

石一块④。

二、镊子

刀只能剃除不需要的眉毛，而镊子则可以拔除多余的眉毛，后者修理后的眉形能够保持得更为长久。除了可以修眉，镊也可以修理发须，《释名·释首饰》曰："镊，摄也，摄取发也。"《太平御览》卷七百一十四引《通俗文》："披减须发谓之镊。"陕西凤翔高庄秦国墓地便发现有战国晚期的铁镊④。马王堆一号汉墓出土的角质镊为汉代镊的代表（图 1-2-1），此镊为兽角材质，通长17.2 厘米，镊片设计为活动的，可以随意取下或者装上，与镊片衔接一端的镊柄较粗，并有立体几何块状装饰，方便抓取，另一头镊柄为细圆柱形，至柄端收尖。此镊除可以镊眉毛及发须，若取下镊片也可作发簪使用，这种镊子形状的发簪在当时又被称作"宝镊"。梁朝江洪《咏歌姬》诗："宝镊间珠花，分明靓妆点。"元龙辅《女红余志》："袁术姬冯方女，有千金宝镊，插之增媚。"此铜镊若作发簪，簪首的装饰与秦汉时期部分梳背的装饰十分相

像，如山东临沂银雀山出土的秦代木质梳[43]，梳背四个柱状造型亦
是由立体几何块组成，此梳应可作为插梳，这种几何块状的装饰
应该是当时较为流行的发饰设计样式。

湖南长沙望城坡西汉渔阳墓出土的角质镊子[44]（图 6-4-2），
长条形，有两个镊片，镊柄饰几何纹，长 9.8、宽 1.0—1.4 厘米。
贵州黔西县汉墓出土一枚东汉晚期铜镊[45]，夹尖扁平，表面鎏金，
长 5.3 厘米。魏晋的镊子以铜质为主，在形制上有所改进，功能性
增强。江西南昌火车站东晋墓葬群出土一把铜镊[46]（图 6-4-3），由
一根铜条将两端做成扁平状，然后对折成八字形，镊脚再弯折内
收，长 10.0、宽 0.4—0.8、厚 0.05—0.2 厘米。

唐代的镊子依旧以铜质为主，不过此时的镊子多与耳挖设计
为一体，即镊柄的另一端为耳挖造型，这种铜镊在河南郑州航空
港区空管小区唐代墓葬[47]、江苏徐州驮篮山唐代墓[48]、河北邢台中
兴西大街唐墓[49]、河南偃师杏园李归厚墓[50]（图 6-4-4）等地都有
出土。唐代仕女对眉毛的化妆极为重视，此时流行把天然眉毛全
部去除，画上各色各样的人工假眉。据《丹铅续录》载，唐代的
眉形有鸳鸯、小山、五岳、三峰、垂珠、月棱、分梢、涵烟、拂
云、倒晕十种。这也是此时铜镊普及的原因，毕竟镊子可以将眉
毛全部拔除干净。在唐代，修眉不是女子所独有的妆事，男子外
表仪形的妆扮中也包括对眉须的修饰。据《安禄山事迹》载，天
宝十载（751），安禄山过生日，杨贵妃赐与他的物件中就有铜镊
子。河南偃师杏园唐崔防墓出土两件铜镊[51]（图 6-4-5），形制相
近，柄端制作成简单的鱼形，加工颇精细，长 8.2 厘米。

唐代的镊子延续了汉魏"宝镊"的功能，即也可作发簪之

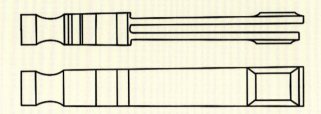

图 6-4-2　湖南长沙望城坡西汉渔阳墓出土角镊线描图

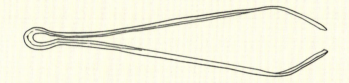

图 6-4-3　江西南昌火车站东晋墓葬群出土铜镊线描图

图 6-4-4　河南偃师杏园李归厚墓出土耳挖型铜镊线描图

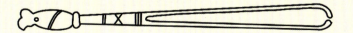

图 6-4-5　河南偃师杏园唐崔防墓出土铜镊线描图

用。陕西西安郭家滩唐墓出土的一件铜镊[52]（图 6-4-6），通长 14.5
厘米，铜镊柄部有六个上下相连的圆球，组成一串，此铜镊出土
时位于女性头骨附近，说明了其发簪的性质。唐代的镊通常还配
有镊筒，便于镊的收纳保存。河南偃师杏园王嬗墓[53]出土的一件铜
鎏金镊筒（图 6-4-7），小圆筒状，可分器盖、器身两部分，子母
口盖合，器表以鱼子纹为地，錾数朵云纹，全长 6.2、最大径 1.1
厘米。其实这种盛装镊、耳扒之类小物件的容器北魏就有之，山
西大同迎宾大道北魏墓群出土的银耳挖[54]（图 6-4-8）即为两件套
装，一为耳挖，一为放置耳挖的柱状收纳筒。

　　五代的镊子延续了唐代一端为耳勺、一端为镊的设计。江
苏扬州南唐田氏纪年墓[55]出土的一把铜镊造型设计十分巧妙（图
6-4-9），铜镊整体为鱼形，镊柄从鱼嘴中延伸出，鱼尾则上翘
为耳勺，长 12.2 厘米。此镊与上文所述唐晚期崔防墓出土的铜镊
设计构思十分相像，可知将镊柄制作成鱼形是当时较为流行的样
式。这类形制的镊自然也是可作发钗使用的，唐吴融诗"箆凤金
雕翼，钗鱼玉镂鳞"正是对鱼形发钗的形象描述。浙江长兴下莘
桥唐代银器窖藏出土的银钗[56]中便有鱼形装饰的，钗头鎏金，为一
条游鱼嘴吐如意云纹状气泡，鱼尾分出三股钗针。唐代静志寺塔
基也出土有鱼形发钗[57]（图 6-4-10）。

　　辽、宋、金镊子的形制基本相似，这一时期的镊子柄端一般
有一小环，应是为方便镊子随身佩系所设计。陕西西安长安区郭
杜镇宋代李璹墓[58]出土的一件铜镊（图 6-4-11），由两片铜片构
成，前端向内弯曲成镊口，柄较短，柄首有一小环，柄部套有一
铜箍，前移可使镊口合在一起，长 11.5、宽 1.1 厘米，与镊同出的

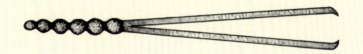

图 6-4-6　陕西西安郭家滩唐墓出土铜镊

图 6-4-7　河南偃师杏园王嫮墓出土铜鎏金镊筒

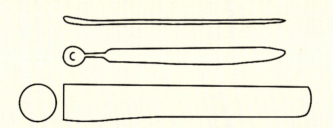

图 6-4-8　山西大同迎宾大道北魏墓群出土银耳挖线描图

图 6-4-9　江苏扬州南唐田氏纪年墓出土鱼形铜镊

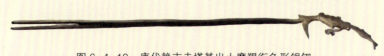

图 6-4-10　唐代静志寺塔基出土摩羯衔鱼形银钗

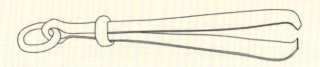

图 6-4-11　陕西西安长安区郭杜镇宋代李璹墓出土铜镊线描图

还有铜簪、木盒等物。此镊出土于男性墓，应用于修理须发。内蒙古科左后旗白音塔拉辽墓出土的两把镊子[59]（图 6-4-12），其一为鎏金银镊，镊柄宽扁形，柄端用银丝缠裹，且设一小环，镊身饰卷草纹，长 7.0 厘米。其二为银镊，镊柄亦为宽扁形，镊身一面饰鱼鳞纹，另一面饰鱼子纹和水仙花纹，长 15.7、宽 2.2 厘米。

河北承德辽代窖藏出土的铜镊[60]（图 6-4-13），造型尤为别致，镊端有花朵形孔，作拴挂之用，其下有活动转轮与镊身相连，镊身的两股中部均开一槽，中间嵌一小猴。小猴双臂前伸，脚部嵌在槽孔里，可来回移动。镊端另有一双脚固定的小猴，上身可活动，双臂前伸，两猴的双手均有小孔，嵌在槽孔里的猴移动过来时，固定猴身体前倾，两猴恰好双手相握，且两双手上的透孔连通，可以固定在一起，此时镊的双股也闭合紧密。固定猴的头部可前后活动，当两猴手握在一起的时候，两猴头部也可以

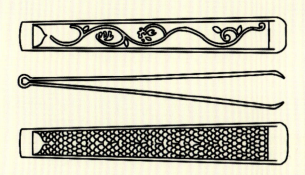

图 6-4-12　内蒙古科左后旗白音塔拉辽墓出土镊子线描图

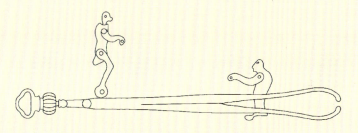

图 6-4-13　河北承德辽代窖藏出土铜镊线描图

亲密地贴合在一起。镊通长 13.3、固定猴高 3.4、活动猴高 2.4 厘米。辽金及元明，流行佩带"事件儿"，即将几件用于修颜化妆、身体清洁的物品及其他生活用具以链条相连，佩戴于胸前、腰间或揣于袖内，随身携带，既是装饰物也方便日用所需。镊子也常为"事件儿"之一，如湖南石门县雁池乡发现的银五事，银链下缀着剪子、镊子、荷包、粉盒及荷叶盖罐[61]，上海明宋蕙家族墓出土的两件银三事<sup>⑥</sup>，其挂件的组成则为镊子、牙签与耳挖。

　　三、剪刀

　　剪刀也是修眉理须工具之一。我国唐代之前的剪刀基本为交股剪，即"α"或"8"字形剪，也有"U"字形剪，剪刀的功能较为多样，可以为女红用具，如剪裁布料、剪短丝线等，亦可作化妆用具，如修剪眉毛、须发。用于修剪眉毛及须发的剪刀尺寸相对较小，通长一般不会超过15厘米，且多出自奁盒之中。汉代的剪刀发现极少，魏晋墓考古发现的剪刀开始增多，此时的剪刀以铁剪为主，修眉用的剪与小刀比较特别，出现了将剪、小刀等物挂坠于银链之上的设计方式，此方式不仅方便这类物品随身携带，也方便不同功能的物品组合使用，类似于现代的瑞士军工刀设计。南京象山东晋王丹虎（女）墓出土有一只银链铁剪与小刀（图6-4-1），铁剪与小刀以银链相连，银链长16.8厘米，剪为交股"8"字形，长12.6厘米，小刀外有黄色骨制的刀鞘，小刀长8.6、宽1.0厘米，鞘长8.8、宽1.5厘米，剪上有六层丝织物和朱色漆片残物，说明此银链铁剪与小刀是用丝织物先包裹再放置于漆盒内的。漆盒内还放有铁镜等物，所以此铁剪与小刀应也是作梳妆之用。这类银链铁剪于南京仙鹤观东晋墓<sup>⑥</sup>中也有发现（图6-4-14），与银链铁剪同出的还有铁镜、黛板等物，可以肯定这类剪与小刀具有修眉剃须的功能。小刀可以刮除不需要的眉毛，剪刀则可剪短稍长的眉毛。

　　剪刀还可作为明器，山西大同七里村北魏墓出土的小铜剪<sup>⑥</sup>为交股剪，器型极小，通长仅为3厘米，应不具备实际的用途。又中南工大唐墓出土的鎏金银剪<sup>⑥</sup>，通长亦为3厘米，应也是明器。

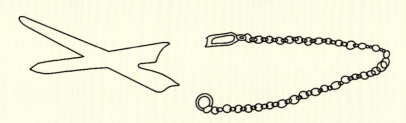

图 6-4-14　南京仙鹤观东晋墓出土银链铁剪线描图

实际上，唐代墓葬中，常见以金银之材打造的明器，这些金银明器，多为微型的饮食用具、妆洗用具等。浙江临安晚唐水邱氏墓出土的银质明器⑥就有匜、小执壶、带把小匜、小盏托、小花插等，这些器型微小的明器上装饰有细密的花纹，说明了此时金银工艺的发达，也说明了人们对明器制作的重视。工艺优良的剪刀也是馈赠及进贡的物品。宋陶谷《清异录》"二仪刀"条载："上饶葛溪铁精而工细，余中表以剪刀二柄遗赠，皆交股屈环，遇物如风，经年不营。一上有凿字曰'二仪刀'。"并州自唐代以来就以制剪出名，诗词中多见赞扬并州剪刀优良品质的句子，如杜甫《戏题王宰画山水图歌》"焉得并州快剪刀，剪取吴淞半江水"、周邦彦《少年游》"并刀如水，吴盐胜雪，纤手破新橙"等。

　　唐代的剪刀以铁剪、银剪、铜剪为多，与前代剪刀多为素面剪不同，唐代部分剪刀以錾刻、鎏金工艺饰精美的纹样，呈现出与唐代金银器一致的纹样装饰风格。苏富比拍卖行 2019 春季"中国高古艺术"专拍中有史蒂芬·琼肯三世收藏的一件唐铜鎏金錾花剪连镊（图 6-4-15），剪刀与镊通长一样，为 13.9 厘米，剪刀宽刃处及镊夹两侧均錾刻细密的卷草纹。唐代剪刀还流行立体的螺形装饰，如河南偃师杏园唐宋思真墓<sup>⑰</sup>出土的一件铜剪（图 6-4-16），交股式，柄端有一螺形装饰物，通长 14.3 厘米。

　　辽宋金时期是我国剪刀由交股式向双股式过渡的时期，这一时期既有传统的交股剪，亦出现了新型的双股剪。双股式剪刀又称作支轴式剪刀，使用铆钉作为两股的连接轴，以剪轴为支点，剪把和剪头形成杠杆，通过控制剪把来调整力矩长度，让使用者不必再把部分力气消耗于克服簧剪（交股剪）弹力上，使用上更

图 6-4-15　史蒂芬·琼肯三世收藏唐铜鎏金錾花剪连镊

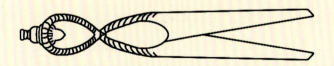

图 6-4-16　河南偃师杏园唐宋思真墓出土铜剪线描图

加符合人体工程学，大大提高了剪刀的功能性。吉林省德惠市李春江金代遗址出土的铜剪刀[68]、河北省迁安市开发区金代墓出土的银剪刀[69]均为交股形，两者尺寸均较小，前者通长 6.5、后者通长 7.3 厘米，且同出土有铜镜、铜钗等物，应具备修眉之功能。宋代黄涣墓出土的三把铁剪刀[70]（图 6-4-17），两把为交股形，一把为"U"形剪，交股剪通长均为 15 厘米，"U"形剪长 11 厘米。同墓还出土有带柄铜镜、木梳等物，剪刀或许也是黄涣用于理须之物。

元代开始，剪刀基本都为交股剪。元张士诚母墓出土的银奁上层及下层均有银剪刀一把[71]，形制与现代的相同，上层剪刀系模型，全长 16 厘米，下层剪仅长 6 厘米。这两把剪刀，一把作明器用，另一把出土报告未说明其是否有刃口，推测应是实用之物。明代剪刀作陪葬物之用较为少见，出土的剪刀多放置于木匣、漆匣内，如上海明顾东川夫人墓出土的双股铁剪刀[72]（图 6-4-18），长 11.5、宽 7.7 厘米，出土时装在漆盒内，漆盒内盛放的物品还有梳子（玳瑁梳二、木梳二）、小银提梁壶、银花口小碟、木刷、木尺、化妆品小杂件等。又中国刀剪剑博物馆藏清代镂花剪刀（图 6-4-19）及首都博物馆藏清代嵌金铁剪（图 6-4-20），前者柄与刃的连接部分设计成一朵花的形状，秀气雅致，后者把环为方形，并镂雕花纹，这些剪刀应均为女子所用之物，兼具修容及女红之用。

四、指剔与锉

现代人多用指甲钳修理指甲，古代则有刀、锉、剪刀、指剔等物。明代文人高濂《遵生八笺》载："途利文具匣一，内藏裁刀、锥子、挖耳、挑牙、消息，又修指甲刀、锉、发刡等件。"[73]

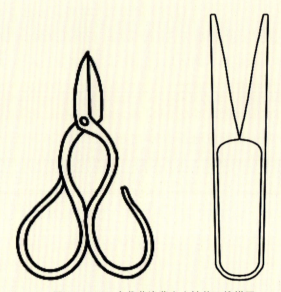

图 6-4-17　宋代黄涣墓出土铁剪刀线描图

图 6-4-18　上海明顾东川夫人墓出土双股铁剪刀

图6-4-19　中国刀剪剑博物馆藏清代镂花剪刀

图6-4-20　首都博物馆藏清代嵌金铁剪

其中便有修指甲刀、锉。辽金"事件儿"下所系之锉便可用于修理指甲。辽陈国公主墓中，置于公主腰腹部的佩件众多，有金粉盒、金香囊、海螺形玉瓶、雁形琥珀佩、鱼形玉佩、玉粉盒、针筒等，另有三组玉佩，其中一组为用具形玉坠组合，玉坠的形状有剪、觿、锉、刀、锥、勺（图6-4-21）。内蒙古多伦县小王力沟辽圣宗贵妃萧氏墓，出土有玉组佩一件[74]（图6-4-22），通长12.5厘米，花叶形玉珩下系挂七件玉坠，有鱼形坠四件，分别为鱼形柄玉匕、鱼形锉、单鱼形饰及双鱼形饰，另有两件摩羯形柄首玉坠，一件为觿形，一件为刀形，玉组佩中间系挂的为一件小圆盒。这类玉锉或不具有实用功能，但也反映出游牧民族日用小器具的一些种类和样式。

指剔则用于剔除指甲内污垢，下部刀刃锋利的指剔也可以修剪指甲。内蒙古巴彦淖尔市临河区高油房窖藏出土的西夏时期金指剔[75]工艺精美（图6-4-23），柄下接双面斜刀，柄上端有一小环供系挂，柄部饰双鱼、莲花、联珠纹。值得一提的是，2021年5月2日央视新闻频道《朝闻天下》栏目中播报，西藏吐蕃时期高级墓葬当雄墓地出土有两件金耳挖[76]（图6-4-24），造型相似，一件柄部装饰朱雀纹，另一件柄部装饰雄狮纹，柄端均设有一小环，通长9厘米左右。由上述金指剔及这两枚金耳挖可以看出西夏文化对吐蕃的传承。

辽代壁画中也有关于人物清理指甲情节的描绘。辽宁朝阳辽墓M1第四组壁画所绘两人，左边一位契丹男性正在用指剔清理指甲内的污垢[77]（图6-4-25）。内蒙古库伦旗辽墓壁画中的契丹男子亦正在清理指甲污垢[78]（图6-4-26），指剔上端似为管状，套于其

图 6-4-21　辽陈国公主墓出土玉坠饰

图 6-4-22　辽圣宗贵妃萧氏墓出土玉组佩

图 6-4-23　内蒙古巴彦淖尔西夏城遗址出土金指剔

图 6-4-24　西藏当雄墓地出土吐蕃时期两件金耳挖

图 6-4-25　辽宁朝阳辽墓 M1 第四组壁画　　　图 6-4-26　内蒙古库伦旗辽墓壁画

食指上，下端为斜刃状。宋元漆奁中的指剔多为竹质，将竹片两端修薄呈斜刃状，中间收束。福建福州南宋黄昇墓、江苏武进村前南宋墓漆奁中都装有此种竹剔。安徽六安花石咀宋墓出土的银奁第三层有一件铜粉具，长扁形，两端较宽，斜形弧刃，长11厘米，此件铜粉具或有指剔的功能。

## 第五节　香囊与香水瓶

### 一、香薰与香囊

香囊又可称作香包、香袋、佩囊、容臭等，其内可放置各种香料，散发出来的香气，不仅可以香体美肤，还能够驱虫除秽。香囊既可以作为佩饰随身携带，亦可将其置于衣被或悬挂于床帐、车辇内。汉乐府长篇叙事诗《孔雀东南飞》有"红罗复斗帐，四角垂香囊"的诗句，《太平广记》"同昌公主"条载："公主乘七宝步辇，四角缀五色锦香囊。"香囊材质多为纺织物，墓葬之中不易保存，所以早期的实物十分少见。我国目前较早的香囊实物可见山东长清仙人台五号墓发现的一对周代骨雕香薰[⑦]（图6-5-1），这两件骨雕香薰形制相近，均作扁圆状，由盖、身、底三部分组成，可拆卸，开启自如，扣合严密。薰盖为椭圆形，盖面雕饰一对兽首形钮，钮下方各有一小孔。器身以透雕工艺满饰蟠虺纹，两件香薰尺寸略有不同，其一长4.0、厚1.7、通高3.5厘米，其二长4.2、厚2.3、高3.0厘米。古人薰香的方式有两种，一是焚烧香料出香，与之相应的香具为香炉、熏炉等；二是无需焚烧，静置香料使其散发香气，与之相应的香具为香囊、香包等。

此对骨雕香薰尽管质地坚硬，但显然是不适合作为焚香之用的，可于其内放置香包，镂空的器身正是为了便于出香而设计，同时器盖的一对小孔也可穿绳系结，便于随身携带。仙人台五号墓墓主人为士一级的贵妇人，这对香薰表面十分光滑，应是经常把玩所致，可推测其是墓主生前十分喜爱的物品。考古发现汉代的布香囊较多，此时的布香囊基本为袋状，口部有穿带系结收口。马王堆一号汉墓出土的四件香囊，整体形制相同（图 6-5-2），均为长筒袋状，可分为领部、腰部及袋体三个部分，腰部有穿带可用于收口系结，三件袋体有精美的刺绣纹样装饰，一件袋体为素色罗绮，遣册中将绣有纹样的香囊称作"信期绣熏囊"。这四件香囊尺寸均较大，通长分别为 50.0、48.0、43.0、32.5 厘米，所以并不是用于随身佩系的香囊，可将其放置于衣物、箱筒中。四个香囊有两个内装茅香和辛夷，另外两个其一装有茅香根茎，其二装有花椒，茅香能防衣料虫蛀，花椒则能防霉防潮，而辛夷具有散风寒、通鼻窍的功效。

　　中国国家博物馆藏新疆维吾尔自治区罗布泊楼兰遗址出土的汉代刺绣香囊（图 6-5-3），在深香色绨面上采用索绣工艺，以红、黄、绿色丝线绣出花朵纹及变形云纹，针脚整齐，不露空白，绣工熟练。此香囊通长 7.5 厘米，十分小巧，可随身携带。国博藏另一件汉代刺绣香囊（图 6-5-4），亦是系带收口袋形囊，用浅褐、深褐丝线在褐色罗底上绣花朵、圆点、叶子等纹饰，古朴素雅，此香囊内附一纱布袋。

　　唐代香囊最典型的形制是金银球形香囊，此类香囊设计之科学与巧妙、工艺之精湛，令现代人叹服。以国家博物馆藏 1963 年

图 6-5-1 山东长清仙人台五号墓出土周代骨雕香薰

图 6-5-2 马王堆一号汉墓出土香囊

图 6-5-3　中国国家博物馆藏汉代刺绣云纹香囊

图 6-5-4　中国国家博物馆藏汉代植物花卉纹刺绣香囊

陕西省西安市东南郊沙坡村窖藏出土鎏金银香囊为例（图6-5-5），该香囊由两个半球组成，直径4.8厘米，有子母口可以扣合，下半球内装有两个同心圆机环和一个盛放香料的香盂，大的机环与外层球壁连接，小机环分别与大机环和香盂相连。使用时，由于香盂本身的重力作用和两个同心圆机环的机械平衡，无论香囊如何滚动，里面的香盂都可以保持水平状态，香料不会倾撒。香囊外通体透雕花鸟纹饰，美观且利于香气的散发。香囊上有链条，上部有弯钩，既可佩戴于身，也可以悬挂于室内帐中。沙坡村窖藏出土此类香囊共四件，体形大小基本相同，应该是一个人或一个作坊制作的，年代至晚在八世纪中叶，可知此类香囊在当时的流行情况。唐慧琳和尚《一切经音义》："按香囊者，烧香器物也。以铜、铁、金、银玲珑圆作，内有香囊，机关巧智，虽外纵横圆转，而内常平，能使不倾。妃后贵人之所用也。"[80]说的便是球形金银香囊。这种熏香用具，直径多在5厘米左右，但也有尺寸超过10厘米者，如法门寺塔基地宫出土的一件（图6-5-6），器宽12.8厘米。日本正仓院收藏的一件则宽18.0厘米，高18.8厘米，此件香囊没有挂链，有底座（图6-5-7）。

　　除了金银香囊，唐代也有以绫、罗、锦等纺织品制成的香囊，这类罗香囊、锦香囊发现极少，不过文献中多有记载，如卢文纪在《请禁丧制逾式奏》中请求皇帝下诏，要求三品以上的官员"并不得使绫罗锦绣泥银帖金彩画及结鸟兽香囊等物"[81]。晚唐诗人庄布《石榴歌》："霜风击破锦香囊，鹦鹉啄残红豆颗。"唐孙光宪《遐方怨》："红绶带，锦香囊，为表花前意，殷勤赠玉郎。"唐张祜《太真香囊子》："蹙金妃子小花囊，销耗胸前结旧香。谁为

图 6-5-5　中国国家博物馆藏鎏金银香囊　　图 6-5-6　法门寺塔基地宫出土鎏金银香囊

图 6-5-7　日本正仓院藏唐代球形香囊

君王重解得，一生遗恨系心肠。"蹙金是一种刺绣工艺，以金线在织物上锁结、钉绣纹样，"蹙金小花囊"自然为纺织品做成的香囊。如内蒙古吐尔基山辽墓出土的辽代香囊[⑧]（图 6-5-8），缝缀在腰带之上，香囊呈蒲扇形，褐色绢，囊面簇金绣双龙纹，囊缘以金线缝绣出平行的纵向多条棱线，形成坡面并使囊体具有一定高度，腰身及下端缀有金线流苏共七簇。辽金的香囊也有玉石、金银类，北京密云金代石棺墓出土的一只滑石小盒[⑧]（图 6-5-9），器体近似正方形，盖、器子母口扣合，有矮圈足，盖面镂空雕刻禽鸟穿花图案，通高 3.9、长 6.3、宽 6.2 厘米。此盒虽形制与脂粉盒相似，但因其器盖镂空，所以其内多放置能够散发香味的香料，作香囊之用。辽陈国公主墓出土有一枚系链镂花金荷包（图 6-5-10），出土时置于公主腰部左侧，该金荷包也多作香囊之用，镂空的卷草纹不仅起到柔美典雅的装饰作用，也有利于香味的散发。

　　宋代佩戴香囊更为普遍，香囊不仅是平日熏香之物，更是岁时节日需佩戴的辟邪驱瘟之物，《武林旧事》"端午"条载，端午时宫中会赐予后妃、诸阁等人香囊、软香、龙涎、佩带等物。山东济南长清崮云湖宋墓出土的一对麻织小香囊[⑧]置于漆奁内，应为随身佩系之物。福建南宋黄昇墓出土的一件香囊[⑧]（图 6-5-11），为宋代出土不多的较完整的织物类香囊实物。此香囊近方形，正面为素罗，背面为平纹纱，长 5.0、宽 4.8 厘米。香囊正面以罗布剪贴、包梗线钉绣、敷彩等工艺饰鸳鸯莲叶纹，囊四角缀有穗状装饰，口部用双股线编同心结、蝴蝶结作系带，系带长 6.7 厘米，香囊内附一素罗袋，亦近方形，与外囊袋大小相若，口沿缝缀彩

图 6-5-8    内蒙古吐尔基山辽墓出土簇金绣香囊

图 6-5-9    北京密云金代石棺墓出土滑石小盒

图 6-5-10　辽陈国公主墓出土系链镂花金荷包

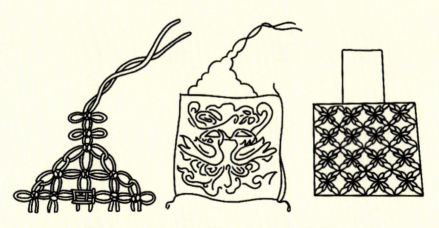

图 6-5-11　福建南宋黄昇墓出土鸳鸯莲叶纹香囊线描图

绘凤纹的附耳，袋两面均用绞罗扎捏小花朵装饰，每面四行十六朵。明郑旦《子夜歌三首》："欲织双鸳鸯，终日才成匹。寄君作香囊，长得系肘腋。"说的便是织有鸳鸯纹的香囊，这枚小小的香囊应是黄昇生前贴身佩系之物。南京大报恩寺也出土一件金绣交颈鸳鸯纹囊袋<sup>⑧</sup>（图 6-5-12），长方形，有袋盖，宽 4.5 厘米，长 13.0 厘米，其上端用绳子编成环状，内系一同心结，绳子外圈有穗状装饰，袋盖用金线绣了一对交颈鸳鸯，囊袋主体两边分别缝有两片带穗状边饰的三角形，在折边处也有类似的穗状装饰，三根穗为一组。此囊袋应是善男信女礼佛时盛放经文、符咒、香料所用。唐玄奘译《大般若波罗蜜多经》提到，用香囊盛咒语携带于身可免祸："若善男子善女子等，怖畏怨家恶兽灾横厌祷疾疫毒药咒等，应书般若波罗蜜多大神咒王，随多少分香囊盛贮，置宝筒中恒随逐身，恭敬供养，尊重赞叹，诸怖畏事皆自消除。"

  宋代金银球形香囊已十分少见，南京大报恩寺塔基出土的鎏金银香囊<sup>⑧</sup>（图 6-5-13）是一例，香囊整体近球形，以子母口盖合，上下两部分造型相同，均为半球形，上半部顶部中心为双层覆莲瓣，中心设圆形拉环，腹部一周设五个拱形开光，其内以卷草为地，饰鸾鸟、瑞兽纹，除莲瓣和开光外，其余部分均为镂空卷草纹，下半部纹饰与上半部相同，唯没有拉环，香囊口径 12.6、通高 12.8 厘米。此香囊年代为北宋时期，在造型上有沿袭唐代金银香囊之处，不过囊内已不设供焚香的盂，应是直接将香料放置其中散发香味。宋代银制香囊最为多见的是对蝶形银香囊，此类香囊在福建、浙江、安徽、江苏等地南宋墓均有发现，应是南宋时流行的佩饰。以浙江湖州三天门宋墓出土的对蝶香囊<sup>⑧</sup>

图 6-5-12　南京大报恩寺出土金绣交颈鸳鸯纹囊袋

图 6-5-13　南京大报恩寺塔基出土鎏金银香囊

为例（图6-5-14），该蝶形香囊长8.5、宽7.5厘米，以锤揲工艺
打造出两片相同形制的蝶形银片，对蝶的背腹以铰链相连，可开
合，链杆两端弯成云纹状，对蝶中部及尾端分别有两对小孔，可
供穿绳佩系，对蝶扣合后，蝶翅贴合，但蝶身为中空，可置小香
袋于其内。此墓还出土有一件鱼形银香囊（图6-5-15），中空，
长10.5、宽5.0厘米，以锤揲工艺打造出两片背腹对中剖开的银
片，在鱼腹一侧以铰链穿合为一体，可开合，鱼背鳍两端各置一
孔，穿有银质圆形系绳。

　　宋代又有一种炉身为球状的小型香炉，多为瓷质，可作焚
香、熏衣、熏被等用，时人称作"香球"。北宋刘敞《戏作青瓷香
球歌》："蓝田仙人采寒玉，蓝光照人莹如烛。蟾肪淬刀昆吾石，
信手镌花何委曲。蒙蒙夜气清且嫭，玉缕喷香如紫雾。天明人起
朝云飞，仿佛疑成此中去。"宋代以香熏衣、熏被者，一般为文
人士大夫或富贵人家，一来织金绣花之类的高档衣物较难打理，
不适合经常清洗，以香熏之有利于其贮存清洁，同时还可以去除
异味；而以香熏衣、熏被，在天寒时还有暖衣、暖被的功效，宋
毛滂《更漏子》："绿窗寒，清漏短。帐底沉香火暖。"所述正是
此意。《归田录》卷二载宋代大学士梅尧臣晨起熏衣之事："梅学
士询在真宗时已为名臣，至庆历中为翰林侍读以卒。性喜焚香，
其在官所，每晨起将视事，必焚香两炉，以公服罩之，撮其袖以
出，坐定撒开两袖，郁然满室浓香。"陕西蓝田北宋吕氏家族墓
地出土的青白釉瓷香球[89]（图6-5-16），器身近圆形，炉盖出气孔
作金属网罩状，莲台足，足底一圈饰浅浅的叶脉纹。再如景德镇
窑北宋青白釉镂空叶形双耳香球[90]（图6-5-17），该香球形制独

图 6-5-14　浙江湖州三天门宋墓出土对蝶银香囊

图 6-5-15　浙江湖州三天门宋墓出土鱼形银香囊

图 6-5-16　陕西蓝田北宋吕氏家族墓地出土青白釉瓷香球

图 6-5-17　景德镇窑北宋青白釉镂空叶形双耳香球

特，尤其小巧，通高不过 5 厘米，器身素朴得几乎省略掉一切装饰，两侧有供手持的双耳，上部镂雕叶形孔。这种瓷香球熏衣、熏被时自然是固定置于某处使用的。除此，宋代还有一种可随身携带、藏于袖内的小香球，《老学庵笔记》载："宗室戚里岁时入禁中，妇女上犊车，皆用二小鬟持香球在旁，而袖中又自持两小香球，车驰过，香烟如云，数里不绝，尘土皆香。"[91] 小香球既可藏于袖内，应体积较小且香料包装严实，笔者猜测或为香料制成的圆球形软香。江苏武进村前南宋墓出土有一枚直径 6 厘米的圆形香饼[92]（图 6-5-18），外缘包银，银边錾刻四季花卉纹装饰，中有一个用作佩系的小环，应是可以作为佩系类的软香，亦可藏于袖内。

　　明代时，香囊造型最为常见的是如意形，明代的香囊发现较少，可参考荷包、香包的实物。如江苏江阴叶家宕明墓出土的钱袋[93]（图 6-5-19），为如意形，质地为棉，口部穿有两条收口的麻绳，绳上穿有一件长方形墨石饰品。这种收口如意袋形为明清香囊最常见的样式，常州博物馆藏 1984 年常州永红公社荆川大队出土的明代绣花荷包（图 6-5-20），亦为如意形，浅褐色的缎面上以同色线绣慈姑花叶纹，收口的系带为线编结而成，两端为流苏状。现收藏于大英博物馆的明代仇英绢本设色《木兰图》（图 6-5-21），木兰腰佩香囊和乐器，悬系于右侧腰间的蓝色香囊也为如意形。上海明李新斋夫人墓出土的银香盒[94]十分特别（图 6-5-22），此香盒身与盖造型相似，为啤酒盖形，盖上以小孔刻一个"香"字，推测小孔的作用为透出香气。此香盒高 1.2、直径 2.8、底径 2.5 厘米，如此小巧的香盒应是当时女子揣于袖内、荷包内之物。

图 6-5-18　江苏武进村前南宋墓出土圆形香饼

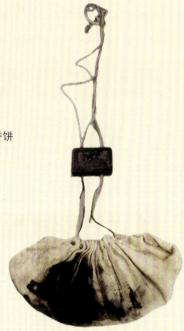

图 6-5-19　江苏江阴叶家宕明墓出土钱袋

图 6-5-20　常州博物馆藏明代绣花荷包

图 6-5-21 大英博物馆藏明仇英《木兰图》

图 6-5-22　上海明李新斋夫人墓出土银香盒

　　清代为香囊大放异彩的时代，不仅有织绣类，更有金镂玉琢和牙雕香囊，每以制作工细见长。清代香囊多为传世物，其造型十分多样，有如意头形、叠胜形、双钱形、花篮形、瓜果、葫芦、桃子、石榴、荷花、佛手、八吉祥（轮、螺、伞、盖、花、罐、鱼、长）形等（图 6-5-23）。

　　这些香囊除去熏香的功能，也是可随身佩戴的精美配饰，既可单独佩戴，也可与其他佩件，如荷包、扇套、表套、钥匙袋、火石袋等成组佩戴。如清代宫廷女子的礼服上所佩的"彩帨"，为上窄下宽的条形，其上通常缀有挂坠、荷包、香囊等，后妃、命妇身穿朝服时将彩帨佩戴在胸前的第二颗纽扣上。故宫博物院藏清宫旧藏大红色缎绣花卉彩帨（图 6-5-24），长 110 厘米，红绸做成，上绣蝙蝠、暗八仙、寿桃、灵芝、寿山福海等纹样，色彩鲜艳，上端有红珊瑚、绿松石、白玉等制成的瓶形、花篮形、宝剑形等坠饰。清代男子常在腰带上挂满各种饰件（图 6-5-25），如荷包、钱袋、扇套、香囊、小刀等物。

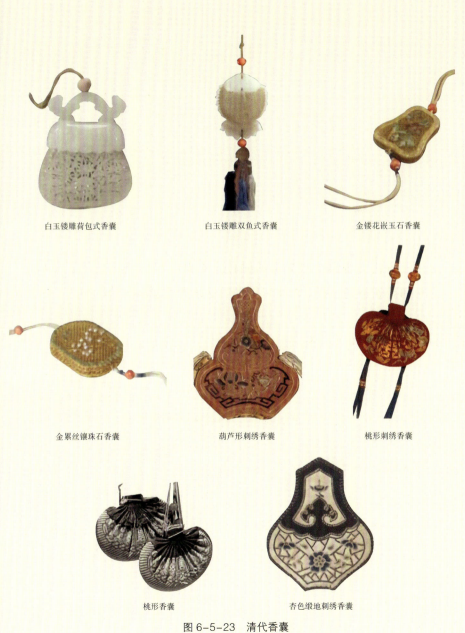

白玉镂雕荷包式香囊          白玉镂雕双鱼式香囊          金镂花嵌玉石香囊

金累丝镶珠石香囊          葫芦形刺绣香囊          桃形刺绣香囊

桃形香囊          杏色缎地刺绣香囊

图 6-5-23    清代香囊

图 6-5-24　故宫博物院藏清宫旧藏大红色缎绣花卉彩帨

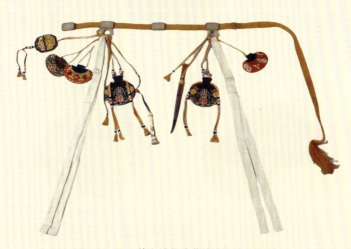

图 6-5-25　故宫博物院藏清康熙吉服腰带

二、蔷薇水、琉璃瓶、香水瓶

除了香囊、香薰、香包等香体香衣之物，从宋代开始还有香水，时人称之为"蔷薇水"。蔷薇水为宋代从西域引进，主要用于衣物熏香，《新五代史》记载："显德五年，其国（占城国）王因德漫遣使者莆诃散来，贡猛火油八十四瓶、蔷薇水十五瓶，其表以贝多叶书之，以香木为函。猛火油以洒物，得水则出火。蔷薇水，云得自西域，以洒衣，虽敝而香不灭。"元乔吉散曲《[双调]水仙子·吴姬》："罨罳分月小藤床，茉莉堆云懒髻妆，蔷薇洒水轻绡上，染一天风露香。"蔷薇水亦可作刷头水，南宋《百宝总珍集》载："泉客贩到蔷薇露，琉璃瓶贮喷鼻香。贵人多作刷头水，修合龙涎分外馨。"蔷薇水还可用于调脂，宋虞俦《广东漕王侨卿寄蔷薇露因用韵》其二云："美人晓镜玉妆台，仙掌承来傅粉腮。莹彻琉璃瓶外影，闻香不待蜡封开。"诗中描写一位美人，正欲打开琉璃瓶，用里面的蔷薇露调和手掌中的腮粉以上妆。进口的蔷薇水以蒸馏术提取而成，工艺复杂，《事林广记》中记载的国产蔷薇露制作工艺虽也用到蒸馏术，但可能由于技术不完善或者花的品种问题，制作出来的蔷薇水与进口的尚有一定差距。《铁围山丛谈》卷五称："至五羊效外国造香，则不能得蔷薇，第取素馨、茉莉花为之，亦足袭人鼻观，但视大食国真蔷薇水，犹奴尔。"这种进口的蔷薇水，通常装在名贵的琉璃瓶中一同引进。元于伯渊散曲《[仙吕]点绛唇》："胭脂蜡红腻锦犀盒，蔷薇露滴注玻璃瓮。端详了艳质，出落着春工。"笔者在苏州博物馆西馆所见公元400—500年以色列拿撒勒的玻璃化妆瓶（图6-5-26），浅蓝色，口略敞，有细长颈，瓶腹似胆瓶腹，有圈足，足外撇，瓶颈中部

图 6-5-26　苏州博物馆西馆藏以色列拿撒勒的玻璃化妆瓶

有一凸弦纹装饰，两侧有耳，瓶腹两侧各有一列乳钉纹装饰，高20.5、直径 8.0 厘米，此瓶可用于盛放香水、乳液等化妆品。

　　辽宋墓葬及寺塔地宫也多有玻璃瓶的发现，这些玻璃瓶大都来自中亚大食等国家。辽陈国公主墓出土的四件玻璃瓶⑤，均为高颈瓶，其中有一件带把，玻璃瓶的装饰纹样有乳钉纹、刻花花纹等，带把乳钉纹玻璃瓶通高 17.0 厘米，刻花高颈折肩玻璃瓶通高 24.5 厘米，椭圆形装饰高颈瓶高 31.2 厘米，这几件玻璃瓶的器型和花纹装饰都是十世纪伊斯兰玻璃的流行式样。不过从尺寸上来看，陈国公主墓出土的玻璃瓶作化妆瓶不太合适，作酒器之用的可能性较大。蔷薇水也可用于礼佛，这也是寺庙地宫多有玻璃瓶出土的重要原因。《观自在菩萨如意轮念诵仪轨》曰："由献阏伽香水故，行者

图 6-5-27　南京大报恩寺北宋塔基出土的玻璃瓶

获得三业清净，洗涤烦恼垢。"⑯ "阏伽，梵文 Arghya 音译，亦作阿伽，意译水，佛典特指香花所浸的奉佛净水。亦称香水、阏伽水。"⑰南京大报恩寺北宋塔基出土有三件玻璃器⑱，其中两件为玻璃瓶（图6-5-27），较小的一件为深蓝色，侈口圆唇，球腹圜底，颈部上粗下细，瓶身凹刻点、线、人面纹，口径 2.6、最大腹径 4.6、高 6.0厘米，内盛乳香，以丝绸封口。较大的一件出土时在饱水状态下呈翠绿色，干燥后渐呈蓝色，瓶体口微侈，宽平沿，长直颈，斜肩，直腹略斜收，平底，瓶体凹刻点纹、弦纹、水滴纹等，口径 5.7、底径 6.0、高 13.8 厘米，内盛一装有银色小颗粒和丁香的丝袋，以丝织品封口。这两件玻璃瓶中盛放的乳香、丁香均可作为熏香精油的原料，也可做成焚香所需的香丸、香饼等。其中小件的玻璃瓶与河北定县北宋静志寺塔地宫出土的一件圆腹玻璃瓶[⑩]造型基本一致（图6-5-28），又宋仁宗永昭陵前一尊客使像手捧的高颈圆腹瓶[⑩]与前两者式样也几乎完全相同（图6-5-29）。定县静志寺塔地宫出土的玻璃瓶除了圆腹，也有筒形腹者，如一件黄色玻璃瓶，细颈折肩，筒形腹，平底，瓶身刻有几何花纹，高9.9、最大腹径6.8、底径6.0厘米。相同式样的玻璃瓶在安徽无为北宋舍利塔基也有发现（图6-5-30），这些形体较小的玻璃瓶应都可作盛放香水之用。

　　由于进口的琉璃瓶稀少且来之不易，宋人亦尝试本土制作琉璃器。宋代宫廷设立有专门制造玻璃器的作坊——乐玉作，生产出的玻璃器壁薄，透明度佳，有蓝色、绿色、褐色、黄棕色等颜色。河北定县静志寺出土的玻璃器，便为本国制作[⑩]。不过由于琉璃器易碎，所以遗存下来的宋代琉璃瓶实物并不多。又由于当时的琉璃器价格不菲且不易得，尤其是外来的琉璃器，更是只有少数上层阶级才能够拥有的物品，笔者猜想当时用于润发、护肤、香衣、香体的琉璃露，尤其是本土制作的琉璃露，亦可以盛装于小瓷罐、瓷长颈瓶及瓷水滴中。事实上，古埃及的香薰精油也常放置于陶制的精油瓶中，如公元前十五至十四世纪埃及陶制精油瓶、陶制香精油壶[⑩]（图6-5-31）。

　　西域诸国制作好蔷薇水后也会装于瓷瓯中，明代陈诚在《西域番国志》中记其所见云："予于丁酉夏四月初复至哈烈，值蔷薇盛开，富家巨室植皆塞道，花色鲜红，香气甚重，采置几席，其香稍衰，则收拾炉甑间，如作烧酒之制，蒸出花汁，滴下成水，以瓷瓯贮之，故可多得。"亦有瓷罐、小瓶随铜镜、粉盒等妆具一同出土者，如安徽郎溪北宋墓葬 M16 出土的瓷器中就有瓷瓜棱小

图 6-5-28 河北定县静志寺塔地宫出土的玻璃瓶

图 6-5-29 宋仁宗永昭陵前手捧高颈圆腹瓶的客使像

图 6-5-30　安徽无为北宋舍利塔基出土玻璃瓶

图 6-5-31　埃及陶制精油瓶、陶制香精油壶

瓶、粉盒等物<sup>⑩</sup>。浙江庆元会溪南宋胡纮夫妇合葬墓女墓出土有铜镜、青白瓷小罐、瓷粉盒、瓷小碟等物<sup>⑱</sup>，其中的瓷小罐（图 6-5-32），器型小巧，直口，短直颈，圆折肩，深弧腹略鼓，圈足较浅，盖面一圈下凹成子口，宽平折沿，与器口结合紧密，盖钮作荷花与荷叶形。"南海一号"沉船中亦有若干通高 10 厘米左右的绿釉、白釉小长颈瓶，从其大小看，不太适合作花器，多作盛放药物或妆品之用，至于瓶口的塞子，笔者认为可以以蜡、木块、纺织物等制成。

流行于宋代的蔷薇水在元明时期并没有得到进一步的普及和发展，究其原因，或有三点：一是蔷薇水为外来之物，不易得，二是本土制作蔷薇水的技术尚未成熟，三是自古以来佩带香囊熏香的习俗一直都十分流行。元《大德南海志》关于进口舶货香料种类的记载有："沉香、速香、黄熟香、打柏香、暗八香……蔷薇水、乳香、金颜香。"明代又称蔷薇水为"古剌水"，《随园诗

图 6-5-32 浙江庆元会溪南宋胡纮夫妇合葬墓出土白瓷小罐

话》卷七"古剌水"条曰："余家藏古剌水一罐，上镌：'永乐六年，古剌国熬造，重一斤十三两。'"明吴莱《娄约禅师玻璃瓶子歌秋晚寄一公》："玻璃瓶子西国来，颜色绀碧量容杯。"可知元明时期的蔷薇水及玻璃瓶依旧以外来输入为多数。清代亦有用于香身的蔷薇露，《闲情偶寄》声容部"薰陶"条写道："有国色而有天香，与无国色而有天香，皆是千中遇一，其余则薰染之力不可少也。其力维何？富贵之家，则需花露。花露者，摘取花瓣入甑，酝酿而成者也。蔷薇最上，群花次之。然用不须多，每于盥浴之后，挹取数匙入掌，拭体拍面而匀之。此香此味，妙在似花非花，是露非露，有其芬芳，而无其气息，是以为佳，不似他种香气，或速或沉，是兰是桂，一嗅即知者也。"文中所说的蔷薇花露或为本土所产，盛放于甑中，用时以小匙盛出置于手掌，再均匀地涂抹于面部或身体，由此可知这种蔷薇花露是盛放于罐形容器内，而非瓶形容器内，这种罐形容器或也为本土所产的瓷质小罐。西方的玻璃制品工艺及质地在十五世纪左右发生了重要的变化，如无色透明、毫无杂质、透光性极好的水晶玻璃便是此时出现的，明代晚期输入的玻璃器正是欧洲人已经革新了的玻璃制品，这些漂亮晶莹的新式玻璃器引起了帝王贵族阶层的极大兴趣，玻璃器也成为日常生活中的常见之物，或作花瓶陈设，或作餐具酒具。也正是在此时，"琉璃"与"玻璃"的概念才开始逐渐明确，新颖的欧洲玻璃，被称作"玻璃"，而"琉璃"则主要指以传统工艺制作的土产玻璃制品[①]。

清康熙三十四年（1695），造办处设"玻璃厂"，直接引进欧洲的玻璃工艺服务于宫廷，每年为皇家烧造大量的玻璃器，康、雍、乾三代是玻璃厂的鼎盛期。本土生产的玻璃器用作香水瓶者很少，目前故宫藏清代玻璃器以花器、酒器及饮食器为多，如玻璃尊、玻璃碗、长颈瓶等。清代本土生产的香水瓶，也是以外销为多，如乾隆外销徽章描金粉彩香水瓶[⑩]（图6-5-33）、透明珐琅花卉纹香水罐[⑪]（图6-5-34）、银鎏金累丝烧蓝山水纹嵌玻璃内胆香水瓶（图6-5-35）等，以上几件香水瓶均为当时广东所产外销商品。

　　清代的香水来源依旧以西方商贸、进贡为主。如溥仪大婚时，入宫送贺礼者很多，内务府将收到的贺礼编辑成册，礼品中有很多外国物品，如李经迈进英国定制金香烟盒成件、法国桃红珐琅香水瓶及粉盒三件，宗室溥元进西洋文具成匣、照相器具全份、香水胰皂二匣等[⑫]。清晚期后妃生活中多使用西方香水，如清

图6-5-33　乾隆外销徽章描金粉彩香水瓶　　　　图6-5-34　乾隆外销透明珐琅花卉纹香水罐

图 6-5-35　广州博物馆藏银鎏金累丝烧蓝山水纹嵌玻璃内胆香水瓶

图 6-5-36　清代晚期英国玻璃香水瓶

宫旧藏清代晚期英国玻璃香水瓶（图6-5-36），瓶身为梯形，瓶盖为多棱形。外包装盒内衬绸缎软包装，盒外绘有金色卷草花卉边饰，盒的开启处设有金黄色扣吊，瓶高11.5厘米，底径6.3×4.8厘米。再如清宫旧藏十九世纪铜镀金架香水瓶（图6-5-37），造型尤其优雅，铜镀金的三角形立式支架上每面各有一扇蓝玻璃蛋形小门，上设半圆形铜镀金手柄用以开关，打开小门，内藏带盖蓝玻璃香水瓶，瓶架底为三弯式支腿，上附圆提环。蓝玻璃小门和玻璃瓶的局部均饰彩色贴花及彩绘花，并有铜镀金边饰，瓶架高28.0厘米，宽11.0厘米。这些香水瓶不仅是包装容器，也是精美的陈设品。

图6-5-37　十九世纪铜镀金架香水瓶

注释

① 齐小光等：《辽耶律羽之墓发掘简报》，《文物》，1996 年第 01 期。

② 中国社会科学院考古研究所：《殷墟妇好墓》，文物出版社，1980 年，第 149 页，彩版二一。

③ 中国社会科学院考古研究所等：《满城汉墓发掘报告（上集）》，文物出版社，1980 年，第 265 页。

④ 冀介良等：《山东日照海曲西汉墓（M106）发掘简报》，《文物》，2010 年第 01 期。

⑤ 印志华等：《江苏邗江姚庄 101 号西汉墓》，《文物》，1988 年第 02 期。

⑥ 宋少华等：《湖南长沙望城坡西汉渔阳墓发掘简报》，《文物》，2010 年第 04 期。

⑦ 赵德林等：《南昌火车站东晋墓葬群发掘简报》，《文物》，2001 年第 02 期。

⑧ 王志高等：《江苏南京仙鹤观东晋墓》，《文物》，2001 年第 03 期。

⑨ 南京市文物保管委员会：《南京人台山东晋兴之夫妇墓发掘报告》，《文物》，1965 年第 06 期。

⑩ 王志高：《江苏江宁县下坊村东晋墓的清理》，《考古》，1998 年第 08 期。

⑪ 高至喜：《长沙南郊的两晋南朝隋代墓葬》，《考古》，1965 年第 05 期。

⑫ 图片采自福建博物院官网。

⑬ 中国社会科学院考古研究所：《偃师杏园唐墓》，科学出版社，2001 年，第 130 页。

⑭ 屠思华：《五代——吴大和五年墓清理记》，《文物参考资料》，1957 年第 03 期。

⑮ 陈鹤岁主编：《她物语——汉字与女性物事》，华龄出版社，2019 年，第 333 页。

⑯ 扬之水：《奢华之色——宋元明金银器研究（卷一）》，中华书局，2010 年，第 196 页。

⑰ 李科友等：《江西德安南宋周氏墓清理简报》，《文物》，1990 年第 09 期。

⑱ 安徽省文物考古研究所等:《巢湖汉墓》,文物出版社,2007 年,第 89 页。

⑲ 陕西省考古研究院等:《蓝田吕氏家族墓园》,文物出版社,2018 年,第 741 页。

⑳ 李则斌:《扬州新近出土的一批唐代文物》,《考古》,1995 年第 02 期。

㉑ 彭国维:《合肥北宋马绍庭夫妻合葬墓》,《文物》,1991 年第 03 期。

㉒ 前揭《蓝田吕氏家族墓园》,第 728 页。

㉓ 陈兴吾:《浙江湖州三天门宋墓》,《东南文化》,2000 年第 09 期。

㉔ 邵建白:《安徽六安县花石咀古墓清理简报》,《考古》,1986 年第 10 期。

㉕ 盖之庸等:《内蒙古多伦县小王力沟辽代墓葬》,《考古》,2016 年第 10 期。

㉖ 秦宗林等:《江苏扬州市三星村宋墓发掘简报》,《北方文物》,2022 年第 01 期。

㉗ 李则斌等:《江苏盱眙大云山江都王陵二号墓发掘简报》,《文物》,2013 年第 01 期。

㉘ 薛炳宏等:《江苏扬州西汉刘毋智墓发掘简报》,《文物》,2010 年第 03 期。

㉙ 徐州博物馆:《徐州东甸子西汉墓》,《文物》,1999 年第 12 期。

㉚ 新疆文物考古研究所:《新疆察吾乎大型氏族墓地发掘报告》,东方出版社,1999 年,第 220—221 页。

㉛ 前揭《合肥北宋马绍庭夫妻合葬墓》。

㉜ 吴勇等:《新疆尉犁县营盘墓地 1999 年发掘简报》,《考古》,2002 年第 06 期。

㉝ 福建省博物馆:《福州市北郊南宋墓清理简报》,《文物》,1977 年第 07 期。

㉞ 福州市文物管理局:《福州文物集粹》,福建人民出版社,1999 年,第 161 页。

㉟ 郑辉:《福州茶园山南宋许峻墓》,《文物》,1995 年第 10 期。

㊱ 钱宗奎:《江苏无锡市元墓中出土一批文物》,《文物》,1964 年第 12 期。

㊲ 前揭《江苏盱眙大云山江都王陵二号墓发掘简报》。

㊳ 冯普仁等:《江苏无锡县明华师伊夫妇墓》,《文物》,1989 年第 07 期。

㊴ 金易、沈义羚:《宫女谈往录》,故宫出版社,2010 年,第 111 页。

㊵ 南京文物保管委员会：《南京象山东晋王丹虎墓和二、四号墓发掘简报》，《文物》，1965 年第 10 期。

㊶ 朱良赛等：《江苏连云港海州区张庄五代至宋墓葬发掘简报》，《东南文化》，2021 年第 02 期。

㊷ 吴镇烽等：《陕西凤翔高庄秦国墓地发掘简报》，《考古与文物》，1980 年第 02 期。

㊸ 徐淑彬等：《临沂银雀山西汉墓发掘简报》，《文物》，2000 年第 11 期。

㊹ 前揭《湖南长沙望城坡西汉渔阳墓发掘简报》。

㊺ 胡昌国：《贵州黔西县汉墓的发掘》，《考古》，2006 年第 08 期。

㊻ 前揭《南昌火车站东晋墓葬群发掘简报》。

㊼ 任广岭等：《郑州航空港区空管小区唐代墓葬》，《大众考古》，2015 年第 01 期。

㊽ 刘尊志等：《徐州市奎山、驮篮山唐代墓葬发掘简报》，《东南文化》，2004 年第 04 期。

㊾ 李恩玮等：《河北邢台中兴西大街唐墓》，《文物》，2008 年第 01 期。

㊿ 前揭《偃师杏园唐墓》，第 208 页。

(51) 前揭《偃师杏园唐墓》，第 208 页。

(52) 蒋万锡：《西安郭家滩唐墓清理简报》，《考古通讯》，1956 年第 06 期。

(53) 前揭《偃师杏园唐墓》，第 134 页。

(54) 刘俊喜等：《山西大同迎宾大道北魏墓群》，《文物》，2006 年第 10 期。

(55) 秦宗林等：《江苏扬州南唐田氏纪年墓发掘简报》，《文物》，2019 年第 05 期。

(56) 毛波：《长兴下莘桥出土的唐代银器及相关问题》，《东方博物》，2012 年第 03 期。

(57) 浙江省博物馆、定州市博物馆：《心放俗外——定州静志、净众佛塔地宫文物》，中国书店，2015 年，第 113 页。

(58) 王磊等：《西安长安区郭杜镇清理的三座宋代李唐王朝后裔家族墓》，《文物》，2008 年第 06 期。

⑤ 贲鹤龄：《科左后旗白音塔拉契丹墓葬》，《内蒙古文物考古》，2002 年第 02 期。

⑥ 刘朴：《河北省承德县发现辽代窖藏》，《北方文物》，2002 年第 03 期。

⑥ 湖南省博物馆：《湖南宋元窖藏金银器发现与研究》，文物出版社，2009 年，图 430。

⑥ 何继英：《上海明墓》，文物出版社，2009 年，第 91—94 页。

⑥ 王志高等：《江苏南京仙鹤观东晋墓》，《文物》，2001 年第 03 期。

⑥ 张海燕等：《山西大同七里村北魏墓群发掘简报》，《文物》，2006 年第 10 期。

⑥ 潘钰：《中南工大唐墓出土金银器再析议》，《湖南省博物馆馆刊》第 十二辑。

⑥ 浙江省文物考古研究所等：《晚唐钱宽夫妇墓》，文物出版社，2012 年。

⑥ 前揭《偃师杏园唐墓》，第 65 页。

⑥ 梁会丽等：《吉林省德惠市李春江遗址发掘报告》，《北方文物》，2009 年第 03 期。

⑥ 李子春等：《河北省迁安市开发区金代墓葬发掘清理报告》，《北方文物》，2002 年第 04 期。

⑦ 福建博物院、邵武市博物馆：《邵武宋代黄涣墓发掘报告》，《福建文博》，2004 年第 02 期。

⑦ 郭远谓：《苏州吴张士诚母曹氏墓清理简报》，《考古》，1965 年第 06 期。

⑦ 前揭《上海明墓》，第 59—64 页。

⑦ ［明］高濂：《遵生八笺》，甘肃文化出版社，2004 年，第 229 页。

⑦ 前揭《内蒙古多伦县小王力沟辽代墓葬》。

⑦ 孙建华：《内蒙古地区出土的西夏金器》，《故宫博物院院刊》，2007 年第 06 期。

⑦ https://tv.cctv.com/2021/05/02/VIDEN1XkbhAja9iDROrD9483210502.shtml。

⑦ 孙国龙：《朝阳出土两座辽墓壁画管窥》，《北方文物》，2005 年第 04 期。

⑦ 中国美术全集编辑委员会：《中国美术全集·绘画编·墓室壁画》，文物出

版社，1989年，图161。

㊆ 方辉等：《长清仙人台五号墓发掘简报》，《文物》，1998年第09期。

㊇ ［唐］慧琳：《一切经音义》，上海古籍出版社，1986年，第260页。

㊈ ［清］董诰等：《全唐文》，上海古籍出版社，1990年，第3979页。

㊋ 广东省博物馆：《契丹印象：辽代文物精品展》，岭南美术出版社，2020年，第107页。

㊌ 胡传耸：《北京市密云区金代石棺墓发掘简报》，《北方文物》，2018年第02期。

㊍ 刘剑等：《山东济南长清崮云湖宋墓发掘简报》，《文物》，2016年第02期。

㊎ 前揭《福州市北郊南宋墓清理简报》。

㊏ 黄秧人等：《南京大报恩寺遗址塔基与地宫发掘简报》，《文物》，2015年第05期。

㊐ 前揭《南京大报恩寺遗址塔基与地宫发掘简报》。

㊑ 前揭《浙江湖州三天门宋墓》。

㊒ 张蕴等：《陕西蓝田县五里头北宋吕氏家族墓地》，《考古》，2010年第08期。

⑨ 马未都：《百盒 千合 万和》，紫禁城出版社，2009年，第125页。

91 ［宋］陆游：《老学庵笔记》，中华书局，1979年。

92 陈晶等：《江苏武进村前南宋墓清理纪要》，《考古》，1986年第03期。

93 高振威等：《江苏江阴叶家宕明墓发掘简报》，《文物》，2009年第08期。

94 前揭《上海明墓》，彩版七二。

95 内蒙古自治区文物考古研究所、哲里木盟博物馆：《辽陈国公主墓》，文物出版社，1993年，第57页。

96 《大正藏》，第二十卷，第205页；第三十九卷，第700页。

97 陈兵：《现代佛学小辞典》，成都出版社，1996年，第215页。

98 前揭《南京大报恩寺遗址塔基与地宫发掘简报》。

99 定县博物馆：《河北定县发现两座宋代塔基》，《文物》，1972年第08期。

100 河南省文物考古研究所：《北宋皇陵》，中州古籍出版社，1997年，第151

页，图一二九；图版三一：4。

⑩ 冯青等：《宋代玻璃工艺发展及其与西方艺术的交流》，《艺术百家》，2020年第 01 期。

⑩ ［日］由水常雄著，贺晶、黄海云译：《香水瓶》，上海书店出版社，2004年，第 14 页。

⑩ 宋永祥：《安徽郎溪唐宋墓》，《考古》，1992 年第 04 期。

⑩ 郑建明等：《浙江庆元会溪南宋胡纮夫妇合葬墓发掘简报》，《文物》，2015年第 07 期。

⑩ 孟晖：《琉璃、玻璃与〈红楼梦〉》，《紫禁城》，2004 年第 02 期。

⑩ 张儒麟：《十三行时期外销陶瓷包装设计与现代应用研究》，广东工业大学2019 年硕士学位论文。

⑩ 许晓东：《清代外销广东金属胎画珐琅》，《中国国家博物馆馆刊》，2019年第 08 期。

⑩ 任万平等：《宫廷与异域：17、18 世纪的中外物质文化交流》，厦门大学出版社，2017 年，第 143 页。

# 后　记

　　我的博士论文做的是关于宋代金银饰品的研究，在搜集金银饰品资料的过程中，我发现一些有意思的梳妆用具，如唐代金银平脱妆奁，以及宋代银荷叶盖罐、银镜盒、漆奁、漆镜架等等，遂萌生出研究古代梳妆用具的想法。

　　真正着手研究时我才发现，研究工作的体量远比预想中要大得多，研究对象不仅类别繁多、材质多样，时间跨度更是由新石器时代一直至清代。获得可靠的各个历史时期的梳妆用具实物案例资料是撰写工作的第一步，这部分资料需尽可能全面地搜集考古发掘报告、论文、专著、图录等，它们是案例资料的主要来源。

　　除此，还需有目的地走访相关博物馆。2019 年年底新冠肺炎疫情的开始为实地调研工作带来一定的困难，所幸我生活的城市镇江，是一个文化底蕴深厚、交通出行便利的江南小城，而唐代晚期以后，我国的漆器、金银器、瓷器等考古成果又以南方为多。镇江、苏州、扬州、南京、无锡、常州、江阴等地的博物馆，古代梳妆用具藏品丰富，这些藏品的时代又集中于宋元时期。除了走访江苏省内的博物馆，相邻省份博物馆，如上海博物馆、浙江省博物馆、湖州市博物馆、安吉博物馆、安徽博物院等，再如稍远的厦门市博物馆、福州市博物馆、广东省博物馆、湖北省博物馆等，我都一一踏足，获得了很多珍贵的资料。书本或文章所见的妆具图片，自然不如亲眼观摩妆具实物来得直观具体，因此，本书部分妆具图片，由我于博物馆实地拍摄。

不得不说的是，当代网络媒体的发展也为资料的搜集提供了更为快捷有效的途径，如微博、微信公众号、小红书等，尤其是各大博物馆的线上藏品浏览，不仅藏品信息准确可靠，更提供了多角度的清晰图片。本书明清时期的大部分妆具案例便是来自故宫博物院、首都博物馆、重庆中国三峡博物馆等博物馆官网。

感谢上海戏剧学院李芽教授、中华书局孙永娟老师为本书撰写所提的宝贵意见，感谢书稿的责任编辑李若彬老师为本书的付梓所付出的辛劳。感谢恩师苏州大学李超德教授为本书作序。另外还要感谢沈从文、王世襄、孙机、周汛、高春明、扬之水、杨晶、李零、马未都、孟晖等前辈学者们，他们的著作及文章中的真知灼见，给了我很多启发和思考。感谢我的工作单位江苏大学艺术学院，给予我宽松且安静的治学环境。感谢我的研究生们在本书资料搜集、图片描摹、文字校对方面所做的工作，他们是王子舵、陈锡铃、段玉洁、魏子岩、秦菁菁、张旭、黄小萌、王灿、傅思佳等。

学术研究是一场孤独的修行，但并不寂寞。一件件构思巧妙、工艺精湛的古代梳妆用具是中华五千多年文明史的独特见证，通过它们与古人对话，体会古人的智慧，探寻古人的物质与精神世界，这种发现的快乐远胜过治学的辛苦。

尽管本书对古代梳妆用具的整体面貌及发展脉络做了梳理与考证，但由于研究工作体量较大，个人能力有限，本书的内容难免存在一些疏漏之处，如比较偏重妆具的形制及装饰纹样的研究，对于一些工艺的剖析尚未深入展开；再如更多地偏重妆具实物资料的整理，对相关古籍文献的挖掘则有所欠缺。书稿即将面世之时，我在欢喜之余又难免忐忑，书中的不足之处还请读者与方家不吝赐教。

2023 年 10 月 22 日于镇江学府华庭